現代スポーツは嘉納治五郎から何を学ぶのか

オリンピック・体育・柔道の新たなビジョン

公益財団法人 日本体育協会［監修］

菊 幸一［編著］

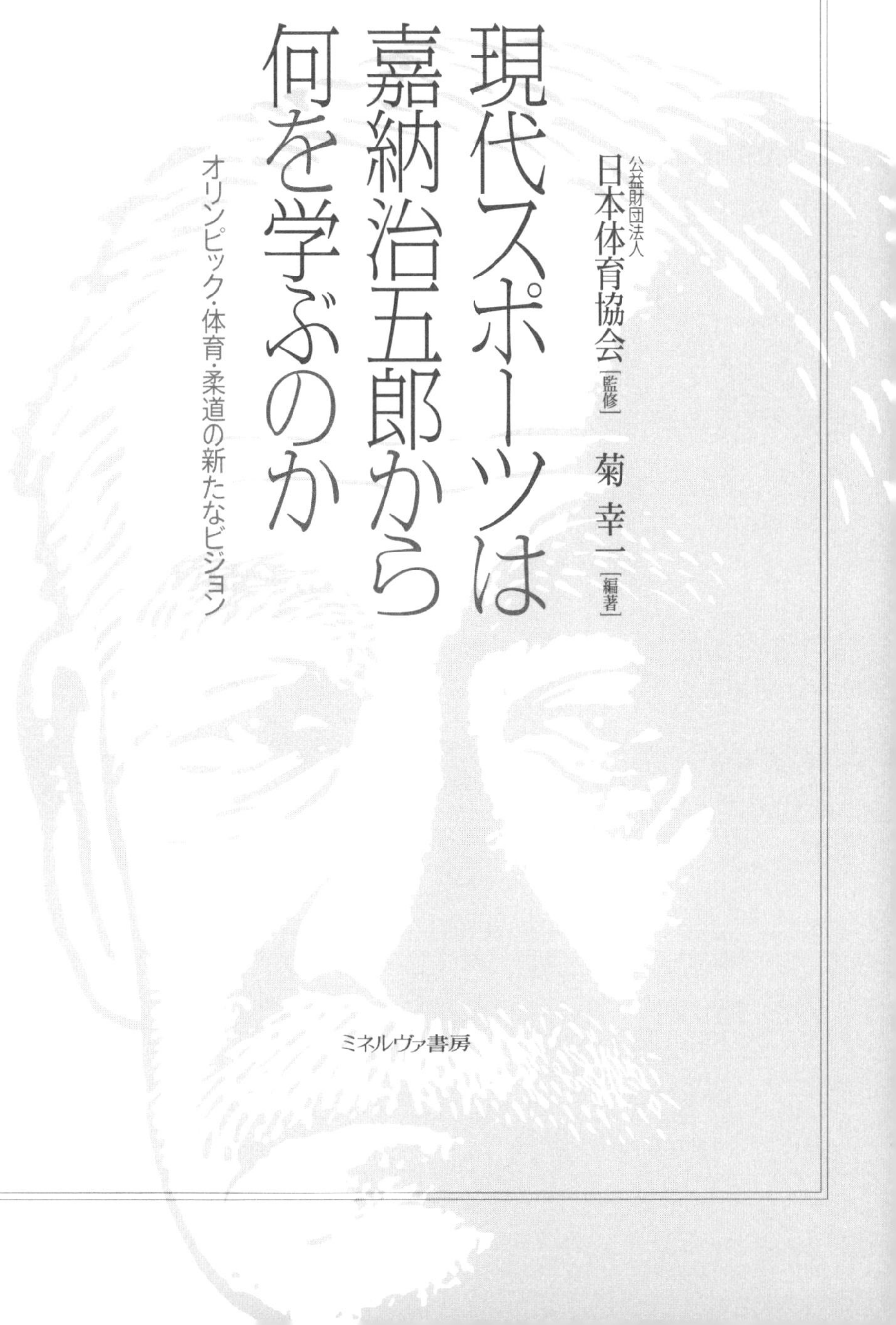

ミネルヴァ書房

現代スポーツは嘉納治五郎から何を学ぶのか——オリンピック・体育・柔道の新たなビジョン　目次

序章　嘉納治五郎は日本の体育やスポーツをどのように考えていたのか……菊　幸一…1
一　二〇二〇年東京オリンピック・パラリンピック開催決定を契機に……1
——改めて日本の現代スポーツを考える
二　嘉納治五郎と日本体育協会創立一〇〇年……2
三　いわゆる「嘉納趣意書」から「スポーツ宣言日本」へ……4
四　本書の目的と構成……7

第Ⅰ部　過去のオリンピック東京大会招致をめぐる思惑と嘉納治五郎

第1章　「幻の東京オリンピック」と大日本体育協会……田原淳子…13
——オリンピズムと国内政治の葛藤——
一　オリンピックへの船出とスポーツの可能性……13
二　日本で開催されるオリンピックへの多様な期待……19
三　大会組織委員会の組織体制について……28
四　国民の体力増強とスポーツ——国家によるスポーツへの圧力……35
五　嘉納治五郎からのメッセージ……41

第2章　なぜオリンピックを東京に招致しようとするのか……………………清水　諭…49
——一九四〇年と一九六四年の東京大会——
一　東京とオリンピック、そして嘉納治五郎……49
二　一九四〇年東京オリンピック招致に向けて……51
三　一九六四年東京オリンピック招致の目的……66
四　一九六四年東京オリンピックの現実……70
五　オリンピック招致をめぐる権力編成——嘉納治五郎の時代から未来に向けて……74

第Ⅱ部　嘉納治五郎の体育思想とその実践

第3章　嘉納治五郎の考えた国民体育……………………真田　久…83
一　嘉納治五郎の三つの貢献……83
二　嘉納の国民体育（生涯スポーツ）の特徴……87
三　長距離走や水泳にみる普及と振興……95
四　嘉納による国民体育の実践と現代……104

第4章　スポーツによる関東大震災直後の復興への試み……真田　久…107
——嘉納治五郎と大日本体育協会による競技力向上とスポーツ公園の造営——
一　関東大震災（一九二三年）直後の競技力向上……107
二　関東大震災直後のスポーツ公園の造営……113
三　嘉納の復興理念と体育・スポーツの発展……119
四　嘉納の体育・スポーツによる復興の理念と実践が意味する今日的意義と課題……124
第5章　嘉納治五郎は「体育」をどのように考えていたのか……友添秀則…127
——「大日本体育協会」の名称との関係性から——
一　嘉納と体育……127
二　嘉納の体育概念を明確化するために……129
三　「柔道一班竝ニ其教育上ノ價値」にみる体育概念……130
四　『青年修養訓』にみる体育概念……133
五　『精力善用国民体育』と「体操」「競技運動」批判……136
六　『精力善用国民体育』における嘉納の体育……141
七　嘉納の体育の可能性と限界……144

第Ⅲ部　嘉納治五郎の柔道思想とその実践

第6章　〝柔道〟と〝スポーツ〟の相克……永木耕介…155
　――嘉納が求めた武術性という課題――
一　嘉納はなぜ武術性にこだわったのか…155
二　「武術性」の重視…157
三　アメリカ・ハワイの事例…166
四　今日の体育において「武術性」をどう評価すべきか…182

第7章　嘉納治五郎と女子柔道……山口　香…191
一　女子体育の転換期と嘉納治五郎…191
二　女子柔道の始まり…192
三　嘉納の理想と女子柔道…197
四　嘉納の女子柔道思想が示す今日的意味…202

第8章　嘉納治五郎が理想とした柔道
——女子柔道に託したもの——……山口　香・溝口紀子…207
一　嘉納にとっての女子柔道……207
二　講道館女子部の誕生……208
三　講道館女子部の昇段……212
四　明治から昭和初期にかけての婦人柔道……214
五　嘉納の柔道論と女子柔道……217

第Ⅳ部　現代スポーツと嘉納治五郎

第9章　現代における「自他共栄」主義の実践的啓発
——その可能性と課題——……永木耕介…227
一　「自他共栄」主義の現代的実践を目指して……227
二　「自他共栄」とは……230
三　「自他共栄」主義の今日的実践活動……237
四　実践的啓発の可能性と課題……250

第10章　女性スポーツの競技化とその課題
――女子柔道競技の歴史と強化を例として――……山口　香・溝口紀子…255
一　女性スポーツの現代的課題へのまなざし……255
二　女子柔道の競技化への軌跡……257
三　女子柔道の競技力向上への取組みとシステム構築……260
四　女子柔道が抱える特有の問題……265
五　女子柔道および女性スポーツの未来を探る……271

第11章　現代スポーツを考えるために
――嘉納治五郎の成果と課題から――……村田直樹・菊　幸一…277
一　術から道へ――「原理」の発見を求めて……277
二　嘉納治五郎の体育観と競技運動（スポーツ）や体操の捉え方……280
三　近代日本の生成と嘉納治五郎の成果……285
四　現代日本の社会状況と嘉納治五郎の成果への再解釈……288
五　嘉納治五郎が残した課題と日本の現代スポーツ
――日本の生涯スポーツ推進における「失われた三〇年の課題」を克服するために……293

終章　嘉納治五郎に学ぶ日本のスポーツのこれから……菊　幸一…301
一　過去の東京オリンピック招致に学ぶ…301
二　嘉納の「体育」思想とその実践に学ぶ…304
三　嘉納の「柔道」思想とその実践に学ぶ…308
四　日本のスポーツのこれからを考える――「スポーツ宣言日本」との関連から…310

あとがき…315

資料①　嘉納治五郎の関連年表…319
資料②　嘉納治五郎の主な役職…331
資料③　「スポーツ宣言日本～二十一世紀におけるスポーツの使命～」の全文…332
資料④　嘉納治五郎初代会長による「日本体育協会の創立とストックホルムオリンピック大会予選会開催に関する趣意書」の写し（全文）…336

索　引

序章　嘉納治五郎は日本の体育やスポーツをどのように考えていたのか

菊　幸一

一　二〇二〇年東京オリンピック・パラリンピック開催決定を契機に
――改めて日本の現代スポーツを考える

二〇一三年九月七日（日本時間八日）、アルゼンチンの首都ブエノスアイレスで開催されていた第一二五次国際オリンピック委員会（ＩＯＣ）総会で、二〇二〇年の東京オリンピック・パラリンピック大会（以下、「二〇二〇オリンピック」と略す）の開催が正式に決定された。八日朝方に眠い目をこすりながらＩＯＣ会長であるジャック・ロゲ氏から発せられた「トウキョウ」という言葉を聴き、「TOKYO 2020」と書かれたフリップを見つめて歓声をあげた日本国民も多かったことであろう。その後の報道は、一斉に二〇二〇オリンピック開催に向けた祝賀とこの世界最大級のグローバル・イベントをいかに日本で成功させるのかに向けられている。その中心は、日本が果たして金メダルを何個獲得できるのかにある。日本の競技スポーツ界への期待の大きさからいえば、当然のことであろう。

しかしながら、日本のスポーツ状況全体に照らしてみたとき、そのようなメダルへの期待だけに終始することでよいのであろうか。日本の現代スポーツは、いくら二〇二〇オリンピックを東京に招致できたからといって、それを手放しで喜んでいられる状況にあるようには思われない。なぜなら、日本の現代社会における真のスポーツの発展と人びとのスポーツ需要における質の高まりは、むしろこれからのスポーツ制度やスポーツ組織のあり方にかかっているといっても過言ではないからである。

そこで筆者らは、この二〇二〇オリンピック招致を契機としながらも、否、だからこそ日本における現代スポーツの状況を歴史的、社会的に振り返りながら、日本人の体育観やスポーツ観に根づく問題点を明らかにし、これを組織的、制度的な観点からどのように解決していくべきなのかを冷静に考える時期にきていると考えた。

その際、注目したのは、「幻の東京オリンピック」と呼ばれた一九四〇年の東京オリンピック招致を成功させたばかりでなく、日本が一九一二年のオリンピック大会(ストックホルム大会)に初参加することを実現させた嘉納治五郎と呼ばれる人物である。彼がオリンピック参加への一つの礎《いしずえ》としてというよりは、何よりも当時の近代日本社会を支えるもっとも重要な課題として「国民体育の振興」を掲げていたことにも着目する。その成果として、彼は(当時の日本社会にあってスポーツにはまったく無理解であった)ときの日本政府に頼ることなく、あくまで民間のスポーツ組織として初の統括団体である「大日本体育協会」を創立したのである。

二　嘉納治五郎と日本体育協会創立一〇〇年

(1)日本体育協会初代会長であった嘉納治五郎

さて、現在の日本体育協会は、一九一一(明治四四)年に嘉納治五郎を初代会長として大日本体育協会という名で設立されてから、二〇一一年に創立一〇〇周年を迎えた。まさに、日本体育協会は、日本における「スポーツ百年」の歴史を中心的に刻んできたといえよう。もとより、わが国においては明治初期から野球、漕艇、陸上競技などの各スポーツ種目が、主に大学の課外活動(校友会活動)として積極的に取り入れられ、個別にその歴史を刻んできている。しかし、ここでいう「スポーツ百年」とは、日本のスポーツが当時の大日本体育協会設立を契機として、内外にスポーツの意義と価値をまとまった形で表明し、以後一つの制度として日本社会に「スポーツ」として存在してきた歴史を指している。

講道館柔道の創始者でもあった嘉納治五郎は、一九〇九年に日本人初のＩＯＣ委員となり、一九一一年に自ら初代会長として大日本体育協会を設立して、オリンピック大会への参加のみならず、「体育・スポーツによる人間教育」「学校体育の充実」「国民体育の振興」「体育・スポーツによる国際交流」に尽力するなど、わが国の体育・スポーツの礎を築いた始祖であるといえよう。彼は、「精力善用・自他共栄（目的を果たすために最も効力のある方法を用いつつ、それを実生活に活かすことによって、人間と社会の進歩・発展に貢献すること）」という理念を、心身の調和的な発達を求めたヘレニズム思想の展開であるオリンピズムの発展型として、西洋のスポーツ文化に組み入れることを構想していたとされる。この構想の背景には、当時欧米が中心であったオリンピック・ムーブメントを世界的な文化にまで昇華させることが、オリンピックの価値（卓越、友情、尊敬）の定着、ひいては世界平和の実現につながるという強い信念があったのではないかと考えられている。

（２）日本体育協会創立一〇〇年と日本のスポーツの今日的課題

したがって、日本体育協会の設立をめぐる創成期とは、単に日本のスポーツがオリンピック大会に出場するための参加条件として、国内統括団体（ＮＯＣ）を設立させなければならなかったという表層的な画期としてのみ理解されるべきではない。確かにそこには、種目別に発展してきた日本のスポーツを契機として、これらを組織的にまとめなければならないという制度的な必要性はあったものの、そのために日本のスポーツをめぐってどのような理念や課題が示され、それがどのような社会的意義や可能性を、そして限界をもったのかを考える画期として捉えることが重要なのである。

さらに、当時の日本をめぐる社会的、文化的状況を十分に踏まえつつ、嘉納治五郎なる人物が、個人としてだけではなく、その当時の歴史社会的文脈を生きた存在として、わが国の体育やスポーツをどのように考え、何を期待し、何をなそうとしたのかについて明らかにすることは重要であろう。日本体育協会創立一〇〇周年を迎えた今日に生きるわれわれだからこそ、その成果を冷静に分析し、評価して、これからの日本体育協会、ＪＯＣをはじめとするスポーツ統括団体や、ひいては日本のスポーツ界全体のあり方を問う今日的課題を浮かびあがらせることができるのではないだろうか。

しかし、混迷する社会状況のなかで、さらに複雑に揺れ動くであろうこれからのスポーツ状況をどのように冷静にビジョン化し、導いていくのか。いくら過去に優れた業績をあげた人物であれ、「苦しいときの神頼み」ではないが、嘉納個人の言説にのみ依拠し、これにすべてを還元して今日的課題が解決できるほど、ことはそう単純ではなかろう。だからこそ、われわれは今日的な課題に引き寄せて、人文・社会科学的な観点から嘉納の言説や業績を冷静に分析し、評価して、彼が創設した日本体育協会が未来のスポーツの発展のために組織的、制度的な構造改革のビジョンをどのように描くことができるのかを検討しなければならないと考えたのである。

三　いわゆる「嘉納趣意書」から「スポーツ宣言日本」へ

（1）「嘉納趣意書」における国民体育の振興

ところで、大日本体育協会を設立する際、嘉納は「日本体育協会の創立とストックホルムオリンピック大会予選会開催に関する趣意書」（いわゆる「嘉納趣意書」）を著し、これを日本オリンピック大会予選会長として公表した。

そこには、「国家の盛衰は国民精神の消長に因り　国民精神の消長は国民体力の強弱に関係し　国民体力の強弱は其国民たる個人及び団体が特に体育に留意すると否とに依りて岐るることは世の普く知る所に候」との認識が示され、「国家の盛衰—国民精神の充実—国民体力の向上」が関連していることから、国民体力の向上に対する担い手である国民一人ひとりの自覚とこれに関係する機関や団体等の責任の重要性を説いている。

ところが、「顧みて我国を思ふに　維新以来欧米の文物を採用するに汲々たりしに拘らず独り国民体育の事に至りては殆んど具体的の施設なく　体育の事とし言へば僅かに学校体育の一部たる体操科及び課業外に秩序なき運動あるに過ぎず候　従って全国壮丁の体格は年々其弱きを加へ学校卒業者の体格の如き其劣弱なること反て無学者よりも甚しき情況を呈するに至りしもの決して偶然の事には無之候」と、わが国の体育振興の現状を嘆いている。すなわち、国民全般の体育振興についてはは具体的に施設をつくることもなく、また学校体育でもまだその取りあげ方は十分とはいえない状態で、結果として就学者の方がかえって学校に行っていない者たちよりもかなり劣っていることは偶然ではない、と当時の体育振興のあり方を批判しているのである。そこで、その対策として「確固たる方針に依り体育の普及発達を図るべき一大機関を組織し　都市と村落とに論なく全国の青年をして皆悉く体育の実行に着手せしむるを以て目下の急務なりと存候」と述べ、国民体育の振興のためにはそれを目的とする一大機関が必要である、という当時の課題を明確に指摘しているのである。

（2）オリンピック参加と国民体育の振興との関係

このように「嘉納趣意書」では、「此時に当り」と翌一九一二年に開催される第五回ストックホルムオリンピック大会に出場することの意義が述べられている。しかし、国民体育振興のための一大機関、すなわち前述した大日本体育協会設立の趣旨との関連については、「我国体育の現状と世界の大勢とに鑑み　茲《ここ》に大日本体育協会を組織し　内は以て我国民体育の発達を図り　外は以て国際オリンピック大会に参加するの計画を立てんことを決議仕り」としか述べられておらず、両者の関係については明確に説明されていない。この点については、嘉納が国民体育の振興を具体的にどのように考え、これとオリンピック大会への出場を契機とする競技スポーツの発展を同一組織内で具体的にどのように結びつけ、発展させようとしていたのかを明らかにすることが非常に重要であると考える。なぜなら、二一世紀におけるわが国のスポーツ振興の今日的課題は、このような日本体育協会創成期の国民スポーツ振興と競技スポーツ振興の両者の関係性に対する体育・スポーツ界内部の論理が不明確なまま、今日に至っているとも考えられなくもないからである。

確かに、歴史的には一九八九（平成元）年にこの両者の機能は、前者を日本体育協会が、後者を日本オリンピック委員会（JOC）がそれぞれ担うものとして分化し、独立している。それは、同じスポーツとはいいながら、これを取り巻く歴史社会的な変化のなかでスポーツの高度化と大衆化とがそれぞれ分離・独立して発展していくことを促しているようにもみえる。日本体育協会・JOC百年の歩みのなかでこの分離・独立の五分の一世紀を、その歴史社会的文脈の違いを踏まえつつも、嘉納であればどのように評価するのか。少なくとも、日本体育協会はおよそその五分の四世紀を統一的な組織として国民スポーツの振興と国内オリンピック委員会（NOC）の機能をあわせもちつつ、大衆スポーツと競技スポーツの両者の振興を図ってきた。このような歴史が長いだけに、日本体育協会創成期における嘉納の国民スポーツ観および競技スポーツ観とオリンピック大会参加に対する考え方およびその背景にある価値観は、今後のスポーツ組織における統括的なあり方と関連させて議論してみることも重要であろう。その際、講道館柔道の創始者として柔道の普及・振興に努めてきた嘉納が、近代スポーツとしての柔道の大衆化と高度化をどのように考え、評価し、国内外の柔道の「発展」をどのように意味づけ、価値づけていたのかを明らかにすることも大いに参照されるべきであろう。

（3）民間スポーツ組織としての日本体育協会

また、大日本体育協会は、オリンピック大会出場を果たすための組織として「其事に当り常に政府の補助あり主権者の保護あり大会を開くに当りては其国大統領若くは皇太子之れが名誉主掌者たるを以て例となし候」とあるように、当該政府や王室からの補助や保護によって成立すべきものと考えられていた。しかし、当時協力を求めて交渉した文部省からはよい回答が得られず、学生スポーツの中心的機関であった東京大学、早稲田大学、慶應義塾大学、そして嘉納自らが校長を務めていた東京高等師範学校等に呼びかけて寄付金を募った。すなわち、大日本体育協会は、純粋な民間スポーツ組織として、今日風の言い方をすればＮＧＯ（Non-Governmental Organization）として、時の政治や政府の意向とは関係なく設立された経緯をもつ。この純粋な民間スポーツ組織としての性格は、今日、あるいはこれからのスポーツプロモーションを考えていくうえで、どのように生かし発展させていくべきか。まさに私塾としての講道館の創始と重ね合わせ、「民」による組織的立場からスポーツの公共性を嘉納から学ぶことをとおして、日本体育協会・ＪＯＣの次なる一〇〇年に向けたスポーツ組織としてのビジョンとどのように結びつけ、生かしていくべきかを考えてみたいと思うのである。

このような課題を二一世紀のスポーツにおけるグローバルな課題として捉え、この課題を克服しようとする日本体育協会とＪＯＣが共に世界のスポーツの発展につながるスポーツＮＧＯとしての使命を果たす中心的な存在になることを宣言したのが、二〇一一年七月に創立一〇〇周年記念事業の一環として宣言された「スポーツ宣言日本～二十一世紀におけるスポーツの使命～」である（本書の巻末資料③を参照）。

四　本書の目的と構成

（1）本書の目的

本書の目的は、嘉納個人の思想や考え方、行動とその成果にのみ焦点を当てて、それらを一方的に礼賛したり、逆に批判したりすることではない。あくまで当時の時代的制約のなかで生み出された成果を、その時代的文脈の関係それ自体から構造的に解明しつつ、そこから今後一〇〇年に向けたわが国の体育やスポーツに対する今日的課題のあり様や特徴を自覚化し、明らかにすることが目的なのである。

前述したように嘉納治五郎が創設した日本体育協会は、二〇一一年に創立一〇〇周年を迎えた。純粋な民間スポーツ組織としてわが国のスポーツ界を牽引してきた日本体育協会は、その団体名称変更の是非論も含め、今後の一〇〇年を見すえてそのあり方が鋭く問われている。このような時期にあって、広い視野と優れた洞察をもってわが国のスポーツ振興に寄与した協会創設者である嘉納治五郎の体育観およびスポーツ観を掘り起こしつつ、その成果を今日的な課題から再検討することは、極めて意義深いと考えられる。また、この再検討を通じて、今後一〇〇年の未来に向けたグローバルな視点から日本体育協会、あるいはJOCをはじめとする民間スポーツ統括団体等の果たすべき社会的役割やあり方を考える新たな一歩が、わが国のこれからのスポーツプロモーションへの新たなビジョン（展望）を切り拓くものでなければならない。

当然のことながら、それは二〇二〇オリンピック開催に向けて、とかく行政（官）組織主導の現代スポーツ振興に頼りがちな傾向を見つめ直し、むしろポスト二〇二〇のスポーツビジョンを描きながら、いかに民間スポーツ組織主導のスポーツ推進へと舵を切るのかという、日本社会における現代スポーツのあり方を構想することでもある。かつて私塾講道館を創設し「民」の立場から日本体育協会創設へと続く、柔道・オリンピック・体育等のプロモーションを展開していった嘉納治五郎に焦点を当て、本書を「現代スポーツは嘉納治五郎から何を学ぶのか――オリンピック・体育・柔道の新たなビジョン」と題した理由は、そんなところにもある。

（2）本書の構成と趣旨

これまで述べてきたように、二〇二〇年のオリンピック・パラリンピック東京大会招致が決定し、日本のスポーツ界はもとより社会全体がスポーツのあり様によりいっそう注目している。また、昨今のスポーツ界は八百長やドーピング、そして暴力等々の問題に現れているように、その組織的体質が大きな社会問題として取り上げられ、社会的信頼が大きく揺らいでいる。今まさに、わが国のスポーツのあり方が問われているのだ。

本書は、二〇一一年九月にわが国唯一の民間スポーツ統括団体である日本体育協会が創立一〇〇周年を迎えたことを機に、その初代会長嘉納治五郎（講道館柔道創始者でもある）の思想と実践に謙虚に学びながら、二一世紀の現代スポーツのあり方を再考するため、日本体育協会スポーツ医・科学委員会のプロジェクト研究班（班長　菊幸一）によって平成二二～二四年度にかけて報告された研究成果報告書「日本体育協会創成期における体育・スポーツと今日的課題―嘉納治五郎の成果と今日的課題」（計三報）にもとづいている。

第Ⅰ部「過去のオリンピック東京大会招致をめぐる思惑と嘉納治五郎」では、二〇二〇年のオリンピック東京大会開催が決定したことで、招致や開催をめぐる過去の事実やあり様から、今後考えるべき諸課題を見つめ直そうとする。その際、嘉納治五郎のオリンピック大会に対する言説を踏まえながら、日本体育協会やＪＯＣが今後検討すべき課題や展望を明らかにしようとする。

第Ⅱ部「嘉納治五郎の体育思想とその実践」では、嘉納治五郎の体育思想を中心に現代スポーツのあり様と比較しつつ、そこから学ぶことができる実践的課題について議論する。また、スポーツ組織としての日本体育協会のあり方に対する提言を含む、現代スポーツの思想や諸問題を嘉納の体育思想とその実践の立場から批判的に検討していく。

第Ⅲ部「嘉納治五郎の柔道思想とその実践」では、嘉納治五郎の柔道思想を中心に現代スポーツのあり様と比較しつつ、本来嘉納が求めた柔道とは何であったのかをその武術性から問い直し、スポーツとの葛藤について議論する。また、足元で起きた現代柔道の諸問題が嘉納の柔道思想といかにかけ離れているかを考察するために、女子柔道に対する今日的意義を改めて検討していく。

第Ⅳ部「現代スポーツと嘉納治五郎」では、嘉納治五郎の柔道思想の現代的な実践のあり様を「自他共栄」主義を目指す柔道のイベント事例や女子柔道の競技化から示すとともに、その課題と解決の方向性を嘉納の思想と実践に立ち返って指摘する。

昨今の体育・スポーツ界は、引き続く不祥事に対して関係者がどのようにこれらの問題と根本的に向き合うべきかが鋭く問われている。本書は、以上のような四部構成によって、次代のスポーツ界を背負うであろう体育・スポーツ専攻学生のために、そのヒントとなる提言を示唆するとともに、二〇二〇オリンピックに向けた一般の人びとの現代スポーツに対する社会的関心にも応え、それを推進する民間スポーツ組織のあり方とも関連させながら、より深い理解が導かれるように編まれたものである。

第Ⅰ部　過去のオリンピック東京大会招致をめぐる思惑と嘉納治五郎

第1章　「幻の東京オリンピック」と大日本体育協会

――オリンピズムと国内政治の葛藤――

田原　淳子

一　オリンピックへの船出とスポーツの可能性

（1）クーベルタンがオリンピックに込めた願い

フランスの貴族であったピエール・ド・クーベルタン（Pierre de Coubertin, 1863-1937）が、古代オリンピックを近代風に復興させて、今日に続く近代オリンピックを創設したことはよく知られている。そのクーベルタンの意図がどのように日本に伝えられたのかを、まず確認しておきたい。

クーベルタンは、ＩＯＣの創設に先立ち、二つの重要な言葉を残している。一つは、スポーツにおいて高貴さと騎士道の特質を保持することこそ何事にもまして不可欠であり、そのためには古代ギリシアにおいて賞賛されたように、人々の教養のためにスポーツが一つの役割を演じなければならない（傍点は筆者。以下同）というもので（一八九四年一月一五日付、フランススポーツ協会連合のサーキュラーレター。Pierre de Coubertin 1894：300-301）、これがオリンピックを近代に復活させる理論的根拠になったと記されている（鈴木 一九三七：三）。もう一つは、クーベルタンが初めて古代オリンピック復興のアイデアを公表したときの有名な講演である（一八九二年一一月二五日、パリ大学でのフランススポーツ協会連合における講演。Pierre de Coubertin 1892：287-297）。クーベルタンは、「国際競技こそ真の自由貿易であり、當時の列國の主動勢力であつた帝國主義とそれに依つて醸された民族相反撃の状態に一矢を酬ひ競技によつて列國の強い同盟を結び、若きスポーツマンの外交によつて世界の平和を確立せんと意圖」して、古代オリンピックの復活によって国際間の競技を強く奨励したと伝えられる（鈴木 一九三七：一二）。クーベルタンの後継者としてＩＯＣ会長になったバイエ・ラツールは、クーベルタンが各国や人種間の交流の一要素としてスポーツを善用しなければならないと固く信じていたと述べている（バイエ・ラツール 一九三七：一五）。このように、クーベルタンがオリンピックを創設した目的は、スポーツが人びとの教養に資するものになるべきで、スポーツ選手による競技を通じた国際交流によって国際親善が図られることから、その有効なツールとしてオリンピック大会の開催を実現したと伝えられている。

（2）嘉納治五郎のオリンピック理解

このような考えをもっていたクーベルタンからＩＯＣ委員の就任を依頼された嘉納治五郎は、そのときの様子を振り返って次のように述べている。

> 當時の駐日佛國大使セラール氏を經て私に日本からの國際オリンピック委員に加はらんかとの内話があつた。その時の話に、先年來昔のギリシヤのオリンピック會を復興した世界的のオリンピック會といふものが出來て居る。今日まで既に四回も大會を開いたが参加國は主として歐米諸國であつて東洋はどの國からも参加者はないので物足らぬやうに思つて居る。色〻の人から聞いた所に依ると貴下はさういふ問題に理解を有つて居られる模様である。どうか委員に加はつて下さるまいかといふことであつた。（中略）そこで色〻考へて見たが日本でも色〻競技運動が行はれて居り從來の武術もあるがさういふことで國際的に交はることは國民の精神的及び肉體的訓練の上に好影響を及ぼすことは勿論、國民の相互の親善關係を増す上にも良いことであらうと思ひ、當時の外務大臣

小村壽太郎侯や文部大臣菊池大麓男にも話をして見た所が、両氏共參加するやう勸められたから加入の内諾を與へた……。

（嘉納 一九三七b：五）

つまり、嘉納は、日本がオリンピック大会に参加することによって、スポーツを通じた国際交流が国民の心身の発達に好影響を及ぼし、国民相互の国際親善を促進すると考えて、大会参加の意義を見出したのである。

嘉納はまた、日本が最初にオリンピックへの選手派遣を要請されたときの思いを次のように述べている。

他の國は既に競技運動に於て永らく練習を積んで、熟練した選手も澤山居る然るに日本はまだ極めて幼稚な程度にあるのである、到底勝算はない、併しながら之が爲に出席を躊躇してはならぬ、一刻も早く彼等を凌駕して、日本國民の増進すると同時に、大に士氣を鼓舞せねばならぬ、それには此際選手を出すは勿論のこと、他國の実際の模様も見ねばならぬ、先ず幾人でも出せるだけの選手を出さうと決心したのである。

（嘉納 一九二二：六）

こうした挫折を恐れずに、新しいものを取り入れていく嘉納の才覚と覚悟は、まさに歴史に残る大局的見地からの英断であったといえよう。

（3）大日本体育協会創設の目的

前記のように、嘉納がＩＯＣ委員に就任したことにより、日本にオリンピック競技大会への参加の道が開かれた。次に、オリンピック競技大会に日本から選手団を派遣するためには、国内オリンピック委員会（ＮＯＣ）の機能をもつ組織が必要になる。そこで、嘉納は自らが中心になって民間組織としての大日本体育協会（以下、「大体協」と略す）を一九一一（明治四四）年七月に設立する。大体協の設立の目的は、永井道明による原案では、次の二項が記されている（大日本體育協會 一九八三ａ：一八）。

（甲）國民體育ノ普及及ビ発達ヲ圖ルニ在リ

（乙）世界各國ニ対シOlympic Games ノ仲間入ヲナシ其目的ヲ達スルニ在リ

つまり、国民に体育（スポーツ）を普及し、発達させること、およびオリンピック大会に参加し、その目的に資することである。しかし、その後に制定された「大日本體育協會規約」では、上記二項は次のように書き換えられている（大日本體育協會 一九八三ａ：一九）。

二、本會ハ日本國民ノ體育ヲ奨励スルヲ以テ目的トス

四、本會ハ國際オリムピック大會ニ對シテ我日本國ヲ代表ス

つまり、大体協は、日本からオリンピック大会に参加するための派遣母体としての機能をもちつつも、協会の目的は設立当初から「国民の体育を奨励すること」に一元化されていたとみることができる。このことは、嘉納治五郎による「趣意書」にも示されている。嘉納は、日本国民への体育の普及・発達を喫緊の課題とする状況を説き、そのような折におとずれたオリンピック大会参加の機会とその格調高い大会の意義を述べている。「我国体育の現状と世界の大勢とに鑑み　茲に大日本体育協会を組織し　内は以て我国民体育の発達を図り　外は以て国際オリンピック大会に参加するの計画を立てんことを決議仕り」（大日本體育協會 一九八三ｂ：二）と記されているように、国内では国民体育の振興を主たる目的としながら、対外的にはオリンピック大会への参加を進めるという趣旨で大体協は創立されたのであった。

（4）スポーツがもたらす教養——フェアプレイと親睦

さて、クーベルタンは、スポーツには人びとの教養として果たす役割があると述べていたが、それが具体的に現れた事例を以下に記す。

①　統治下での親睦

スポーツによる交流は、日本の統治下にあったアジア諸国の人びととも良好な関係を築くのに役立っていた。朝日新聞社副社長の下村海南は、スポーツの効用について自らの体験から次のように述べている。

スポーツの眞髄はフエヤプレイにある、渾身のベストをつくして最後まで頑張ることにある、しかも競争を終つて莞爾として握手することにある。それはまさしくフラツトに立つ無差別の一視平等の競争であつて、そこに一點の文句を容るべき批判の餘地がないからである。何分何秒で走つた、何メートル飛んだ、それは絶對である、我等は互に競ふて戦ふ、競争するから好いレコードも出る、それは只相手に勝つといふだけでない、レコードに對して戰ふのである。無差別である、此處に何等の疑議を挿むべき餘地が無い、こゝに於て日本人も比律賓人も中華民國人も、全然同じベースに立つてプレイする、いかにも明るい朗かである。臺灣に足かけ七年在職した僕は、かなり本島人諸君と好い理解を持つてゐた、又未だに持ちつゝある。それにはスポーツの奨勸といふ事がたしかに重きを爲してゐたと思ふ、本島人と内地人、とかくに継母根性継子根性が起りたがり又そう解釈されやすい。その中でスポーツだけには何んといつても文句を挿む餘地が無い、内地人も本島人も老いたるも若きも、現に僕自身も見物や世話燒くばかりでない、一處になつて走る飛ぶ、そこに一點の陰翳なく凡てが明らかである朗らかである。（中略）スポーツだけはいまだに否永久に本島人と内地人を結んでゆくであらう。（下村 一九三二：七）

このようにフェアプレイを基盤としたスポーツ活動が、政治的な支配・被支配という障害を超えて、人々を分け隔てなく結びつけていたことが証言された。

② 日本代表選手が果たした民間外交

ロサンゼルス領事佐藤敏人は、当地で開催された一九三二年第一〇回オリンピック大会において日本人選手の態度が賞賛され、当地の『タイムス』新聞紙上に掲載されたことについて、以下のように紹介している。

ロサンゼルスの言論界の重鎮であるハリー・カーは数回にわたって日本馬術選手を賞賛し、「戰争の脅威よ去れ、余は遊佐大佐を相手國人とする戰争をなすを拒絶す、大佐は堂々たる日本騎兵學校長たるも氣取らず、飾らず、親切なること小兒の如し。若し他國も此の日本将校の如き人を派遣するに於ては國際親善亦期して待つべし」。

（佐藤　一九三二）

また、日本でもよく知られたエピソードであるが、大会競技中に疲労した自己の老馬を救うために目の前の勝利を犠牲にした城戸中佐に関して、以下の記事が掲載された。

余は此の日本将校の爲記念像を建設すべしとの讀者よりの手紙を毎日受け居れり、此の清き武士道と美しき自己犧牲の精神に對し中佐は永久に記憶さるべき人なり、余は此の崇高なる行爲を記念するため『オリンピック・スタデイアム』高塔に記念文字を刻ざまん事を提議するものなり。

（佐藤　一九三二）

さらに、棒高跳びでアメリカのミラー選手と西田選手の一騎打ちとなり会場を湧かせたことについて、次のように掲載された。

西田は此の七萬五千の米國人が自己の妙技を心より歡喜し其の米國選手を破りて勝利を得し事を熱望したるの一事を忘る丶事なかるべし。西田は米國人が良き國民なるを知り、七萬五千の米國人亦日本人の良き國民なるを知れり。如何なる将軍、如何なる外交官と雖も斯る兩國民了解の鎖を斷つこと至難なるべし。是れこそオリンピック大會の理想にあらずして何ぞや。（佐藤 一九三二）

佐藤は、日本の競技成績は必ずしも一位ではなかったとしながらも、大会が開始されてから観衆の心の中に温かい尊敬の念を起こさせ、「忍耐心」と「英雄的努力」「勇敢な戦士」「精神的優勝者」といった表現で、日本選手の態度を賞賛する記事が多数、当地の新聞紙上を賑わせたことを日本に伝えた。フェアプレイ精神あふれる日本選手の競技場内外での闘い振りが、日本とアメリカの両国民の間に深い親睦をもたらしたのである。

こうしたロサンゼルス大会での日本代表選手の活躍とその印象は、その後も当地の人びとの心に長く残ったものと思われる。同大会から五年後の一九三七年に開戦した日中戦争によって、日本に対する国際的非難が高まる中にあっても、ロサンゼルスのメディアにみる第一二回東京大会開催への支持は、同じアメリカの東海岸側の都市と比較しても顕著に高かったからである（田原 一九九三）。

二 日本で開催されるオリンピックへの多様な期待

一九三二年ロサンゼルス大会の前に開催されたＩＯＣ総会で、嘉納は一九四〇年の第一二回大会の開催地に東京が立候補することを表明する。その後、関係者の多大な努力により、表明から約四年後の一九三六年七月三一日、第一一回大会の直前にベルリンで開催されたＩＯＣ総会で、日本はついに第一二回大会の開催権を獲得したのである。

日本国内でのオリンピックに対する認識は、どのようなものであったのだろうか。自国で開催されるオリンピックについて、関係者がそれぞれの立場からどのように捉えていたのかを比較してみたい。

（1）大日本体育協会役員の見解

①　嘉納治五郎

当時ＩＯＣ委員で大体協名誉会長であった嘉納は、次のように述べて、体育の奨励、精神向上の立場からＩＯＣに異論がでない範囲においてはオリンピックの改善が可能で、挙国一致して行うべきであるとの考えを示した。

> 東京オリンピックは良い目的の企てに違ひないが、これまでやつてゐたものが徹頭徹尾良いかといふとそこには議論の餘地がある。しかしながら今日においてはそれを吟味して良いものは採り、悪いものは棄てるといふ餘裕は餘りないのであつて、大體において良いものであるからこれを擧國的に行ふのである。これがまたこの大会を招致したゆゑんである。といつても、日本においては體育を奬励し、精神向上に資する立場から種々と研究を重ね、われわれ日本人の考へによつて國際委員會も異存のないやうなことは改善するべきであるが、向ふで同意しないやうな変革はなすべきでないと思つてゐる、例へば競技種目の如きものである。（嘉納　一九三七ａ）

また、嘉納は第一二回大会を契機として、大会準備以外の国民体育増進の方針なども着々と進めるべきであるとして、次のように述べている。

> 將來も永く國民體育の事に當らねばならぬ體育協會の如きは競技運動、選手養成以外の國民全體の體育に就いて大いに研究と実行をなすべきであらう。（嘉納　一九三七ａ）

嘉納は、大会の準備については、「若しも總ての國が他を凌駕する事に努めるならば限りはない。かくてはオリンピツク精神も又經費の濫費の爲めに失はれるに至るであらう事を恐れるのである」「我々は過大にはせぬ。然し乍らスタヂアム、其他の施設も總て外客本位に準備する」と述べ、前回のベルリン大会を凌ぐことに精力を注ぐことはせず、来日する外国人の立場に立って準備を行うという考えであることを述べた（嘉納　一九三六）。

②　大島又彦

第一二回大会の開催地が東京に決定してまもなく、当時大体協専務理事であった大島又彦は、大体協の責任と関係方面との関係について、次のように述べている。

私は此際大日本體育協會の一役員としてはつきり茲に申述べ度い事がある。即ち議定書に依れば、國際オリムピツク委員會が開催地を決定せば、其實行をナショナル・オリンピツク委員會即ち大日本體育協會に移すのであつて、體協が實行上の責任を負はさるゝのである。（大島　一九三六）

其組織委員會なるものの構成は如何にすべきやと言へば、體協が主動者となり關係各官憲の援助を受け、開催の準備及實行の目的遂行に御盡力を願ふ朝野各方面の方々を網羅して之を組織するといふことになるのである。（大島　一九三六）

つまり、日本のＮＯＣである大体協が大会遂行の責任を負い、関係方面の協力を得て組織委員会を主導すべきであるという主張をしていた。

③　郷隆

大体協理事・前名誉主事であった郷隆は、東京開催が決定した翌日の八月一日に関係方面（大体協、文部省、外務省、国際観光局、東京市役所）の代表を集めて行われた座談会（大日本體育協會 一九三六）において、前述の大島と同様に大体協主導で組織委員会を運営すべきであると主張した。さらに、郷は、組織委員会には招致委員会の委員の他に「純然たるスポーツ方面から、所謂エキスパートに大分入つて貰はなければならぬ」と述べた。その理由は、次に示すように、郷が主張するオリンピック大会の内面的活用、すなわちオリンピックを契機とした日本スポーツ界のビジョン構築の重要性と関係している。以下に、郷が座談会で述べた口語調の文体を意訳する。

> 日本がこれまでのように無条件にスポーツを受け入れて、スポーツ・ファンのようなものに引きずられるのではなく、オリンピックの開催によって日本に残る数百万円に価するような施設を大いに利用していかなければならない。一体どういう人がどういう方向に利用していくのかが重大な問題である。インフラや施設整備だけでなく、日本のスポーツ界、日本の世間をどう指導していくかが一番大切な問題だと思う。オリンピックの実施における技術的、形式的な面は困難があっても自ら道が開かれると思うが、日本のスポーツ界をどうリードしていくかの方向も決まらずに、四年間をただ大会の開催準備に没頭しては、折角これだけ多数の人が努力して苦心して、多大の費用を払い、この国家の非常時に一千万円以上の金を費やして行う意味の大半を失ってしまう。オリンピック大会は何と言ってもスポーツが中心だから、他の文化的方面は別にして、日本のスポーツをどうするのか、一体世間をどういう風に指導していくのか、その精神を明確にした上で、その精神によってオリンピックを日本で開催しなければならない。そうでなければ私はオリンピックをやる意味の半分以上がなくなると考える。

郷が力説したオリンピックを契機とした日本のスポーツ界のあり方、ビジョン構築は、今日でいう「オリンピックの無形のレガシー（遺産）」としても重要なテーマである。また、郷は、選手や競技関係者のみならず、全国民がオリンピックに対して何らかの形で関与し、貢献することが重要だと考えていた。それは、東京府主催防疫週間における講演「オリンピツクと防疫」のなかで、次のように語られた。

元來スポーツといふものは或る一つの目的に向つて御互が協力一致以て信念を貫く所にスポーツの精神があることは今更申上げる迄もない、オリンピツクの精神も同じく各自が協力一致する所にあることは明かである。私はオリンピツクの競技の方を受持つ者と致しまして、其國を代表する所の優秀な選手を東京に集めて完全な條件の下に技を闘はし約二週間に亘る競技會を支障なく行ひたいといふ希望に燃へて只今働いて居りますが、オリンピツクは決して競技會ではない、一國の文化國力を總動員して其國の眞の力を示すべきであつて只競技をするだけのものならば、大きな運動會と相違がないものである。我々の文化といふものを考へます時に先ず第一に考へられるのは多くそれは物質的の文化である。例えば寫眞の電送、ラヂオ、或はテレヴイジヨンと云つた文化的の施設が華々しく要求されるが、私は寧ろさう云つた物質的のものでなく精神的と云ふか、醫學保健衛生といふものに關係致しまして、其一國の國民の衛生的観念といふものがオリンピツクの眞の勝敗を決する大きな鍵であるといふことを私は此處で斷言致します。（中略）オリンピツクといふものは結局それぞれの國旗の下に於て各國民が行ふ文化的の戰であると思ひます。我々には戰がなければ本當の平和もない、又摩擦がなければ本當の進歩といふものもない、只其摩擦と戰とがどういふ形で以て行はれるかといふ所に大きな意義があるのではないか、競技場に於て選ばれた選手がかけたり跳んだり泳ひだりして勝つたり負けたりするのを見て實に樂しい、愉快だと感じそれで以てオリンピツクといふものが終つたとしたならば、それは單なる興行物にしか過ぎないと思ふのでありますす。オリンピツクといふものは國民が其國民獨自の立場から觀察して其獨自の立場に立つて全面的に全國民が之に參加しなければ日本で開催される本當の意義はない。（郷　一九三七）

このように郷は、オリンピックを単なる競技大会ではなく、それぞれの国旗の下で各国民が行う「文化的な戦い」であると捉え、全国民がそれぞれの立場から何らかの形でオリンピックに関わらなければ開催する意味がないと説いたのである。

以上のように、日本で開催するオリンピックについて、大体協役員であった嘉納治五郎、大島又彦、郷隆の見解を取り上げたが、彼らに共通していたのは「挙国一致」すなわち、現代風に言えば「オール・ジャパン」体制で臨むということであった。それに加え、嘉納は、第一二回大会を契機として、大会準備以外にも国民体育増進の方針などを進めるべきであることを力説した。大会に関しては、外国で開催されたこれまでの大会を上回ることに精力を注ぐのではなく、来日する外国人の立場に立って準備を行うべきであるという考えを示していた。

一方、大体協専務理事という組織の要にいた大島は、日本のＮＯＣである大体協が中心になって、関係方面の協力を得て組織委員会を組織し、大会遂行の責任を負うべきであると考えた。この点で郷も大島と一致した見解を示したが、郷はさらに、組織委員会の構成においては招致委員会の委員以外にスポーツの専門家を多数入れて、オリンピックを契機とした日本のスポーツ界のあり方、ビジョンを明確にし、そのうえで大会は開催されるべきだという考えを示した。また、郷は、オリンピックには選手や競技関係者のみならず、全国民がそれぞれの立場から何らかの形で関与し、貢献することが重要であると考えていた。

（２）文部省の見方

当時、オリンピックの担当行政であった文部省は、オリンピック大会についてどのような見方をしていたのであろうか。文部省体育課長の岩原拓は、東京オリンピックに関する座談会のなかで次のように述べている。

よくオリムピツクを國際主義的だといふ人がある、何か相互の國の人がお辭儀をし合ふ一つの國際主義的なものだといふことをいふ人がある、しかし私なんかの見るところではこれほど國旗主義いはゆる日の丸の旗の下にあつまる、いはゆる國旗主義といふか、或は國家主義といふか、これほど明瞭なものはないと思ふですね。いちじるしい國家主義のものがあつまつて、その自然の結果として國際的の行事を行ふ、さうして相互が外交辭令を使つて御機嫌を取り合ふといふやうなものとは違ふ。そこを他の國際の仕事と間違はない様にして貰ひたい。

（大島ほか 一九三六）

このように岩原は、オリンピックほど「国旗主義」あるいは国家主義が明白なものはないとしながらも、大会において自然に醸し出される国際性の妙を見出し、オリンピックが他の国際行事とは異なる文化的価値をもつことを認識していた。

（3）東京市の見方

一方、開催都市としての立場から東京市の草山重長は、オリンピック開催の意義について次のように述べている。

斯く各國競つてオリムピツク大會招致に多大の犠牲と努力とを拂ひつゝあるは何が爲めであるか、謂ふまでもなく國民體育の改善と、明朗なスポーツを通して行はれる國民外交が如何に國際親善に寄與するものであるかに想到するとき又當然の事である、殊に現今の如く極めて微妙な國際情勢にある時代に於ては速に多數外國人を誘致し自國文化に接せしめ、正しき認識と理解とを與ふるは最も緊要なりと思惟する。我が東京市は一九二三年九月大震火災によりその大半を灰燼の巷と化したが、全世界の同情と市民の努力は遂に彼の大規模な復興事業を完成して都代都市としての形態を整備するに至つた。さらに一九三二年十月には隣接町村を併合し新興日本の帝都として、その偉容は天然の風光と相俟つて今や全く世界全人類の魅力の對象である。然も一九四〇年は恰も我皇紀二千六百年に相當し神武大帝曠古の御偉業を憬仰記念すると共に帝國三千年の文化を世界に宣揚する絶好の機會である。（中略）驚異の日本、風光明眉の日本に接せんとする海外大衆は常に其の機會を待望してゐる。

（草山　一九三六）

このように草山は、オリンピック開催の意義として、多数の外国人を誘致し、関東大震災からの復興、帝都東京と日本の歴史ある文化を世界に示す絶好の機会と捉えていた。

（4）メディアの見方

メディアの関係者は、日本でのオリンピック大会開催をどのように捉えていたのであろうか。前述の台湾における滞在経験からスポーツの素晴らしさを記した下村は、ロサンゼルスオリンピックが開催された一九三二年に次のように述べている。

スポーツが御役所外交をはなれてどれだけ國際外交に役立つたか、スポーツがどれだけ國民全般の體育増進に與つて力があつたか。そう考へてくると、オリムピツクに對する社會意識はまだ不十分である事は、いつも參加費用の工面に困しむ事によりて證明される、骨董品の買立てに何んとかいふ茶入れとかに何萬圓投げ出すお方はあつても、オリムピツクの派遣費に百圓の金にカブリを振る。しかしオリムピツクも米國の西海岸ロサンゼルス市まで近よつた、東京市でも市會は東京での開催を議決するようになつたのだから、たしかに世の中も動いてゐる、世界各國は手を代へ品を代へオリムピツクの開催運動をしてる、遅れ走せでもそろそろ日本でも眼がさめて來たのである。これからはかなり急角度に社會の意識が進むであらう、そして東京で開ける時が來たら、日本國民をあげて社会的意識が行き渡り、體育といふ事に心から眼覺めるであらう、そして國際間の眞の平和歡喜が進められるであらう。海を隔てゝもお隣りで近かく開かれるオリンムピツク、今度はかなり國民の意識を呼び起す

べくよい警鐘と見てよろしい。 （下村 一九三二）

このように下村は、日本国民のオリンピックへの理解はまだ十分とはいえないものの、ロサンゼルス大会を契機に国民の意識が変容し、オリンピックの真の価値に目覚めることを期待していた。

（5）陸軍省の見方

他方、陸軍省医務局長軍医中将の小泉親彦は、オリンピックについて異なる捉え方をしていた。

この競技（オリンピック——筆者注）といふものが三つの要素に依つてその優劣が決せられる。その一つは競技戰術の優劣、第二は競技演練の程度、第三は素質の優劣、この三つである。運動は悉く頭の仕事であります。運動選手は成績が悪いなんと申しましたのは昔のことでありまして、本當の選手は頭がよくなければなれないことは申す迄もなく生理學の證明する所であります。そこで第三は頭の問題。この三つの事項の中で、競技戰術の優劣といふやうなことは、是は先進國は初めは優勝の地位にあるけれども、後進國と雖も一生懸命で之を進めて行つたならば必ず同等の程度に達することが出來る。競技の演練の程度といふやうなものは、是は一生懸命で演練すれば直ぐ追附くことが出來る。併し頭の問題、素質の問題、是は遺傳學の教ふる所に依れば、後天的の素質は遺傳するものぢやない。斯ういふことになつてゐるのであるとすれば、國際競技に於て優秀だといふことはその國民が頭がよいのだ、素質がよいのだといふことを中外に宣揚する唯一の方法だ、茲に於て優勝した國の國旗を競技場の中央に掲げ、さうしてその國民の優良な素質を中外に宣しよう、斯ういふことに想い及びまして、（中略）非常にこれが盛んになつて來たことは申上げるまでもないことであります。然るに現在はどうであるか。最初の考はさうでありましたが、全く一方に於ては興行的の興味本位のものに堕落しつつあるといふ一面がないではな

いのであります。（小泉ほか　一九三七ｂ）

このように陸軍省の小泉が理解したオリンピックとは、トレーニングでは補えない国民の「素質」（頭脳）を競い、その優劣を世界に示すという国威発揚の場であり、それによって栄えてきたという捉え方であった。またオリンピックの興行的側面にも目を向け、それを国家の関心事から退ける見方も述べた。

（6）問われる組織の力関係

当時の政府組織のなかでも、文部省と陸軍省とではオリンピックの捉え方に相違がみられたものの、日本において政府の力が圧倒的に強いことは、次の高島文雄（大体協参与員、前名誉主事）の言葉からも明らかである。「日本では政府が立ち上るといふことが強いですね。今度の招致問題だつて、政府が積極的に乗り出してくれゝば非常に事務が捗どるし、どんどん纏まつて來る。あれが聯盟でやるとか、體育協會でやるとなつたらできない」。これに対し、郷は「これは日本の人間の特殊性だらう」と述べた（大島ほか　一九三六）。このように政府主導でなければ物事が進まないという日本の現実については、次に述べる第一二回大会組織委員会の構成にも現れていた（田原　二〇一二）。

三　大会組織委員会の組織体制について

ここでは、第一二回大会組織委員会の体制について分析を行い、そこに大体協がどのように関与し、役割を果たしていたのかについて考える。

(1) 招致委員会

第一二回大会の招致成功への気運が一気に高まったのは、東京の最大のライバルと目されていたローマが立候補を取り下げたことに始まる。一九三五年二月二三日に衆議院で、同月二五日に貴族院でそれぞれ建議案が可決され(東京市役所 一九三九:二二)、第一二回大会の招致運動は東京市に留まらず、国民的大運動となったと記録されている(永井 一九三九:四)。「此時に當り、嘉納、副島、杉村のI・O・C・委員は招致運動成功の爲には官民一致の一大招致委員會を組織すべし」と政府に説き、時の文部大臣松田源治は一九三五年一二月一八日、関係各方面の権威を首相官邸に招集して、第一二回大会招致に関する懇談会を開き、四一名が出席した(永井 一九三九:四)。同日、委員六六名、幹事を含む総勢八八名に及ぶ招致委員会が結成された(表1-1)。前述のIOC委員が主張したという「官民一致の一大招致委員會」が実現したといえよう。

(2) 組織委員会

① 設立に向けた準備

東京が第一二回大会の開催地に決定してから四カ月を経た一九三六年一二月七日、平生釟三郎文相は関係者を招集し、帝国ホテルにおいて第一二回大会の開催に関する懇談会を開催した。文相は大会開催の趣旨について次のように述べたと記されている。

一、オリンピツク東京開催ニ就テハ啻ニ運動競技ノ國際的大會ヲ實行スルノ観念ノミニ捉ハル、コトナク 我國現在ノ諸情勢ヲ深ク省察シ且建國二千六百年ニ行フ特殊ノ意義に鑑ミ國民精神ノ發揚ト古今諸文化ノ示現ニ留意シ以テ來朝者ハ勿論廣ク海外ニ對シ我國ノ眞實相ヲ認識セシムルニ遺憾ナキヲ期スルコト

一、右趣旨ノ實現ヲ期スルタメ直接關係者ニ於テハ夫々其分野ヲ恪守シ以テソノ最善ノ努力ヲ傾注スルト同時ニ

表1-1　第12回オリンピック東京大会の招致委員会・組織委員会の委員等構成

	招致委員会	第12回オリンピック東京大会組織委員会						備考
		昭和11年12月24日	昭和12年1月7日	昭和12年1月13日	昭和13年1月13日	昭和13年3月7日	昭和13年7月16日	
		第1回組織委員会	第3回組織委員会	第4回組織委員会	第20回組織委員会/規約	第24回組織委員会	(返上当時)	
委員	貴族院議長							
	貴族院副議長							
	衆議院議長							
	衆議院副議長							
	国際オリンピック委員　3名＊	左に同じ	左に同じ	左に同じ	左に同じ	左に同じ	左に同じ2名＊＊	会長：徳川家達
	体育協会顧問							
		体育協会会長	左に同じ	左に同じ	左に同じ	左に同じ	左に同じ	副会長
	体育協会副会長	左に同じ　2名	左に同じ　2名	左に同じ　2名	左に同じ2名	左に同じ2名	左に同じ2名	常務委員1名
	体育協会専務理事				体育協会専務理事	左に同じ	体育協会理事長	
	東京市長	左に同じ	左に同じ	左に同じ	左に同じ	左に同じ	左に同じ	副会長
	東京市会議長	左に同じ	左に同じ	左に同じ	左に同じ	左に同じ	左に同じ	
	東京市会副議長							
		東京市第一助役	左に同じ	東京市助役1名	左に同じ	左に同じ	左に同じ	常務委員
					東京市国際オリンピック委員会委員長	左に同じ	左に同じ	
	明治神宮体育会長							
	東京帝国大学総長							
	早稲田大学総長							
	慶應義塾長							
	大日本連合青年団理事長							
	第11回オリンピック派遣後援会長							
	東京府知事						東京府知事	
	国際文化振興会理事長							
	日本商工会議所会頭・日本経済連盟会長	日本商工会議所会頭	左に同じ	左に同じ	左に同じ	左に同じ	左に同じ	
	日本銀行総裁							
	横浜正金銀行頭取							
	特命全権大使　5名							
	内閣書記官長							
	文部次官	左に同じ	左に同じ	左に同じ	左に同じ	左に同じ	左に同じ	
					厚生次官	左に同じ	左に同じ	常務委員
						(厚生省体力局長を推薦)	厚生省体力局長	
	文部政務次官							
	外務次官	左に同じ	左に同じ	左に同じ	左に同じ	左に同じ	左に同じ	
	内務次官		(内務次官を推薦)	内務次官	左に同じ	左に同じ	左に同じ	
	大蔵次官		(大蔵次官を推薦)	大蔵次官	左に同じ	左に同じ	左に同じ	
	陸軍次官	左に同じ	左に同じ	左に同じ	左に同じ	左に同じ	左に同じ	
	海軍次官		(海軍次官を推薦)	海軍次官	左に同じ	左に同じ	左に同じ	
	逓信次官		(逓信次官を推薦)	逓信次官	左に同じ	左に同じ	左に同じ	
	鉄道次官		(鉄道次官を推薦)	鉄道次官	左に同じ	左に同じ	左に同じ	
	司法次官							
	農林次官							
	商工次官							
	拓務次官							
	肩書きなし　23名(徳川家達を含む)							
						(横浜市長を推薦)	横浜市長	
					第十二回オリンピック東京大会組織委員会事務総長	左に同じ	左に同じ	
					北海道庁長官	左に同じ	左に同じ	
					第五回冬季オリンピック札幌大会実行委員会委員3名	左に同じ	左に同じ	
	委員計66名	計13名	計13名	計18名	計26名	計26名	計28名	
幹事	体育協会理事　3名	体育協会1名	左に同じ	左に同じ	左に同じ	左に同じ	体育協会常務委員	
	東京市助役	東京市1名	左に同じ	左に同じ	左に同じ	左に同じ	東京市紀元二千六百年記念事業部総務課長	
	東京市会議員　2名							
	東京市土木局長							
	文部大臣官房建築課長	(文部省1名予定)	文部省体育官	左に同じ	＊＊＊	厚生省体育官	左に同じ	
	文部大臣官房体育課長							
	東京帝国大学教授							
	東京工業大学教授							
	内閣書記官							
	外務省情報部長							
	内務省神社局長							
	内務省地方局長							
	大蔵省主計局長							
	農林省畜産局長							
	国際観光局長							
	肩書きなし　4名							
書記			文部省官房体育課	文部省	＊＊＊	厚生省	厚生省	
			東京市秘書課	東京市	東京市	東京市	東京市主事	
			体育協会	体育協会	体育協会	体育協会	体育協会	

▒ 体育協会関連
░ 東京市，文部省・厚生省関連
＊　　嘉納治五郎・副島道正・杉村陽太郎
＊＊　嘉納の死去により，副島道正・徳川家達
＊＊＊管轄が文部省から厚生省への移行期であり，幹事・書記ともに該当者欠席のため，確認することができない。

協心戮力結束ヲ固メテ事ニ當リ且朝野各方面ノ支援ヲ得テ名實共ニ擧國一致ノ事業タラシムルコト

一、諸般ノ準備並ニ實行ニ關シテハ苟モ浮華輕佻ニ流レテ所謂オ祭騒ギニ陥ルガ如キハ絶對ニ之ヲ警メ終始一貫質實剛健ヲ旨トスベク又競技者ニ關シテハ特ニ團體精神ノ强化ヲ圖リ、一般青少年ノ心身訓練ニ資セシムルニ力ムルコト

（永井 一九三九：四六）

すなわち、オリンピックを東京で開催する意義は、ただ国際競技大会を開催することだけにとらわれず、諸情勢を深く見極め、かつ建国二六〇〇年という特別な意義を考え、国民の精神を発揚し、日本の古今の文化を示して、来日者や広く海外にもわが国の真の様子を認識してもらうように努めることであると述べた。そして、その実現のためには、関係者がそれぞれの分野で最善の努力をし、協力・結束を固めて、官民各方面の支援を得て挙国一致体制で臨む事業にすること、また準備や実行に際しては、お祭り騒ぎに陥ることがないように始終一貫して質実剛健を心がけること、また選手についてはとくに団体精神の強化を図り、一般の若者の心身の訓練にも役立つようにすることが重要であると述べ、組織委員会の設立に向けた文部省の見解を明らかにした。

その後、数日おきに文相官邸において計四回の懇談会・打合会がもたれ、組織委員会委員の候補者選定と承諾が取り付けられた。

② 設立後の人員構成

第一回組織委員会は、一九三六年一二月二四日、前述の最終の打合会に引き続いて開催された。ここで、組織委員会の会長には招致委員会会長を務めた徳川家達が就任し、組織委員会副会長に東京市長牛塚虎太郎と大体協会長の大島又彦を推薦すること、幹事には文部省、東京市、大体協より各一名を選ぶことが決定された（第一回組織委員会議事録、永井 一九三九：四八）。第一回組織委員会からの委員には、右記の他、ＩＯＣ委員、大体協副会長、東京市会議長、日本商工会議所会頭、外務次官、陸軍次官、文部次官が名を連ねた（委員計一三名）。その後の委員等

の増員については、表1－1を参照されたい。最終的に、組織委員会が第一二回大会および第五回冬季大会の返上を決定した一九三八年七月一六日の時点では、委員は二八名を数えた。

以上のことから、組織委員会の人員構成を眺めてみると、常務委員、幹事、書記の配置にもみられるように、文部省（後に厚生省）、東京市、大体協の三者のバランスを常に配慮した構成がとられていたことがわかる。

③　大日本体育協会の役割

〈業務分担〉

組織委員会における大体協の業務は、主に（一）競技種目に関すること、（二）大会競技場とオリンピック村に関すること、（三）ＩＯＣとの連絡、に大別される。

競技種目については、大体協より原案を提出することが決定され（第一回組織委員会議事録、永井 一九三九：四八）、組織委員会では競技場建設に直接関係するものを主に議論し、それ以外は大体協において検討することになった（第二回組織委員会議事録、永井 一九三九：五〇）。

また、大会競技場およびオリンピック村については、各候補地についてその適否を調査するため、建築関係の専門家の他、陸軍省、文部省、東京市、大体協の各方面から成る調査委員六名が委嘱された。第二回組織委員会において大島組織委員会副会長が提出した原案「競技場及オリンピツク村候補地調査ニ関スル指針」には、「將來ノ利用」という見出しで以下のように記されている。

競技場其他ノ施設ハ將來ヲ顧慮シ如何ニ之ヲ利用スベキヤ研究調査スルヲ要ス　假令バ

(1)主競技場附近ハ將來國民體育ノ大殿堂タラシムルト共ニ之ニ接近スル廣場ノ如キハ有事ノ日軍事上直ニ之ヲ應用シ得ル如ク顧慮ヲ拂フ

(2)オリンピツク村ハ將來之ヲ青年訓練所等ニ利用シ國民教育ノ進展ヲ期スルカ又ハ國家ノ爲有意義ニ利用シ得ル

如ク顧慮スルガ如シ

（第二回組織委員会議事録、永井　一九三九：五四）

今日の言葉でいう「オリンピックのレガシー」の創造を意識した提案が、このときすでになされていたことになる。ただ、大島が大体協の会長というだけではなく、陸軍軍人（中将）であったことにも着目すべきであろう。競技場やオリンピック村の大会後の利用については、大体協設立の目的にあるような国民体育の普及でも競技力の向上でもなく、きわめて軍事色の濃い内容が想定されていたのである。

その他、組織委員会の成立をＩＯＣに通報する件は、大体協に一任することとされ、大体協は組織委員会とＩＯＣとの連絡役を担うことになった（第二回組織委員会議事録、永井　一九三九：五一）。

これらのことから、前記の組織委員会内の業務分担において、（一）競技種目に関することと、（三）ＩＯＣとの連絡については大体協にほぼ一任されていたとみられる。一方、（二）大会競技場とオリンピック村については、大体協関係者を含む多方面の委員で検討されたが、陸軍省の関与は、事後利用における軍事的な目的が意図されていたことにも関係していたと考えられる。

〈経費負担〉

大会施設の建設費（九〇〇〇万円を限度）は三等分し、国庫補助金、東京市補助金、大体協の斡旋による寄付金で充当することとされた（第一回組織委員会議事録、第三回組織委員会議事録、永井　一九三九：四九、五五）。また、事務所経費は当分の間、東京市および大体協が等分で支出することとし、大体協支出の分は立替え金として後日返済することとされた（第三回組織委員会議事録、永井　一九三九：五五）。

以上、第一二回大会組織委員会設立時期における組織委員会の体制と大体協の役割についてみてきたが、組織委員会は文部省の主導によって編成され、文部省（一九三八年以降は厚生省）、東京市、大体協の三者のバランスに慎重に配慮されて、人員配置や経費負担が決定されていた。このように、表向きは、文部省主導による三権分立が確立された形だが、大体協内部では、NOCとしての立場から文部省に先立ち、一九三六年一〇月に準備委員を置くなどして大会の準備に向けて積極的な役割を果たそうとする動きもみられた（大日本體育協會 一九八三b：三六）。前述した大体協役員の大島と郷の発言にも明らかなように、大体協が組織委員会の主導権を握るべきだとする主張がなされていたが、実際にはそのようにはならなかったことがわかる。

一方、第一二回大会組織委員会の三権分立については、海外のオリンピック事情に詳しい白山源三郎が痛烈な批判をしている。一九三二年第一〇回ロサンゼルス大会や一九三六年第一一回ベルリン大会ではいずれもその国のスポーツ界の中心人物が強力なリーダーシップを発揮して組織を牽引していたのに対し、日本ではそのような構造にならず、求心力のない組織になっているとして警告を発していたのである（白山 一九三七）。

ところで、嘉納は、自らの後継者として岸清一が大体協の会長に就任した後、大体協の評議員を前に次の言葉を述べている。

果せる哉、爾來協會の基礎は益々鞏固となり、事業は擴張され、他との關係も愈々複雑となるに至つた。現在自分として岸會長に希望する處は、國家の爲め、競技会の爲め、此際適当の後継者あるまで、御迷惑乍ら枉けて御勤めを願ひ度いのである。就ては評議員諸氏にも希望旁々御依頼がある。體育協會は會長の考へ通りにならねば甚だやり難いもので、輿論が始終変る様では困る。勿論輿論を伴はねばならぬが、その輿論に従つて會長が絶えず変つて行く様ではやり難いと思ふ。評議員諸氏は、會長をして事を爲し易くして行かねばならぬ。勿論専制、獨斷は絶對に避けねばならぬが、周圍の人達がよく考へてやり易くする必要がある。例へば海外に出ては絶對に統率者の意見を尊重するやうにして行かぬと、國家の體面にも拘はる。今後其の不愉快は繰返し度くない。自分の苦き経験から考察して、最初から統率者には絶對に服従を必要とする。此の點将來の爲め諸賢の御考慮を希ふ次第である。

（嘉納 一九二七）

嘉納は、国内の諸組織との関係および国際関係において、会長のリーダーシップのもと、組織として一致結束することの重要性を説いている。大体協は、スポーツ界の代表として、国内の各界とどのように向き合うことができたのだろうか。

四　国民の体力増強とスポーツ――国家によるスポーツへの圧力

第一二回大会の準備が進められる一方で、大体協は陸軍省の小泉親彦を招いて座談会を開催し、国民の体力問題とスポーツについて議論を交わした。会長の大島又彦（陸軍中将）は座談会の冒頭で、近頃著しく国民の体力向上問題が浮上し、国策として保健省や衛生省を設立しようとする機運が高まっていることに触れた。そして、大体協もただスポーツを奨励するのではなく、民間の体育団体として国民の体力向上に向かって進み、国家に貢献しなければならないとつねに考えており、それが本当の大体協の使命であると述べている（小泉ほか 一九三七a）。以下に、体力とスポーツについての小泉の見解を紹介し、それに対する大体協関係者の発言を取りあげる。

(1) 国民の体力とは何か

小泉は、国民の体力が低下しているという認識に関連して、体力を三方面から捉えて、次のように説明している（小泉ほか 一九三七b）。第一は、「形体的な体力」であり、一般に体格といわれる身長、体重、胸囲などで、病気の有無や内臓疾患の有無を意味し、第二には、「機能的体力」であり、労働能力あるいは作業能力などの能率を意味し、第三には、「精神の力」を意味し、この三つを総合したものが「体力」であるという理解を示した。そして、小泉は、年々悪化の一途をたどっている国民の体力低下に対処するため、非常に強力な保健衛生の一省を確立し、あらゆる方面に保健衛生策を実施する必要があるとして、保健省を設置する考えを示し、「國民體力の低下に依る國防上の重大脅威を克服する喫緊なるもの」と位置づけた（小泉ほか　一九三七b）。この保健省（または衛生省）は、厚生労働省の前身である厚生省（昭和一三年発足）の計画段階の名称である。

（2）医学が主導するスポーツ

小泉は、右記の「体力」理解に立って、国民が体力をつけるための運動競技のあり方として、医学がスポーツを主導するべきだと説く。

> 運動競技といふものは絶えず之を行つて、さうして心身を鍛錬するさうして物事に對してねばり強い強靱な持久力を養成する、それから日常生活に對しては極めて能率的な體に作り上げるといふことが運動競技の主目的である。この強靱なる持久力の養成又心身の鍛錬又能率的な人間を作り上げるといふこと、是は全く醫學が目的として生理學がその方面の研究を進めてゐる。それを土臺にしなければならない。（中略）今日醫學がスポーツを指導するといふ風にならなければ本當のスポーツとはならない、少くとも外國の、興味本位になつて一つの興業化したる所謂スポーツならばいざ知らず、帝國の本當の國民としての心身の強健なる、而も能率的な、さうして如何なる天變地異に遭つても直ちに之に即應するだけの沈著《ママ》さと動作の敏活があり、又外に出たならば環境の變化に對して直ちに之を認識して、それに應ずるだけの準備があるといふ體を拵へ上げねばならないと考へてをるのであります。（小泉ほか　一九三七b）

つまり、国防上必要な国民の体力増強のためには、医学によって導かれた運動競技が求められるとして、体力と医学の接近が主張された。また、そのためにあらゆる方面に保健衛生策を遂行する強力な行政組織として保健省を設置する必要があるという論理が導かれたのである。

（3） スポーツ選手の体力・気力問題

小泉は、一九三〇年の事実として、当時十種競技の選手であった陸軍の戸山学校の下士官を例にあげ、スポーツの体力的な効果に疑問を呈する。

この人間は十種競技の上に於きましては良い記録を出すのでありますけれども、國民として當然持たなければならないと思ふやうな體力を要求しますと、是は他の下士官の生徒と比べまして一番悪い、劣等である。殊に兵としての戰闘力といふやうなことを試驗してみまするると、是は戰闘兵として採用が出來ない。障壁を越えさせて見ようと思ふと越えるだけの力がない。又渡河演習をやらせて見ると一番生徒の中で劣敗者である。唯十種競技を運動場でやらせると他の生徒よりはうまいといふやうな成績を得た。（小泉ほか 一九三七ａ）

さらに小泉は、その他の学生のなかにもいろいろな競技の選手や選手候補者と一緒に仕事をしてみると、同様の所見を認める場合が多いことをあげた（小泉ほか 一九三七ａ）。こうして、優れたスポーツ選手が必ずしも優れた体力・気力の持ち主であるとは限らず、むしろ逆のケースが多いとして、従来のスポーツのあり方を牽制したのである。

（4） 陸軍が考える国民の体力増進に役立つスポーツ

小泉は、どのような種類のスポーツを採り入れるべきかという点について、次のように述べている。

兎に角運動の能力を向上しまして、運動能率を極めて良好ならしむるといふ運動競技といふものの中に、私は外國にない日本の相撲と柔道、是よりよい大脳の皮質の機能の統制を行ふ運動はないと考へてをります。又先程申しました環境の變化に對して直ちに之を認識する、之に反應する、さうしてその處置を講ずるといふ、さういふ素質を養成しまするのには私は日本の劍術、之を取入れなければどうしてもならないと考へてをりまするし、注意力の養成、注意の集中といふ點に於きましてはテニスが外國人の生理學上最もよいと稱揚されておりまするが、それ以上なるものが一々實驗の成績は申上げませぬがあるのであります。又弓を引く、或は鐵砲を打つといふやうなことも同様に効果があると思ひまするが、山間を跋渉して獵銃を背中に背負つて、動いて行く標的に對して鐵砲を打つ、或は弓を引くといふやうなことは非常に素質の養成に効果があると思つてをります。

（小泉ほか　一九三七b）

このように日本人の体力向上に資するスポーツについて、陸軍の考えには、日本の伝統スポーツといわれる武道・武術、あるいは戦闘に直接結びつく身体運動を奨励し、西欧スポーツを排除しようとする傾向がみられた。そして、小泉は、国民の体力向上にかかわる省（保健省）ができ、体力局のような主務局が設置されたとしても、実行機関がなければ意味をもたないのであって、その実施機関はこの大体協をおいて他にないと述べる。そして、主務局の設置後、大体協は民間団体として主務者と連携して国民体力の向上に向かって進んでいかなければならず、外国と約束したオリンピック競技以外に、「大衆的スポーツ」を指導奨励してほしいと圧力をかけたのである（小泉ほか　一九三七b）。

（5）スポーツの立場からの反論

右記のような小泉のスポーツ批判発言に対し、小笠原道夫（体育研究所技師、医学博士）は次のように反論する。

元来、これ（スポーツ——筆者注）は身體を良くる法として作られたものではなく、他に獨自の意義を持つて生まれたものであります。所がこのスポーツは、これを適當に用ふるならば、これによつて身體を良くする事にも極めて有効なのです。そこで吾々はこれを體育の目的のために利用してゐるわけなのです。従つて、スポーツをやつたが身體は良くならぬからといつて、直ちにスポーツ自體の功罪をいふよりは、むしろこれを用ひる者の用ひ方如何によるのでありまして、即ち此點に關する「指導」といふ事が極めて肝要なのであります。

（小泉ほか 一九三七b）

このように小笠原は、スポーツ自体に功罪があるのではなく、その活用方法、指導法が重要であり、効果の多少だけを見てスポーツを軽率に切り捨てることに異を唱えた。

また、大体協理事の郷隆は、オリンピック種目の導入のような従来大体協がとってきた自由主義的な発想とは異なり、日本社会のあらゆる方面で統制が進んでいくことへの当惑から、次のように述べた。

恰度小泉閣下の言はれたやうな衛生省といふやうなとんでもないものが出來てしまつたんですけれども、その中には非常に社會政策的の方面が多くて、吾々の考へて居るやうな、體育をさういつた意味に於て統制して行く方向が非常に少いやうな案のやうに思はれて非常に残念なのですが、大日本體育協會としましても、勿論インターナシヨナル的な、人間の競技本位といふか、今まであつた自由主義的なものを何も取去らなくてもいゝのです、さういふものはいけないから全部廃めてしまへといふような狭量な考はいけないと思ふ、一方選手制度は扇の要の如きものであるから、或る意味に於てどうしてもやつて行かなければならぬが、國家全體主義、或は計畫體育といふか統制體育といふか、さういつた意味に於て、この種目に囚はれたり、やり方に囚はれたり、指導方法に囚はれたりしないで、新しい見地に立つて、どうしても大衆性といふものと選擧制度といふものとの間の調和をとつて行くといふことが非常に必要だ。（中略）小さな體育課みたやうなものを衛生省の中に入れられたのぢや吾々としては非常に残念なのです。（中略）大日本體育協會に於ても、今までの種目といふか、今までのやり方は今までのやり方として殘して置き他の方面に、さういつた意味の方向に大日本體育協會が進んで行かないと、これは全く解決出來ない問題がどつさり起つて來るんだ、かういふ風に感じます。（小泉ほか　一九三七b）

このように郷は、従来のような自由主義的な競技のための選手制度を維持しながら、大衆性との調和を図っていく必要があると述べたが、これに対し、小泉は陸軍の者は自由主義的な外国のスポーツすべてを否定することを期待していると畳み掛け、双方の主張の溝は埋まらなかった（小泉ほか　一九三七b）。

（6）嘉納治五郎が考える国民の体力増進とスポーツ

ところで、嘉納治五郎が日本のオリンピック参加を決意したとき、国民の体力、精神力の向上に関して、陸軍の主張とはまったく異なる考えをもっていた。嘉納は大体協の評議員会の席上、「世界オリムピツクに參加するまで」と題して行った講演のなかで次のように述べている。

從來自分の考としては、體育は柔道により充分に出來ると信じてゐた。然し種々考へて見ると、國民の體力、精神的の指導は到底柔道のみでは不可ない。之は柔道以外更に訓練の風を盛にして、國民の體力、意力を強健にする必要があると思つた。（嘉納　一九二七）

また、同様の主旨のことは、嘉納がクーベルタンからのＩＯＣ委員就任要請に関してゼラール大使と面会したときのことを回想した記事にも、次のように記載されている。

日本でも運動競技は多少行はれてゐる、學校でも一般に體操を行つてゐる、又一方には柔道剣道といふものもある、併し今日の有様では唯それ等だけに止めて置いては國民の體力を積極的に進めて行くことは困難である、何か別に新しい方法を講じて、努力せねばなるまいと、かく考へてゐた時であるから、そこでこのアスレチックスに属する競技を、汎く國内に普及して、今日の欠陥を補つたならば、國民の體力を増進する上に於て、多大の効果があらう、それでは自分もその仲間入りをして、進んでは體育に就いても外國との交りを結び、國内ではそれ等の體育奨勸の道も開かうと決心してその勧誘に應ずること、なつたのである。（嘉納 一九二二）

このように嘉納は、国民の体力を高めていくためには柔道だけでは充分ではなく、オリンピック競技に代表されるようなスポーツを積極的に採り入れ、国内に普及していくことが重要であるとの見解を示していた。

五 嘉納治五郎からのメッセージ

第一二回大会の招致・準備期間は、日本が第二次世界大戦に向かっていく時代でもあった。本章では、時代の変化のなかで、オリンピックとスポーツの価値がどのように捉えられ、動かされてきたのかを大体協の機関誌に掲載された記事を手がかりに述べてきた。以下に、嘉納の言説から得られるメッセージを中心に、現代のスポーツやオリンピックのあり方について考察してみたい。

（1） オリンピズムの理解と体現

オリンピックの創始者クーベルタンは、スポーツが人びとの教養に資するものになるべきだと考え、スポーツ選手による競技を通じた国際交流によってスポーツの普及と国際平和を目指した。そのクーベルタンからオリンピックの世界に招かれた嘉納は、日本がオリンピックに参加し、競技スポーツが国内に普及することによって国民の心身の訓練を活発にし、国際親善を促進することができると考えた。また、広く海外に目を向けて、失敗を恐れずにオリンピックに参加し、見聞を広げることが、選手のみならず、国民の体育の振興、自国の発展に資すると説いた。

これら国内外の先駆者の意図は、スポーツを通じた国際交流という面で、やがて日本のスポーツ従事者によって具現される。たとえば、統治下の台湾におけるスポーツ活動によって、また一九三二年ロサンゼルス大会に出場した日本代表選手によって、たとえ困難な時代にあっても、スポーツを通じて心の底から親しく信頼し尊敬し合える仲間となりうることが実証されたのである。このことは、日本側の機関誌における表出ではあるが、フェアプレイと相互尊敬というスポーツの基盤に基づいてスポーツを実施することにより、人びとが政治や民族、言語などのちがいを超え、真の親善と友好に満ちた世界を築くことができるというオリンピズムの体現を確かに示すものであった。

（2）日本で開催するオリンピックへのまなざし

オリンピックを日本で開催することが具体化してきたとき、オリンピックに対する人びとの捉え方や期待の仕方は、その立場によって一様ではなかった。嘉納は、第一二回大会を契機として、大体協が競技や選手養成以外の国民全体の体育についても大いに研究し実行すべきであると述べた。また、大会については、経費の濫費のために、オリンピック精神が失われるようなことがあってはならず、過大を避け、スタジアムやその他の施設も来日する外国人の立場に立って準備を行うべきであるという考えを示した。オリンピックを準備・遂行する立場にあった大体協専務理事の郷隆は、オリンピックを機に日本スポーツ界のビジョンを構築することの重要性を訴え、そのビジョンを明確にし、それを貫いたオリンピックを開催することに真の意味があると説いた。また、郷は、オリンピックを単なる競技大会ではなく、それぞれの国旗の下で各国民が行う文化的な戦いであると捉え、全国民がそれぞれの立場から何らかの形でオリンピックに関わらなければ、大会を開催する意味がないと述べ、オリンピックの機会を活用して国民生活のレベルを向上させようと呼び掛けた。

一方、スポーツ界以外の関係者の見方として、文部省体育課長の岩原拓は、オリンピックほど国家主義が明白なものはないとしながらも、それらが一堂に会して醸し出される調和した国際性の妙に、他の国際的な行事とは異なる文化的な価値を見出していた。開催地である東京市の草山重長は、東京でのオリンピック開催が、多数の外国人を誘致し、関東大震災からの復興、「帝都東京」と日本の歴史ある文化を世界に示す絶好の機会になると捉えた。メディア関係者である下村海南（朝日新聞社副社長）は、日本国民のオリンピックに対する理解はまだ十分ではないとしながらも、東京開催によってオリンピックの社会的な認識が浸透し、国民がスポーツの価値に心から目覚めることを期待した。陸軍省医務局長の小泉親彦が捉えたオリンピックは、トレーニングでは追いつくことのできない国民の素質を競い、その優劣を世界に示すというものであった。

（3）問われるスポーツ界のリーダーシップ

招致委員会を組織する際には、嘉納のほか、IOC委員である副島道正・杉村陽太郎が、招致の成功のために官民一致の招致委員会を組織すべきだと政府に述べて、それが実現した。だが、招致成功後の組織委員会の構成については、スポーツ関係者から若干異なる見解が示された。大体協専務理事の大島や同会理事の郷は、当時の日本のNOCである大体協が東京大会遂行の責任を負い、関係方面の協力を得て組織委員会を主導すべきであると主張し、さらに、郷は、組織委員会には、スポーツの専門家を多数入れる必要があると述べたのである。

ところが、実際には、組織委員会は文部省の主導によって編成され、文部省（一九三八年以降は厚生省）、東京市、大体協の三者のバランスに慎重に配慮されて、人員配置や経費負担が決定された。こうした組織委員会の三権分立については、海外のオリンピック事情に詳しい白山が痛烈な批判をした。アメリカやドイツのオリンピックでは、いずれもその国のスポーツ界の中心人物が強力なリーダーシップを発揮して組織を牽引していたのに対し、日本ではリーダーシップ不在の求心力のない組織になっていると警告したのである。大体協参与の高島文雄の発言にみられたように、スポーツ関係者も認めている「政府主導でなければ物事が進まない」という日本の現実は、郷が述べた「日本人の特殊性である」という理解で片付けてしまっていいのだろうか。

嘉納は、国内の諸組織との関係および国際関係において、会長のリーダーシップのもとで組織として一致結束することの重要性を説いた。組織は人心を鼓舞激励することで活性化し、目まぐるしく変化する時代にあっても、大局的見地に立って自らの使命とは何かを見極めて行動することが求められると述べている。

（4）国民の体力増強とスポーツ

日本が軍国化していった時代では、人びとがスポーツを自由に楽しむことが極度に制限された。陸軍省の小泉は、国民の体力低下は国防上の重大脅威であるという認識のもと、国民の体力増強のためにスポーツは医学によって指導されなければならないと主張した。さらに、小泉は国民として必要な体力と、競技力とは一致しないとして、欧米の競技スポーツを否定し、大体協に対して、新たに設置される保健省と提携して大衆的スポーツを指導奨励するよう圧力をかけたのである。

このような国家の圧力に対して、スポーツ界はどのように抗することができたのであろうか。体育研究所の小笠原は、スポーツ自体に功罪はなく、その活用方法、指導法によって効果は変わるので、短絡的にスポーツを切り捨てることのないようにと訴えた。郷は、国民の体力増強の名のもとにスポーツが国の社会政策に取り込まれることに違和感を示し、従来の自由主義的なスポーツの維持を主張しつつ、国家の意向に沿う形で大衆スポーツを推進するという両立を模索する考えを示した。

だが、嘉納は、国民の体力増進とスポーツについて、すでに異なる考えを示していた。それは、オリンピックで実施されているような競技スポーツを日本国内に普及することで、運動競技の幅を広げ、国民の体力を増進できると考えていたことであり、いわば競技スポーツと大衆スポーツを連続したものとして捉えていたのである。陸軍省が唱えた医学的見地から導かれる運動競技はおそらく、楽しさや自由、喜び、可能性への挑戦といったスポーツの醍醐味からは縁遠いものであろう。嘉納はそうではない本来のスポーツに、国民の身心一体の向上という希望を見ていたのである。

（5） スポーツによる人間形成と国家社会のために

スポーツ自体に功罪はないという理解に立てば、スポーツをすればそのままフェアプレイが身につくというわけではない。スポーツを通じてその担い手の人間性を高め、フェアプレイの精神をいかにしてスポーツの内外に拡充していけるかが重要である。嘉納が目指したスポーツによる人間形成の基本がここにあり、オリンピックなどへの参加はそれを国際的な規模で促進する好機であるといえる。

嘉納は、欧米を巡ってさまざまな世界戦争後の状況を視察し、大体協の機関誌発刊（一九二二）に寄せて、次のように述べている。「我が國は體育について努力せねばならぬことは勿論であるが、單り體育のみならず諸般の事について大に奮発し、大に飛躍せねばならぬことを痛切に感じた」（嘉納 一九二二）。また、「大局に着眼して國家将來の爲に、克く奮闘努力せんとする者は甚だ少ない、即ち今日に於て何等かの方法を講じ、以て頽廃せる人心を鼓舞激勸するところなくんば、日本の前途は實に危いのである、今日こそは、各自自己の立場から、出來得るだけの腕を揮つて國家社會の爲に盡粹せねばならぬ秋《とき》である」（嘉納 一九二二）。

スポーツによる人間形成を核として、「競技スポーツと大衆スポーツ」「国内と国際」という一見対立するように思えるものも、実は連続した相互関係にある。二者択一ではなく、どうバランスをとって双方を推進していくかが重要な課題であり、そのハブの役割として、嘉納はオリンピックに期待をかけていたのではないだろうか。第一二回大会のヒストリーから浮かび上がってきた嘉納のメッセージは、今なお私たちが取り組むべき大切な課題を示している。

参考文献

バイエ・ラツール（一九三七）「忠實なるアマチュア主義の信奉者」『オリンピック』大日本體育協會、一五（一一）、一五頁。

Coubertin, Pierre de (1892) "Physical Exercises in the Modern World, Lecture given at the Sorbonne" (November 25, 1892). In: Norbert Müller & Otto Schantz edited (2000) *Pierre de Coubertin 1863-1937 Olympism Selected Writings*, International Olympic Committee, pp. 287-297.

Coubertin, Pierre de (1894) "Circular Letter", January 15, 1894. In: Norbert Müller & Otto Schantz edited (2000) *Pierre de Coubertin 1863-1937 Olympism Selected Writings*, International Olympic Committee, pp. 300-301.

大日本體育協會（一九三六）「東京オリムピックを語る」『オリムピック』大日本體育協會、一四（九）、四―二一頁。

大日本體育協會（一九八三ａ）『大日本體育協會史　上巻』第一書房（昭和一一年初版、昭和五八年復刻）。

大日本體育協會（一九八三ｂ）『大日本體育協會史　補遺』第一書房（昭和二一年初版、昭和五八年復刻）。

郷隆（一九三七）「オリンピックと防疫」『オリムピック』大日本體育協會、一五（一一）、一三―一五頁。

嘉納治五郎（一九二二）「発刊の祝辞として私の感想を」『アスレチックス』大日本體育協會、一（一）、五―八頁。

嘉納治五郎（一九二七）「世界オリムピックに參加するまで」『アスレチックス』大日本體育協會、五（六）、二―三、五頁。

嘉納治五郎（一九三六）「東京オリンムピックに來れ」（紐育 National Broad Cast よりの放送原稿）『オリムピック』大日本體育協會、一四（一二）、六七頁。

嘉納治五郎（一九三七ａ）「東京オリンピックに善處する爲には」『アサヒ・スポーツ』東京朝日新聞社／大阪朝日新聞社、五〇（二）、四頁。

嘉納治五郎（一九三七ｂ）「クーベルタン男を懐ふ」『オリンピック』大日本體育協會、一五（一〇）、五頁。

小泉親彦・大島又彦・浅野均一・東俊郎・岩原拓・浦本政三郎・大森憲太・小笠原道生（一九三七ａ）「座談会　小泉局長に

國民體位問題を訊く」『オリンピック』大日本體育協會、一五（七）、二、七頁。

小泉親彦・大島又彦・浅野均一・東俊郎・岩原拓・浦本政三郎・大森憲太・小笠原道生（一九三七b）「座談会　小泉局長に國民體位問題を訊く（下）」『オリンピック』大日本體育協會、一五（八）、一八―三三頁。

草山重長（一九三六）「東京市と國際オリムピック招致運動」『オリムピック』大日本體育協會、一二（一二）、三八―三九頁。

永井松三（一九三九）『報告書』第十二回オリンピック東京大會組織委員會。

大島又彦（一九三六）「第十二回オリムピック大會の準備を前にして」『オリムピック』大日本體育協會、一四（九）、三頁。

大島又彦・郷隆・高島文雄・岩原拓・土屋隼・高田寛・清水照男・鈴木良徳（一九三六）「座談会　東京オリムピックを語る」『オリムピック』大日本體育協會、一四（九）、六、二二頁。

佐藤敏人（一九三二）「第十會オリムピック大會に外人の眼に映じた日本選手」『アスレチックス』一〇（一一）、二八―三一頁。

下村海南（一九三二）「オリンピツクの社會意識」『アスレチックス』大日本體育協會、一〇（三）、七頁。

白山源三郎（一九三七）「視て來た者の立場から」『オリムピック』大日本體育協會、一五（三）、三四―三九頁。

鈴木良徳（一九三七）「噫オリンピツクの父！」『オリンピツク』大日本體育協會、一五（一〇）、二―三頁。

田原淳子（一九九三）「第一二回オリンピック東京大会の開催中止をめぐる諸外国の反応について――外務省外交史料館文書の分析を通して」『体育学研究』日本体育学会、三八（二）、八七―九八頁。

田原淳子（二〇一二）「一九四〇年第一二回オリンピック東京大会の組織体制と大日本體育協会（一）大会組織委員会の構成と大会への期待」菊幸一編『平成二三年度日本体育協会スポーツ医・科学研究報告Ⅲ、日本体育協会創成期における体育・スポーツと今日的課題――嘉納治五郎の成果と今日的課題　第2報』公益財団法人日本体育協会スポーツ医・科学専門委員会。

東京市役所（一九三九）『第十二回オリンピック東京大會東京市報告書』。

第2章　なぜオリンピックを東京に招致しようとするのか

——一九四〇年と一九六四年の東京大会——

清水　諭

一　東京とオリンピック、そして嘉納治五郎

二〇一三年九月八日（日）早朝（日本時間）、ブエノスアイレスでの国際オリンピック委員会（ＩＯＣ）総会において、二〇二〇年オリンピック・パラリンピック大会の開催地が東京に決定した。オリンピックやＦＩＦＡワールドカップは、たくさんの観光客を呼び込み、世界のメディアが開催都市に注目し、さまざまなグローバル企業が入り乱れてテレビ放映権料などをめぐって利益を上げようとするメガ・イベントになっている。と同時に、都市を再構築するインフラ整備と大規模なスポーツ施設を建設する大きな財政的リスクを伴うメガ・プロジェクトである（Gold, et al. 2011：302-303）。いったい、誰が、何のために、どのようなプロセスで招致活動を行い、実際どのように開催するのかを分析することは、都市に住み、また都市と関係しながら生きる人びとにとって重要な問題である。そして、政治的経済的、さらに文化的社会的にもインパクトをもつが故に、今や国家戦略の一つといわれるようになったオリンピックの招致活動において、どのような政治権力が作動するのかを具体的に見ていく必要がある（Shimizu 2014）。

嘉納治五郎は、一九〇九（明治四二）年にアジアで初めてＩＯＣ委員に就任し、一九一一（明治四四）年に大日本

体育協会を設立して初代会長（—一九二一年まで）になった。「日本体育協会の創立とストックホルムオリンピック大会予選会開催に関する趣意書」には、国民体育の発展と国際オリンピック大会への参加が体協設立の目的であることが明示されている。以来、日本は、数多くのメガ・イベントの招致活動を行い、実際に開催してきた(1)。なかでも東京は、嘉納が深く関わった一九四〇（昭和一五）年大会（返上）を皮切りに、一九六〇（昭和三五）年大会招致失敗、一九六四（昭和三九）年大会開催、二〇一六（平成二八）年大会招致失敗、そして二〇二〇（平成三二）年大会開催決定に至って、二度目の夏季大会を開催する都市になった。東京以外では、ロンドン、アテネ、ロサンゼルス、パリのみである。

一九六四（昭和三九）年東京オリンピックは、一九五〇年代後半から東京が交通問題を抱え、高速度鉄道網の整備拡充や自動車専用高速道路建設の計画ほか、上水道の供給不足、下水処理問題など多くの懸案を抱えていたなか（老川 二〇〇九：五〇—五三）、社会資本の整備にとって大きな目標になった。一方で、東京に住む人びとにとって、日常のマナーや美化活動などに注意が払われ、監視化・規律化されていったことも事実だろう。

それでは、一九四〇年東京オリンピック招致を成功させた中心勢力はどこにあり、どのような理念と社会資本整備計画を描いていたのか。そのとき嘉納治五郎は、何を考え、どのような理想をもっていたのか。東京が初めて招致活動を展開してから約八〇年が経過する今日、都市東京がオリンピック招致を行う目的と都市デザインを重ね合わせて分析・考察することで、改めてメガ・イベント招致の意味と意義を考えたい。それは、一九四〇年東京オリンピックを招致したときから、一九六四年大会、さらに二〇一六年・二〇二〇年招致のコンセプトにおいて、何が変わり、何が変わっていないのかを問い、そこから東京に住む人びとにとってのオリンピック・パラリンピックの意味を問い直すことになるだろう。

二　一九四〇年東京オリンピック招致に向けて

（1）永田秀次郎東京市長の意向

東京市長永田秀次郎（東京市助役一九二〇年一二月―一九二三年五月、東京市長一九二三年五月―一九二四年九月、一九三〇年五月―一九三三年一月――筆者注。以下同）は、一九三〇（昭和五）年六月一〇日に第三回世界学生陸上競技選手権大会に参加するため、ドイツに向けて出発する山本忠興《ただおき》（日本チーム総監督）に対して、「第一二回オリンピック大会の開催時が一九四〇年、即ち皇紀二六〇〇年に当るを以て、これをわが東京市に開催したき意向なることを伝え、オリンピック大会招致に関し欧州スポーツ界の情況如何を調査せられたき旨を依頼した」（東京市役所（一九三九：三）。引用にあたって旧漢字を新漢字にするなど現在通用する文字に改めた。以下同）。実際には、この紀元二六〇〇年を記念してオリンピックを招致しようというアイデアは、東京市秘書課の清水照男が永田に説いたことに始まる（橋本二〇一四：一五―一六）。古川隆久によれば、永田は元内務官僚で、一九一八（大正七）年内務省警保局長（現在の警察庁長官）を最後に退官し、東京市政に深く関わりながら、右翼運動家の赤尾敏らとともに一九二六（大正一五）年から建国祭の運動（毎年紀元節に神社に参拝し、建国神話を再認識することで愛国心を養おうとするもの）を始めていた（古川　一九九八：六三）。

永田は、その年一二月に帰国した山本の報告を受け、オリンピック東京招致の意向を公表した。そして、一九三一（昭和六）年一〇月二八日の東京市会において、第一二回オリンピック大会の東京招致を市に求める建議書が満場一致で可決された。その可決理由は、以下の通りであった。

復興成れるわが東京において第一二回国際オリンピック競技大会を開催することは、わが国のスポーツが世界的水準に到着しつつあるに際し、時あたかも開国二六〇〇年に当りこれを記念すると共に、国民体育上裨益《ひえき》するところ少なからざるべく、ひいては帝都の繁栄を招来するものと確信す。（東京市役所　一九三九：四）

これ以後、一九三三年五月四日、市議会に東京市オリンピック委員会が設置され、翌年三月に市議会がオリンピック誘致費予算を可決する。古川は、招致の動機にも、効果にも国民統合の促進が明示されていないことに注目し、「市会にとって、オリンピック招致を決定した最大の要因は、『帝都の繁栄』、すなわち、オリンピック開催が東京市にもたらす経済効果だった」（古川　一九九八：六六―六七）と述べている。

（2）紀元二六〇〇年奉祝記念事業の計画

紀元二六〇〇年の奉祝記念事業として計画されていたのは、オリンピック招致と並んで、万国博覧会の招致や奈良県の橿原神宮拡張整備運動だった。万博招致の中心人物である阪谷芳郎《さかたによしろう》（大蔵官僚出身で、一九一二年七月―一九一五年二月まで東京市長。一九一七年から貴族院議員。渋沢栄一の娘婿）は、神武天皇の詔にある「八紘《はっこう》を掩《おお》いて宇《う》となすこと（八紘一宇）」を実現でき、経済的利益によって、外客誘致と輸出販路拡大、産業奨励をもたらすと考えていた（古川　一九九八：一〇一―一〇二）。

大正期以後、産業振興のためさまざまな博覧会が開催されていたが、一九二六年には博覧会に強い関心をもつ人びとが博覧会倶楽部を結成しており、一九二九（昭和四）年六月二一日、内閣に日本での万博開催（この時点では一九三五年開催）を建議し、全国の地方団体や経済団体に呼びかけていた。そして、一九三二（昭和七）年七月二九日の博覧会協議会では、紀元二六〇〇年記念を趣旨として、会期が一九四〇（昭和一五）年三月から一〇月までの八カ月間とし、場所は東京の月島、新越中島埋め立て地約五〇万坪、経費二五〇〇万円と計画されたのだった（古川　一九九八：六九―七八）。

その後、一九三三（昭和八）年五月八日、東京市会で万博協会設立助成金交付が可決され、万博協議会は六月六日付で再び商工大臣に万博協会の社団法人としての設立認可申請を行い、その一方で、七月一三日に代表が齋藤《さいとう》實《まこと》首相（首相一九三二年五月―一九三四年七月）に万博実現を陳情した。結局、万博協議会は商工省の社団法人認可を待ちきれず、一九三四（昭和九）年五月三一日に任意団体として万博協会を設立、一九三五（昭和一〇）年二月一一日には同協会が詳細な万博計画案を公表し、牛塚虎太郎東京市長（東京市長一九三三年五月―一九三七年五月）がＮＨＫラジオで全国に表明した。会期は、一九四〇（昭和一五）年三月から八月まで、主会場は東京の月島埋め立て地、第二会場が横浜市の埋め立て地だった。そして、この牛塚東京市長による月島での万博開催計画の発表は、一九四〇年東京オリンピックの会場選定問題と大きく絡む問題となる。

一連の紀元二六〇〇年奉祝記念事業と東京オリンピック招致に対して、古川は以下のようにまとめている。

第一二回オリンピック大会の東京への招致運動の名目にたまたま掲げられたことからはじまった紀元二六〇〇年奉祝の動きは、万博開催の動きに波及し、さらに橿原神宮整備拡張事業が地元の積極的な支援を得る契機となり、万博を含む大規模な紀元二六〇〇年奉祝記念事業が国家プロジェクトとなって準備が開始されるに至った。こうした展開となった要因は、紀元二六〇〇年という名目が、日本国家が世界でも有数の長い歴史を誇りうることを示すという意味で、西暦一九四〇年に行うべき国家的イベントに掲げることのできる名目としては究極のものであったことと、万博とオリンピックが多大の経済効果をともなうイベントと認識されていたことである。

（古川　一九九八：一一五―一一六）

（3）ＩＯＣ委員によるムソリーニとの接触

一方、ＩＯＣ委員の嘉納治五郎（ＩＯＣ委員一九〇九年五月―一九三八年五月死去）と岸清一（ＩＯＣ委員一九二四年六

月―一九三三年一〇月死去）は、東京市長永田秀次郎の要請を受けて、一九三二（昭和七）年七月二九日のＩＯＣ総会（ロサンゼルス）で第一二回オリンピック大会の東京開催について、以下のように発言している。

政府およびスポーツ団体による正式な支持を得ており、一九四〇年は建国二六〇〇年の祝賀の年に当たり、万国博覧会の開催も計画されている。一九四〇年、オリンピック大会の東京挙行は全国民の念願である。

（*Official Bulletin of the International Olympic Committee*, October 1932：14. 中村 二〇〇九：二四―二五）

そして、東京開催への合意を形成するため、ＩＯＣ委員にさまざまな働きかけをしていただろうなかにおいて、一つの問題が起きた。杉村陽太郎（ＩＯＣ委員一九三三年六月―一九三六年七月辞任）は、一九三三（昭和八）年六月のＩＯＣ総会（ウィーン）で嘉納から出された日本のＩＯＣ委員を三名にする提案が受け入れられ、その場で国際連盟事務次長だった彼が委員になっていた。その杉村（当時、イタリア大使）と副島道正《そえしまみちまさ》（ＩＯＣ委員一九三四年五月～一九四八年一〇月死去）の両ＩＯＣ委員が、一九三五（昭和一〇）年二月のＩＯＣ総会（オスロ）前にイタリアの国家指導者ムソリーニを訪問したのだ。席上、ふたりのＩＯＣ委員は、一九四〇年東京大会の国家的な意義を説明し、四四年ローマ大会開催を支持することを約束した上で、四〇年ローマ招致の撤回を求めた。そして、ムソリーニがこの提案に応じたのだった（副島 一九三五：九）。

結局、オスロ総会で予定されていた第一二回大会開催地の決定は、翌一九三六（昭和一一）年のＩＯＣ総会（ベルリン）まで延期されたのだが、ＩＯＣ会長アンリ・ド・バイエ＝ラトゥール（第三代ＩＯＣ会長一九二五年五月～一九四二年一月死去）は、オスロ総会後にクーベルタン宛の書簡で以下のように記している。

会議はオリンピック精神に則ったすばらしいものでした。政府の力が何かを強制することに反対すること、そしてオリンピック開催地の選定が政治的な意向により影響を受けることに反対することで、われわれの意見が一致したからです。

（ラトゥールからクーベルタン宛書簡、一九三五年三月二七日、オリンピック博物館蔵ＩＯＣアーカイブズ。中村 二〇〇九：二八）

ラトゥールは、杉村と副島の両ＩＯＣ委員がムソリーニと会い、ローマが招致を辞退する約束をしていたことをオスロ総会前に知っていたが、彼が憤慨したのはＩＯＣ総会中に杉村が国際連盟事務局次長のときの部下でオスロ在住イタリア公使ロドロを介してムソリーニと連絡をとっていたことであった（中村 二〇〇九：二七）。そして、オスロ総会後の三月九日、ラトゥールは副島と嘉納に書簡を送っている。嘉納宛ての書簡は、以下のような内容だった。

日本の二人の新しいＩＯＣ委員が、一生懸命に誤った方針を取ってしまったという事実により、大変不幸なことが生じてしまいました。何が起こったのかを私は彼らに尋ねましたが、私に直接連絡することなく、つまり信頼しないで、彼らは委員会の外部から当局者と接触したのです。起こるであろうことが、まさに起こったのです。私たちの権限にあるオリンピック大会への外部からの影響を排除し、自らの手で処理するというＩＯＣにとって不可欠な自由が、私的な交渉によって不当に扱われてしまいました。

（ラトゥールから嘉納宛書簡、一九三五年三月九日、オリンピック博物館蔵ＩＯＣアーカイブズ。中村 二〇〇九：三〇）

これらを踏まえて、ラトゥールは嘉納に対して、「影響力を駆使され、委員会外での活動を中止するよう」要請した。「国家の利益を代表する外交官そのもの」（中村 二〇〇九：三〇）だった杉村の手法は、ＩＯＣ会長から批判され、一九三六（昭和一一）年七月のＩＯＣベルリン総会で杉村は辞任し、徳川家達《いえさと》（ＩＯＣ委員一九三六年七月―一九三九年六月辞任）に代わった。徳川は、一九三五年一二月一八日に結成された第一二回国際オリンピック東京大会招致委員会会長になっており、東京招致決定後の一九三六年一二月二四日に結成された第一二回オリンピック東京大会組織委員会の会長になった。

その後、オリンピック招致に向けて、東京市からラトゥール招待のアイデアが出され、ラトゥールは、一九三六年三月一九日から四月九日まで日本に滞在、大日本体育協会や招致委員会ほか関係者との懇談のほか、競技場などの視察、天皇への謁見などが行われた。

第一二回オリンピック大会の開催地として東京が決定したのは、一九三六（昭和一一）年七月三一日、第一一回オリンピック・ベルリン大会開幕前日に行われたＩＯＣ総会だった。

（4）大日本体育協会会長不在の一九三三―三六年

しかしながら、招致委員会の中心となるべき大日本体育協会関係者は消極的だった。この点について、東京オリンピック招致決定後の一九三六（昭和一一）年八月一日に『オリムピック』誌上での座談会に、当時、大日本体育協会専務理事大島又彦、同理事で前名誉主事の郷隆[2]、同参与員で前名誉主事高島文雄[3]らが出席し、発言している。

高島は、「その頃もう（オリンピックを――筆者注）日本でやってもいい時機じゃないかと故岸清一博士（東京帝国大学卒、ボート部出身、弁護士、一九二一―一九三三年まで第二代大日本体育協会会長、ＩＯＣ委員一九二四年六月―一九三三年一〇月死去）に話したら全然受附ない。日本ではまだとてもそんなものはやれやしない……、と非常な悲観説」（大島ほか 一九三六：九）だったとし、さらに「岸先生から嘉納先生に話して貰ったが、この嘉納先生が岸さんに輪を掛けたくらい悲観論者であった」（大島ほか 一九三六：一〇）と述べている。

そして、嘉納や岸がオリンピック招致にとって、大きな障害になると考えたのは、以下の問題だったと高島はまとめている。

……嘉納先生なり岸先生なりが一番障碍と思われたのは、今回でも問題となった距離の問題、したがって金と時間の問題、……もう一つは物的設備、競技場は勿論だけれども、その外にホテルとか、最前岩原（岩原拓は文部省体育課──筆者注）課長のいわれた一般的の文化的な能力、殊に今度のベルリンの後で日本がやるとすれば、そういう点が僕は非常につらいと思う。ちょっとした問題でも印刷とか、写真とか、ラヂオの放送とかそういうことが非常にドイツは発達しているから、その後で日本がやる場合にはここで一般的文化施設の問題で非常に見劣りがするようになっては困ると思って心配しておるけれども、……第三の問題は最前郷君のいった人的要素の問題、……どうしたって外国人と一緒に仕事するにはいくら偉い人でも意思の疎通を図る方法を講じておかないと、……これがなかなか日本においては困難な問題で、嘉納先生は「……人間をあつめることが今のところ自分としては絶望的だと思うから、そういうところへオリムピックを是非寄越してくれということをいう勇気がない」とそのころ頻りにいっておられた。（大島ほか 一九三六：一〇）

そして、郷は、オリンピックを招致するにあたって、以上のようなさまざまな施設や多文化に対応できる資質をもった人的資源の欠如のほかに、現在でいうところの日本スポーツ界のガバナンスの問題を提起している。一つは、国際的な競技会への参加を含めて、日本のスポーツ界をどのように整理・統合し、運営していくのか、そしてまたオリンピックで建築した施設のその後の利用方法など、国際大会に向けた競技力向上のみならず民衆に対してどのような政策を展開するのかについて検討する必要性を提起している。国際機関が統治するオリンピック大会の招致を前にして、日本的土壌において、どのようなスポーツ界を構築していくべきか。そのイニシアティブをどの組織が担うべきかの問題である。郷は、座談会の後半で次のように指摘している。

岩原さんを前に置いて失礼な話ですけれども一体文部省体育課だけでそういった大きな問題を体育協会と提携して行ったんじゃ駄目だ。例えば軍部ではこのごろの流行言葉か知らんが、広義の国防ということを非常にやかましくいっている、衛生省みたいなものを作ろうとさえいっている。軍も大いにスポーツを利用して国民体位の向上をはからなければならない。内務省も青年訓練にスポーツをどうしても利用して行かなければならぬ。そうすると貴方の方としては学校教育、これを主としても矢張りスポーツというものは重大問題でしょう。こういった意味で利用し得るというか、それに非常に関心を持っている省が政府として、一つの大きな衛生省とまで行かなくても、外局くらいなものを作って、それにまた相応して大日本体育協会というものの組織といいますか、現在のままで行かなければ叩き壊してやり直さなければならぬ。そうして今いったように日本のスポーツ界をどういう方向に持って行くのだという点を、少なくとも誰か考えていなければ仕方がないのじゃないか。

（大島ほか 一九三六：一九）

郷隆は、大日本体育協会の名誉主事でもあったが、全運動競技を統括する総合運動競技団体の設立に動き、日本運動競技連合の代表として、大日本体育協会に対して趣旨声明を発している（一九三三年一一月一七日）。この運動競技団体は、一九三〇（昭和五）年一月一八日にスポーツ政策の官民一体化による推進を目的として、大日本体育協会初代会長の嘉納治五郎をはじめ、第二代会長岸清一、大日本武徳会会長本郷房太郎など文部省・内務省の役員を除くほとんどが民間スポーツ団体関係者という四〇人からなる体育運動審議会によって、「民間体育・スポーツ団体の合意形成による半官半民的な体育行政の推進」（石坂 二〇〇七：一五二）を目指したものだった。これまでの大日本体育協会の組織や権力構造と大きく異なったものがここで立ち上がったのである。

これに対して、大日本体育協会の存続を評議員会で最終的に決議したのは、一九三五（昭和一〇）年一月二一日になってからだった。大きな問題は、一九三三（昭和八）年五月四日に東京市オリンピック委員会が設置され、以上のようなスポーツ界の統治機構に関する重要案件が山積するなか、同年一〇月二九日に岸清一会長が逝去して以降、一九三六（昭和一一）年に陸軍出身の専務理事大島又彦が第三代会長に選出されるまで約三年間にわたり大日本体育協会会長が不在だったことである。[4]

（5）東京開催の目的と意義

東京オリンピック招致の声を上げてから決定に至るプロセスを見ていくと、紀元二六〇〇年記念事業としての意味および万国博覧会開催などとの関係性、東京市長の思惑、ＩＯＣ委員内部や外交交渉における政治性、そして大日本体育協会会長不在とスポーツ界の統治システムに関する議論など、さまざまな側面の力が絡み合っていたことがわかる。

そして、一九四〇（昭和一五）年東京開催が決定すると、その目的や方針、組織体制が議論されていく。一九三六（昭和一一）年一一月二九日には、東京朝日新聞社主催による「東京オリンピックに関する座談会」が開かれ、議論がなされている。出席者は、平生《ひらお》釟三郎《はちさぶろう》（文部大臣）、嘉納治五郎・副島道正・大倉喜七郎（以上ＩＯＣ委員）、牛塚虎太郎（東京市長）、田誠（観光局長）、天羽英二（外務省情報部長）、平沼亮三（大日本体育協会副会長）、大島又彦（同専務理事）で、東京朝日新聞からは美土路編集局長などが出席している。

ＩＯＣ委員の副島は、ベルリン大会後の一九三六（昭和一一）年一〇月一〇日、ロンドンでラトゥールと会談し、オリンピック開催の基本認識について確認していた。東京市が開催するのであって、日本という国家ではないこと、大会の組織的権限は日本オリンピック委員会にあり、組織委員会に委託できること、ＩＯＣが最高権力機関であり、組織委員会の決定はＩＯＣに承認されてはじめて実質的な権限をもつことなどだった。こうしたオリンピック開催に関する基本認識を得ていたことで、副島は、以下のように発言している。

……今度のベルリン大会はどうかというに、これは毎日盛会であった、十数万の人が入って満員の盛況を呈したのであります（中略）全くドイツにとって興味があるか否かという事に主点を置いてスポーツ精神というものは全然ない、（中略）開会式にもドイツ人がドイツチェランドの歌やナチスの歌まで歌ってどこまでもドイツ精神でやったからそれで感情を害した（中略）日本がこのオリンピックに対する心構えはクーベルタン男のいったように（改行）国際平和のためである、スポーツの奨励のためである、スポーツに勝ち負けは別だ、唯参加すればよいのである、これが国際オリンピックの精神であります（改行）日本はこれを国家の宣伝に使いたくないと思う、私はどこまでもスポーツの精神で行きたい。

（『東京朝日新聞』一九三六年一二月三日付）

さらに、同じくベルリン大会を観た平沼も以下のように述べている。

……（ヒトラーは――筆者注）オリンピックのための設備ではなく未来永劫ドイツの保健の殿堂体育の殿堂になるのだから永久的なものだということをいって馬鹿に立派なものを造ったから金がかかった（中略）ドイツでは非常にこれを国家の宣伝に利用いたしましていろんなものに非常に全力をかけたりしたが日本ではそれ程の必要もないと思います。

（『東京朝日新聞』一九三六年一二月二日付）

そして、平沼は「ドイツ式」ではない、競技が完全に行える「日本式」の設備でよいとした。

（6）「日本的オリンピック」志向

しかしながら、嘉納は、一九三六（昭和一一）年一一月一三日に平生釟三郎文部大臣と会談し、「東京大会を単なるスポーツ・オリンピックとせず日本の精神、文化、産業等を世界に紹介し日本に対する尊敬と相互の信頼を深める機会たらしめねばならない」と述べ、「日本的オリンピック」を創造しようとした。また、彼は準備委員会も体協中心の陣容では不十分で、世界の情勢に対応できる各方面の見識に優れた者を網羅した「挙国一致的」組織委員会を構成しなければならないとした（『東京朝日新聞』一九三六年一一月一四日付）。大日本体育協会、東京市、政府、軍部、財界などを含めた関係諸団体の首脳が集まる組織委員会を構想し、オリンピックを国家的事業に位置づけたのだった。そして、嘉納は以下のように語っている。

国際オリンピックの規定は勿論尊重せねばならぬ、然しそれが日本的オリンピックに都合の悪いものだったら都合のいいように変えて貰ったらいいだろう、そのためには自分が出かけて行ってもいいと思っている、もしどうしても日本的なものが出来ないとしたら潔く東京大会をやめてしまうべきだ。

（『東京朝日新聞』一九三六年一一月一四日付）

また、平生文相は、一九三六（昭和一一）年一二月七日に嘉納、副島、徳川のＩＯＣ委員、東京市長牛塚虎太郎、大日本体育協会副会長平沼亮三、同専務理事大島又彦、陸軍大臣代理として次官梅津美治郎《うめづよしじろう》を招待し、オリンピック開催について懇談会をもった。平生は、席上、以下のように述べている。

即ち第十二回オリンピックを単純な競技大会とせず、日本は日本としての深い意義に立脚しこの機会に我国民精神と日本の実相を海外に認識させたいと思う、競技者も、勝つだけではなくスポーツによって国民精神を涵養する意味でプレーする様にしたい、この根本精神のもとに各関係者の協力を望む。

（『東京朝日新聞』一九三六年一二月八日付）

嘉納は、この意見にすぐさま同意している。そして、彼は別の懇談の際にも、オリンピック憲章はＩＯＣ委員が考案したものであるとし、「是非こうしなければならぬというものではないのですから極く重大な事でもあればこの次の委員会に新しい決議を出してもよいと考えています、（中略）万やむを得ないことがあったら方々の国と折衝して変えてもらいたいといえば出来るわけです」（『東京朝日新聞』一九三六年一二月一一日付）と述べている。すなわち、嘉納は、開催国の「国情」に沿った開催の仕方を認めてもらっていいはずだという考えをもっていたと思われる。一二月七日の懇談会で決定された第一二回オリンピック東京大会の開催趣旨には、「国情」に考慮した「日本的な」オリンピックの意義が含まれている。

一、オリンピック大会東京開催については啻に運動競技の国際的大会を実行するの観念のみに捉わるることなくわが国現在の諸情勢を深く省察しかつ建国二六〇〇年に行う特殊の意義に鑑み国民精神の発揚と古今諸文化の示現に留意し以って来朝者は勿論広く海外に対し我国の真実相を認識せしむるに遺憾なきを期すること。

一、右趣旨の実現を期するため直接関係者においてはそれぞれその分野を恪守し以てその最善の努力を傾注すると同時に協心戮力結束を固めて事に当りかつ朝野各方面の支援を得て名実共に挙国一致の事業たらしむること。

一、諸般の準備並びに実行に関しては苟も浮華軽佻に流れていわゆるお祭り騒ぎに陥るが如きは絶対にこれを警め終始一貫質実剛健を旨とすべく又競技者に関しては特に団体精神の強化を図り、一般青少年の心身訓練に資せしむるに力むること。

（東京市役所　一九三九：六二）

しかしながら、ラトゥールは、日本にとってのオリンピック招致が国家の発展を世界に示すことにあり、組織委員会がＩＯＣの決定さえも覆すことができるような強力な権限をもつならば、「ベルリンおよびガルミッシュ大会の準備の際に生じたユダヤ人問題よりももっと悪質です。もしあなたがそれを未だ正式に否定していないならば、すぐに取り下げなければなりません」と嘉納宛の書簡で強く忠告したのだった（ラトゥールから嘉納宛書簡、一九三六年一二月四日、オリンピック博物館蔵IOCアーカイブズ。中村 二〇〇九：三八―三九）。

ラトゥールにとって、国家的事業として関係各機関の責任者などを入れて肥大化した組織委員会、そこにおけるさまざまな決定の遅れ、それに端を発する準備の遅れや明確なメッセージが発せられないことのほか、オリンピック規則を無視した状況に対する懸念は益々深くなっていった。嘉納が、ラトゥールからオリンピックの会期と万博の会期との間をできるだけ離すように再三要請されていたのはその証左である（中村 二〇〇九：四七）。

こうした状況下、一九三七（昭和一二）年七月に日中戦争が勃発すると、関係各国からの支援も得にくくなっていく。そして、一九三八年三月に開催されたIOC総会（カイロ）を経て、同年七月一五日にオリンピック東京大会の返上が閣議決定された。

（7）競技場選定に関する問題

もうひとつ。競技場をどこにどのように造るのかが課題となっていた。スポーツ施設とその機能をめぐる問題である。東京大会の基本方針が一九三六（昭和一一）年一二月七日に提示されたのち、一二月二四日に第一回組織委員会が開催され、会長にIOC委員徳川家達、副会長に東京市長牛塚虎太郎（のち小橋一太《こばしいちた》）と大日本体育協会会長大島又彦（のち下村宏）が選出された。この組織委員会で競技場選定が審議されていくのだが、関係省庁、東京市、大日本体育協会などの思惑が錯綜し、混乱が続いた（片木 二〇一〇：一八）。

石坂は、「招致が決定した後、お互いの領分争いから体協と東京市の確執は決定的なものになっていった。仲介役の文部省はほとんどイニシアチブを発揮せず……。国家によるイニシアチブを期待する発言を続けたのは体協の方だった」（石坂 二〇〇九ｂ：一〇〇）と述べている。

東京市は、競技場建設用地として月島（芝浦七号埋め立て地）を真っ先に提案し、一九三三（昭和八）年に東京市の新市庁舎建設（当初、四号埋め立て地）が決定していた場所だったにもかかわらず、なかなか開発が進んでいなかった。東京市は、一九四〇年開催予定の万博もここで開催を予定していた。東京市は月島案にこだわったが、明治神宮案を推す体協との確執が強まっていく。

一九三七（昭和一二）年一二月一三日の第一〇回組織委員会では、明治神宮案が承認され、翌一九三八年三月一一日には、主競技場を明治神宮、オリンピック村と水泳競技場を駒沢ゴルフ場に建設するという方針に転換していく。それに伴い、三月二九日に競技場建設費として六〇〇万円、街路建築費として一〇〇〇万円からなるオリンピック予算が可決されている（石坂 二〇〇九b：一〇二―一〇五）。

しかしながら、一九三八（昭和一三）年四月一三日の組織委員会では、一転して主競技場も駒沢ゴルフ場に移転することが決定された。石坂は、その理由を以下の四点にまとめている。

①　東京市が国家の威信を示すものとして、一〇万人規模の競技場建設を要求し、超過予算を組んだにもかかわらずメインとなる競技場の収容人員が七万五〇〇〇人（最終的に五万人）に留まること
②　明治神宮の改造が外苑の景観破壊になるという根強い反対論の存在
③　あくまで陸上・水泳競技場を総合競技場として建設したいという水連への配慮
④　国民体位向上の観点から東京市が管轄する新たな施設建設が望ましいこと

（石坂 二〇〇九b：一〇六―一〇七）

東京市と体協との確執に加え、一九三七（昭和一二）年一〇月には「鉄鋼工作物築造許可規制」が出され、すでに軍事施設以外の建設に五〇トン以上の鉄鋼を使用することが認められなくなっていた。競技場建設計画は、一九三八年に入ってようやく動き出したにもかかわらず、実現への道は閉ざされていったのである。

（8）東京大都市圏計画――緑地化・防空緑地化・軍用地化

では、東京市は、一九四〇年東京オリンピックを前に、都市東京の現実的な土地利用として、どのようなデザインプランを考えていたのだろうか。

片木篤は、その著書の中で、東京大都市圏地域計画として、東京緑地計画が展開されていたことに触れている。それは、一九三二（昭和七）年一〇月に内務省都市計画課を中心として、東京府、東京市、神奈川県、埼玉県、千葉県のほか、警視庁や東京鉄道局から構成され、内務次官・都市計画東京地方委員会会長を会長とする東京緑地計画協議会が設置されたことに始まる。

そして、一九三九（昭和一四）年四月に「東京緑地計画協議会決定事項集録」が発表された（片木 二〇一〇：四二）。このなかで、「緑地」が定義され、「普通緑地」「生産緑地」「緑地に準ずるもの」に分類され、レジャーやレクリエーション、スポーツなどに供される景園地（大公園や環状景園地）が指定された。そして、これらのオープンスペースが一九三七年に制定された防空法により、東京防空空地と空地帯計画に引き継がれていく。一九三八（昭和一三）年八月になると東品川、西巣鴨、荏原、小豆沢、南千住の五都市計画公園が計画決定され、これは通称「防空小緑地」と呼ばれた。また、一九三七（昭和一二）年一〇月には神奈川県相模原景園地内、座間・新磯・大野・麻溝の四村約二〇〇万坪の用地に陸軍士官学校が移転し、のちに陸軍造兵廠、東京工廠相模原兵器製造所、陸軍工科学校などが移転した（片木 二〇一〇：四一―四七）。

つまり、都市東京が指定した緑地は、次第に防空地、そして軍用地に転用されたのだった。これまで述べてきた駒沢は、大公園に指定されていたが、やがて防空中緑地となり、一九六四（昭和三九）年東京オリンピックの競技施設として陸上競技場、サッカー場、体育館などが建設され、駒沢オリンピック公園総合運動場として今日に至っている。

石坂が指摘するように、スポーツ施設の建設は防空を目的としたオープンスペースの確保という意義ももっていたのである（石坂 二〇〇九b：一一四）。このことは、土地に確固として刻まれる競技施設が、競技場としての機能と意味のみでなく、さまざまな用途への転換を内包して歴史的に存在してきたことを示している。すなわち、競技場として現存するその土地の由来とともに、その機能が内包する歴史的な意味の変遷についても問わなければならないのである。

一九四〇（昭和一五）年東京オリンピックは、「幻」に終わった。しかしながら、このプロセスを見ていくと、都市デザインとイベント招致効果に対する東京市の思惑、「日本の精神、文化、産業等を世界に紹介」するといった国家戦略の側面、そして、体育・スポーツの発展を目指すスポーツ界のガバナンスの問題が重なり合っていることがわかる。しかしながら、最も重要と思われる国際オリンピック委員会委員をはじめとする国際関係の構築と国際情勢の分析については、うまく進んでいたとは思えない。では、一九六四（昭和三九）年東京オリンピックの場合はどうだったのか。

三　一九六四年東京オリンピック招致の目的

（1）招致へのプロセス

アメリカ、中国そしてソビエト（当時）などと敵対した第二次世界大戦後、日本のオリンピックへの復帰は、IOC委員永井松三《ながいまつぞう》（IOC委員一九三九年六月―一九五〇年五月辞任、ベルギー大使、ドイツ大使、外務次官を歴任、一九四〇年オリンピック東京大会組織委員会事務総長）が一九四九（昭和二四）年四月のIOC総会（ローマ）への参加が許されたことを端緒とする。そして、一九五〇年五月のIOC総会（コペンハーゲン）に、当時、日本体育協会会長だった東龍太郎《あずまりょうたろう》（日本体育協会会長一九四七年―一九五九年、IOC委員一九五〇年五月―一九六八年辞任、東京都知事一九五九年四月―一九六三年四月、一九六三年四月―一九六七年四月）が病気療養中の永井と公職追放中の高石真五郎《たかいししんごろう》（IOC

委員一九三九年六月―一九六六年四月死去）に代わって、ヨハネス・ジークフリード・エドストレームＩＯＣ会長（第四代ＩＯＣ会長一九四六年九月―一九五二年七月）からオブザーバーとして招聘を受けた。この日本のＩＯＣへの復帰に際し、アベリー・ブランデージ（アメリカ合衆国オリンピック委員会（ＵＳＯＣ）会長を歴任、一九五二年七月―一九七二年八月まで第五代ＩＯＣ会長）がＧＨＱ最高司令官ダグラス・マッカーサー元帥（一九二八年アムステルダム・オリンピックでＵ．Ｓ．Ａ．選手団団長）と親交があり、マッカーサーとエドストレームに働きかけたおかげだとされる（片木二〇一〇：九八―九九）。

その後、一九五二（昭和二七）年四月二八日に対日講和（サンフランシスコ）条約により独立国として日本が認知されたことを受け、五月九日東京都知事安井誠一郎《やすいせいいちろう》（富山・兵庫・福島の各県で警察部長を歴任、第六・八代東京都長官一九四六年七月―一九四七年三月、一九四七年四月―五月、初代～第三代東京都知事一九四七年五月―一九五九年四月）は、東龍太郎（日本体育協会会長）、浅野均一《あさのきんいち》（日本陸上競技連盟理事）、田畑政治《たばたまさじ》（日本水泳連盟会長）を呼び、一九六〇（昭和三五）年第一七回オリンピック東京大会の招致を相談し、以下のように表明した。

平和回復と国際舞台に復帰した日本の本当の姿、真に平和を希求している日本人の素朴な姿を、いかにすれば世界の人々に理解してもらえるか、ややもすれば希望を失いがちである青少年にどうすれば明るい曙光を与えることができるかと熟考した結果、オリンピック大会を東京に招致して開催することがもっとも望ましい。

（東京都 一九六五：四）

東京都議会は、超党派でこの表明に賛成し、オリンピック東京大会招致の決議案を満場一致で可決した。一九五三（昭和二八）年には招致決議案が衆議院で可決され、一九五四年二月にはメインとなる国立競技場の建設案が可決された。

（2）戦災復興都市

第二次世界大戦の米軍による空襲・艦砲射撃で焦土となった日本は、戦災都市に指定された一一五都市の被害だけでも罹災区域六万三二〇〇ヘクタール、罹災戸数二三二万戸、死傷者七六万人に及んでいた。一九四五（昭和二〇）年一一月五日に戦災復興院（初代総裁に小林一三）が設立し、一二月三〇日に「戦災地復興計画基本方針」が閣議決定されたが、GHQは戦災復興事業をまったく支援しなかった。そして、一九四九（昭和二四）年三月に経済安定・緊縮財政政策として「ドッジ・ライン」が示され、八月には一一五の戦災都市すべてで復興都市計画の見直し作業が始まってしまったのだった（片木 二〇一〇：一一九―一二〇）。

東京は、一九四二（昭和一七）年四月の「ドーリットル空襲」以来、九十数回の空襲を受け、罹災区域一万五九〇〇ヘクタール（区部面積の約二八パーセント）、罹災戸数七一万戸、死負傷者二五万人あまりに上ったといわれている。東京都建設局都市計画課長の石川栄耀《いしかわひであき》が取りまとめた東京戦災復興都市計画は、一九四六（昭和二一）年四月に土地区画整理と街路計画、同年九月に用途地域、一九四八年七月に緑地地域がそれぞれ計画決定されたが、大都市圏計画の理念ゆえに計画倒れに終わっていた（片木 二〇一〇：一二〇―一二一）。

しかしながら、東京都は首都東京という特殊性を強調することで、復興都市計画を国の直轄事業にして執り行おうとし、一九五〇（昭和二五）年六月東京都選出議員を主とする議員立法による首都建設法が公布・施行された。同法によって建設省の外局として設置された首都建設委員会では、首都建設緊急五カ年計画（一九五二―五六年度）を策定、そこには中央官衙《かんが》地区整備、土地区画整理約一〇〇〇万坪、都市計画公園約一〇〇万坪、道路・橋梁・港湾整備、水道建設などが盛り込まれていたが、結局、四〇パーセントの進捗率で終わった。その一方、首都建設委員会は、一九五五（昭和三〇）年六月、東京駅を中心とする半径五〇km圏を首都圏とし、内部市街地帯（一五km圏）―近郊地帯（一五―二五km圏）―周辺地帯・衛星都市（二五―五〇km圏）で構成される「首都圏構想」を提案、四月に行われた東京都知事選では安井が「グレーター東京と首都圏整備」を公約に掲げて三選を果たしていた。その後、一九五六年四月には「首都圏構想」を下敷きにして、首都圏整備法が公布・施行され、同法にもとづいて総理府の外局として設置された首都圏整備委員会により、一九五八（昭和三三）年七月に第一次首都圏整備計画が決定された。これは、一九四四（昭和一九）年の大ロンドン計画を参考に、東京都を中心とする半径一〇〇㎞を既成市街地―近郊地帯―市街地開発区域に分けて計画したものだった（片木 二〇一〇：一二二―一二四）。こうして、戦災復興都市計画の頓挫から首都東京の構築を旗印に、首都建設緊急五カ年計画、さらに首都圏構想のもとで、首都圏整備計画が展開されたのだった。

（3）「首都東京の構築」とオリンピック

一九五九（昭和三四）年四月に東龍太郎が都知事に就任し、六月のＩＯＣミュンヘン総会で一九六四（昭和三九）年東京オリンピック開催が正式決定した。九月に設立されたオリンピック東京大会組織委員会の委員長には、津島《つしま》壽一《じゅいち》（日銀副総裁、大蔵大臣などを歴任、一九五九年―一九六二年まで日本体育協会会長）、副会長には前東京都知事の安井誠一郎が就任。一九六〇年一〇月にはオリンピック東京大会準備対策協議会の設置が閣議で了承され、総理府内に置かれた。そして、一九六一（昭和三六）年には「公共用地取得に関する特別措置法」（法律第一五〇号）が制定され、首都高速、新幹線建設などに必要な土地の収用について、補償に関する審理が尽くされていなくても概算見積もりによる収用を可能にした。一九六二（昭和三七）年六月の閣議では「オリンピック担当大臣」のポストも用意され、一九五九年度以降、大会組織委員会に約一五億五一〇〇万円が国庫補助などから公布されたのだった（石坂 二〇〇九ａ：一五二―一五三）。

オリンピック東京大会組織委員会の『公式報告書』によれば、東京オリンピックの総事業費は、九八七三億六三〇〇万円であるが、競技施設の建設整備費（政府事業としての国立競技場の拡充整備、国立屋内総合競技場の建設、戸田漕艇場の整備など、東京都事業としての駒沢公園の建設など、神奈川県事業としての湘南港ヨット競技場の整備、相模湖漕艇場の建設など、横浜市事業としての三ツ沢蹴球場の拡充整備など、埼玉県事業としての大宮蹴球場、所沢クレー射撃場の建設、その他馬事公苑の拡充整備、日本武道館の建設）は一六五億八八〇〇万円（一・七パーセント）にすぎない。九六〇八億二九〇〇万円（九七・三パーセント）は、関連事業費として、高速道路など道路整備（一七五二億七九〇〇万円）、公園整備、上下水道整備、ワシントンハイツ（米軍宿舎）の移転、東海道新幹線整備（三八〇〇億円）、中央線と環状七号線との立体交差工事、地下鉄整備（一八九四億九二〇〇万円）、東京国際空港整備、ホテル・旅館・ユースホステル整備、NHK放送センターなど通信施設の整備等々に拠出されたのだった。

まさに東京は、戦災復興計画以降の首都圏整備計画をオリンピックの名のもとに突貫工事で実現し、東海道新幹線の開通と首都高速道路ほか幹線道路や地下鉄の整備によって、「高度経済成長」を示す「首都東京の構築」を世界にプレゼンスするかたちになったのである。

四　一九六四年東京オリンピックの現実

（1）都市は構築されたのか

東京都知事で国際オリンピック委員、大会組織委員でもあった東龍太郎は、「オリンピック開催の意義について」というエッセイのなかで、その意義を国民の連帯感の高まりと国際的評価の向上、そしてスポーツマンシップをはじめとしてスポーツが多くの人びとに印象づけられたことに加えて、以下のように述べている。

さらにもう一つは、首都東京の発展にとっての意義であります。東京は、この大会を一つの目途として、道路をはじめ都市施設の改造を推進しました結果、都民の積極的な協力とあいまって、ほぼ所期の目的を達し、今後の再開発事業を推進するジャンプ台を築くことができたのであります。

（東 一九六五：四）

確かに、オリンピック会場となる明治神宮外苑エリア、代々木エリア、駒沢エリアの開発とそれらをつなぐ道路整備は新時代、新東京の到来を告げるものだった。なかでも、青山と渋谷・原宿を通る青山通りができたことは、明治神宮外苑—代々木—駒沢を結ぶだけでなく、そのルートの源としての都心エリア（東京・銀座・国会議事堂）につながるようになった。当時、丹下健三研究室にいた建築家黒川紀章は、都心と副都心（新宿・渋谷・代々木）を結びつけた青山通りについて、「オリンピックの時に東京を変えたひとつの大きな軸が青山通りです。これができたことによって東京のストラクチュアが様変わりした」（黒川 二〇〇四：六〇）と述べている。しかしながら、彼は以下のように続けている。

当時、丹下先生がなさったのは、代々木の与えられた場所にどのような建築を造るかということです。芦原義信先生は駒沢にどのような建築を造るかということだけですよ。……都市計画と建築家がつながっていない。これが日本の特徴です。……（当時の東京都知事は）何もしないという権限が強かったでしょう。当時、都市計画というのは官僚にまかせることで、政治家の仕事のエリアにも入っていないんです。……それは日本の問題で、東京だけの問題ではない。（黒川 二〇〇四：六一）

また、都市社会学を専攻する町村敬志は、以下のように述べている。

一九六四年東京オリンピックとは、戦前からの皇室用地や軍事用地——GHQによる接収地を含め——の転用として押し進められた。言い換えると、脱皇都化・武装解除と戦後型の新しいナショナリズムの空間の再埋め込みの機会として、オリンピックは活用された。これにより、財源不足で遅れていた東京における「首都」建設が推進されていく。また、山の手や西郊地域に集中していた皇室・軍事関係施設が新たな都市インフラに転用されていったこと（筆者注――プリンスホテルをはじめとするホテル群など）によって、この地域の都市更新が進む一方で、下町・東郊地域との格差が拡大していった。（町村 二〇〇七：一三）

オリンピックによって、東京は破壊から創造へと、太陽が昇るがごとく未来永劫の進歩を見据えた都市として描き出された。実際、人びとは、ある点で、それを見ることができただろう。しかし、それらの土地が軍事用地や皇室用地であったという事実は、オリンピックを契機とした首都東京の構築において、記憶を覆い隠す新たなナショナリズムの力が作動したと考えられる。

（2）「首都東京の構築」と生活の変化

都市東京は、東海道新幹線が開通し、首都高速道路をはじめとして幹線道路が整備された。そして、上下水道とともにごみ処理方法に対応策が講じられ、東京は表面上、衛生的で清潔な都市に変わった（石渡 二〇〇四）。東京都渋谷区に住む学習塾経営者、中出和夫（投稿時五六歳）は、東京オリンピックを振り返って以下のように記している。

東京オリンピックが開催された代々木公園は以前、「ワシントンハイツ」といって、日本人は立ち入り禁止でした。近所に住んでいた我が家に一九六四（昭和三九）年六月、渋谷区から「くみ取り式便所を水洗式にする金を貸し付ける」との案内が来ました。外国人が家に立ち寄ると恥ずかしいというのが理由だったのでしょう。今思えば、外国人が来るわけがないのに、母は「それはそうだ」とすぐにトイレを水洗にしました。鉄道員だった父は「駅に外国人が来たら困るから」と、自費で英会話を習いに行っていました。とにかく「外国人が来るんだ」と、町中が緊張していました。六四年の夏は雨が少なく、道に水をまいていたら、隣の人に「外国人が来て水がなかったらどうするんだ。もったいないことをするな」と怒られました。まるで「非国民だ」というような言い方でした。

（中出 二〇〇六）

映画『東京オリンピック』の冒頭シーンは、大きな鉄球で東京のビル群が破壊される映像である。破壊から創造へという象徴的なシーンであり、亀倉雄策（美術監督でもあった）が公式ポスター第一号で日の丸をモダンデザインとして用いたのを映像でなぞるように、オリンピックのシンボルマークが真っ赤に燃える太陽に変わっていく。総監督の市川崑は、このシーンについて、以下のように述べている。

ああいう場面をほしいと思ってはじめから探したんです。映画の一番最初は、生命の源、太陽が出る場面。そして太陽の下、そこに東京が映し出される。東京オリンピックなんですから。

（市川 二〇〇四：五八。傍点は原文より）

だが、破壊から創造というシーンと、都市東京の再生・構築が重ねられ、意味づけられてきたものの、石渡雄介が指摘しているように、排気ガスなど自動車公害のほか、新幹線公害、大気汚染が表面化し、葛西ゴミ戦争などが次々に東京に生じたのだった（石渡 二〇〇四：一六五―一七〇）。

このように考えると、東京は一九五〇年代から一九六〇年代にかけて、オリンピックというスポーツイベントを招致し、都市構築を行った一方で、東京にあった自然環境と東京に住む人びとの暮らしぶりを忘れさせ、そこにあったものを壊し、経済成長と開発主義一辺倒に走り続けてきたといえる。石坂は、『みなと写真散歩』（池田信編 一九六八）のはしがきから以下の文章を引用して、オリンピックを契機にした東京の変容を批判的に捉えている。

昭和三六年、気がついて見ると、オリンピック東京大会準備の為ということで、東京の町は俄かに且つ極端にその容貌を変えはじめました。

昨日までの町は壊され、掘割りは乾されて自動車が走り、川の上に高速道路ができて、下には水が、空には自動車が流れるようになったり、確かに一部では東京はきれいになりました。そして昔を偲ぶよすがも見当りません。……天下の大道から人間は自動車にはじき出されて地下道にもぐらされたり、歩道橋で空中に追上げられたりしています。

（石坂 二〇〇九ａ：一七二）

五　オリンピック招致をめぐる権力編成——嘉納治五郎の時代から未来に向けて

本章では、一九四〇年と一九六四年東京オリンピックの招致および開催について、時系列に沿って、個々の資料を組み合わせ、その思惑と影響について多面的に捉えようとしてきた。

そこにおける問題の第一は、オリンピック招致の理念が、ＩＯＣが歴史的に育んできたオリンピック運動の理念や現実と距離を置いて、日本独自のコンテクストから理念を創造し、都市東京の首長が前面に立って招致を誘導してきたことである。

紀元二六〇〇年の奉祝にあたって万国博覧会とともにオリンピックを実現しようとしたことは、「日本の精神、文化、産業等を世界に紹介」し、「わが国の文化や国民精神を各国の人々に理解」させ、かつ「国民精神を涵養する」「挙国一致」の「国家的事業」にしようとしたためであり、それは戦後復興を成し遂げ、平和回復と経済成長した日本を世界にアピールしようとした一九六四年の招致理念に連なるものがある。そして、一九六四年をレガシーとして、環境に留意した都市開発を進めようという二〇一六年の「申請ファイル」に至った（東京オリンピック招致委員会 二〇〇八）。こうした理念の基盤には、関東大震災復興および戦後復興を前面に置いた首都圏整備計画の実現が着々と進められてきた歴史があり、二〇一六年招致活動においては、一九七九年に鈴木俊一東京都知事が就任して以来の「臨海副都心開発」の進展をオリンピックを契機に成し遂げようとしたのだった。(5)私たちは、都市東京の首長をはじめとする政治家と開発ディベロッパーたちの思惑と戦略が重なり合った東京の開発構造をそこに住む人びとの生活の変容を含めて、分析・考察する必要があろう。それは、都市開発、土地利用の転用を包含しつつ国家的事業として理念を掲げるナショナリズムの構造的究明でもある。

こうした都市東京とオリンピック開催のプロセスを振り返ると、これらを下支えしている思想は、まぎれもなく経済成長と開発主義一辺倒のイデオロギーである。東京に住む人びとは、川や水の町であったことを忘却し、コンクリートと大気汚染の環境下、人口密集がもたらす多くの問題を指摘しながら生きてきたが、オリンピック開催を契機とする都市構築のプロセスのなかで、人びとの生活意識は大きな変容を強いられてきた。首都東京は、戦災復興においてもその特殊性を強調し、国の直轄事業として執り行おうとしてきた歴史をもつ。二巡目のオリンピックが開催決定した今日、経済成長する日本とその首都東京のプレゼンスの強調に主眼を置いていた一九六〇年代を分析しながら、その後の東京中心主義と開発志向の五〇年を問い直す必要があろう。

嘉納治五郎が一九一一（明治四四）年に大日本体育協会を設立した際の「趣意書」と彼が成し遂げてきたことを振り返るならば、二〇二〇年東京オリンピック・パラリンピックの開催に向けて、今こそ、国際的なネットワークを改めて育みながら、国際情勢を適格に分析し、東京から国際的な平和と共生の運動が発信できるシステムを構築していくことが必要だろう。そして、私たちがスポーツを自分のものとして生きようとするとき、からだとこころのトータルなバランスを保つための生活の術《すべ》を考え、地域社会と環境のなかで共生し、平和を実感させてくれる文化財としてのスポーツを体感する営みを持続的に生み出していくライフデザインを都市デザインとともに考えていくことが重要だと考える。

＊本章の執筆にあたって、石坂友司氏（奈良女子大学）にはさまざまなアドバイスをいただいた。森丘保典、石黒考明の両氏（日本体育協会）には、資料収集においてお世話になった。ここに記して感謝いたします。

注

（1）日本が招致活動や招致をした極東大会、オリンピック、FIFAワールドカップと国際博覧会には、以下のものがある。

・一九一七年極東大会（東京）
・一九二三年極東大会（大阪）
・一九三〇年極東大会（東京）
・一九四〇年紀元二六〇〇年記念日本万国博覧会（東京）→中止
・一九四〇年東京オリンピック招致活動（招致決定→返上→代替地ヘルシンキ→中止）
・一九四〇年札幌冬季オリンピック招致活動（招致決定→返上→代替地ガルミッシュ・パルテンキルヘン→中止）
・一九六〇年東京オリンピック招致活動（→ローマ）
・一九六四年東京オリンピック招致活動（→開催）
・一九六八年札幌冬季オリンピック招致活動（→グルノーブル冬季オリンピック）
・一九七〇年日本万国博覧会（「大阪万博」「EXPO '70」）
・一九七二年札幌冬季オリンピック招致活動（→開催）
・一九七五〜一九七六年沖縄国際海洋博覧会（「沖縄海洋博」「海洋博」）
・一九八四年サラエボ冬季大会（←札幌での代替開催招致活動を展開）
・一九八五年国際科学技術博覧会（「科学万博」「TSUKUBA EXPO '85」）
・一九八八年名古屋オリンピック招致活動（→ソウル・オリンピック）
・一九九〇年国際花と緑の博覧会（「花の万博」「EXPO '90」）
・一九九八年長野冬季オリンピック招致活動（→開催）
・二〇〇二年FIFAワールドカップ招致活動（→韓国・日本共同開催）

・二〇〇五年日本国際博覧会（「愛知万博」）
・二〇〇八年大阪オリンピック招致活動（↓北京オリンピック）
・二〇一六年東京オリンピック招致活動（↓リオ・デ・ジャネイロ・オリンピック）
・二〇二〇年東京オリンピック招致活動（↓招致決定）

（2）東京帝国大学医学部卒で、ボート部出身。一九二八年アムステルダム・オリンピックでボート日本代表監督。一九三〇年大日本体育協会専務理事就任。日本メリヤス、日本鋼管、入山採炭、王子製紙などの再建を次々に成功させ、一九一一年東京株式取引所理事長、一九一七年日本工業倶楽部専務理事、一九三〇年日本商工会議所会頭、一九三二年日本経済連盟会長などを歴任した郷誠之助の甥。誠之助は、東京電燈、東洋モスリン、昭和肥料などの社長、会長にも就任し、私邸で河合良成、小林中、永野護、後藤圀彦ら若手財界人を集めて「番長会」を組織した（清水 二〇〇一：一九四―一九六）。

（3）嘉納塾の塾生で、児童学の確立と普及に務め、ボーイスカウト日本連盟の創設に関わった高島平三郎の長男。岸清一法律事務所を経て、大日本体育協会主事になり、一九三一年五月から同協会で発行された『アスレチックス』編集責任者。純子夫人との結婚媒酌人は徳富蘇峰。

（4）体育運動審議会の設立、および日本運動競技連合の設立への経緯、さらに大日本体育協会との交渉などについては、石坂（二〇〇七：一四六―一七二）を参照のこと。

（5）一九七九年に鈴木俊一が都知事に就任し、「臨海副都心開発」が検討された。一九七九年「マイタウン構想懇談会」が設置され、以後、一九八二年「東京都長期計画」、一九八五年「東京テレポート構想」、一九八六年「第二次東京都長期計画」が発表された。そして、レインボーブリッジ開通、ゆりかもめ開業（新橋―有明）などがなされた第一期（一九八九～九五）から、東京ビッグサイト、お台場海浜公園のオープンなど（第二期（一九九六～二〇〇五））を経て、ゆりかもめの豊洲までの延伸ほか道路整備がなされた第三期（二〇〇六～二〇一五）に至っている。

参考文献

東龍太郎（一九六五）「東京オリンピックに想う」オリンピック東京大会組織委員会企画監修『東京オリンピック』東宝株式会社事業部出版課。

古川隆久（一九九八）『皇紀・万博・オリンピック――皇室ブランドと経済成長』中公新書。

Gold, J. R. and Gold, M. M. eds. (2011) *Olympic Cities : City Agendas, Planning, and the World's Games, 1896-2016* (2nd edition), Routledge.

橋本一夫（二〇一四）『幻の東京オリンピック――一九四〇年大会　招致から返上まで』講談社。

市川崑（二〇〇四）「インタビュー　市川崑監督が語る、映画『東京オリンピック』撮影秘話。」『東京人』一九（九）、都市出版株式会社、五六―五九頁。

石渡雄介（二〇〇四）「未来の都市／未来の都市的生活様式――オリンピックの六〇年代東京」清水諭編『オリンピック・スタディーズ――複数の経験・複数の政治』せりか書房、一五四―一七二頁。

石坂友司（二〇〇七）「日本のスポーツ界形成における象徴的権力構造に関する研究」筑波大学大学院人間総合科学研究科博士後期課程体育科学専攻博士論文。

石坂友司（二〇〇九ａ）「東京オリンピックと高度成長の時代」『年報　日本現代史』一四、一四三―一八五頁。

石坂友司（二〇〇九ｂ）「東京オリンピックのインパクト――スポーツ空間と都市空間の変容」坂上康博・高岡裕之編著『幻の東京オリンピックとその時代――戦時期のスポーツ・都市・身体』青弓社、九六―一二四頁。

片木篤（二〇一〇）『オリンピック・シティ東京一九四〇・一九六四』河出書房新社。

黒川紀章（二〇〇四）「オリンピック建築と都市のつくりかた。」『東京人』一九（九）都市出版株式会社、六〇―六六頁。

町村敬志（二〇〇七）「メガ・イベントと都市空間――第二ラウンドの『東京オリンピック』の歴史的意味を考える」『スポーツ社会学研究』一五、日本スポーツ社会学会、三―一六頁。

中出和夫（二〇〇六）「外国人が来る水洗トイレに」（読者がつくる記憶の歴史シリーズ）『朝日新聞』二〇〇六年一月二五日付。

中村哲夫（二〇〇九）「ＩＯＣ会長バイエ＝ラトゥールから見た東京オリンピック」坂上康博・高岡裕之編著『幻の東京オリンピックとその時代――戦時期のスポーツ・都市・身体』青弓社、二一―六七頁。

老川慶喜編著（二〇〇九）『東京オリンピックの社会経済史』日本経済評論社。

大島又彦・郷隆・高島文雄・岩原拓・土屋隼・高田寛・清水照男・鈴木良徳（一九三六）「東京オリムピックを語る」『オリム

ピツク』一四（九）、大日本体育協会、四―二一頁。

清水諭（二〇〇一）「スポーツする身体の市場」栗原彬・小森陽一・佐藤学・吉見俊哉編『文化の市場――交通する』東京大学出版会、二八五―三〇四頁。

Shimizu, S. (2014) "Tokyo-Bidding for the Olympics and the Discrepancies of Nationalism," *The International Journal of The History of Sport*, 31 (6), Routledge, pp. 601-617.

副島道正（一九三五）「ローマに使ひして」大日本体育協会『オリムピツク』一九三五年五月号、成美堂、六―一三頁。

東京オリンピック招致委員会（二〇〇八）「申請ファイル――二〇一六年オリンピック競技大会申請都市に対する質問状への回答」東京オリンピック招致委員会。

東京市役所（一九三九）「第一二回オリンピック東京大会東京市報告書」東京市。

東京都編（一九六五）「第一八回オリンピック競技大会―東京都報告書」東京都。

第Ⅱ部　嘉納治五郎の体育思想とその実践

第3章　嘉納治五郎の考えた国民体育

真田　久

一　嘉納治五郎の三つの貢献

（1）講道館柔道の創設と普及

嘉納治五郎（一八六〇―一九三八）は晩年、自身が成し遂げたことを三つあげて説明している（嘉納 一九三六：三―四）。それらは、講道館柔道を創設したこと、日本の師範教育を中心に教育を充実させたこと、そして体育・スポーツの振興に尽力したことである。柔道、教育、そして体育・スポーツの面で嘉納は大きな貢献をした。

一つ目の講道館柔道は、一八八二年に創設されたが、各流派の多様な柔術を統合してナショナルスタンダードをつくりあげたという点に大きな意味がある。柔道は広く国内で一様に行われるようになり、それがやがて世界にまで広がったのである。

国際柔道連盟（ＩＪＦ）の規約の前文には次のように書かれている。

柔道は、一八八二年に嘉納治五郎先生により創設された。武術から起こった教育的方法として、柔道は、一九六四年にオリンピック公式スポーツになった（国際的な紛争により行われなくなった一九四〇年の東京オリンピックにおいてデモンストレーション競技となっていた)。柔道は身体の表現を心がコントロールし、個々人を教育するために体系化されたスポーツである。柔道は競争や闘争を越えて、技の研究、形の修練、護身術、身体的準備や精神を研ぎすませるスポーツである。柔道の理論は伝統的な考えに由来しつつも、創設者によってきわめて現代的で進歩的な活動としてデザインされた。

(International Judo Federation 2013 : 2)

数多くある国際競技連盟の規約のなかで、創設者についてこれだけ書かれている規約は他には存在しない。この規約により、柔道が嘉納治五郎によって創設された教育的方法であることは、柔道を行う者すべてに知られているのであり、柔道がグローバルスタンダードになっていることの証しでもある。ローカルな武術であった柔術が、嘉納によりナショナルスタンダードを経て、グローバルスタンダードになったということは、日本のスポーツの歴史上、大きな成果の一つといえる。

(2) 教育への貢献

二番目には教育への貢献ということである。

嘉納は一八八二年に学習院の教員になり、それ以降、第五高等中学校長、第一高等中学校長を経て高等師範学校長に就任する。高等師範学校・東京高等師範学校には一八九三年から一九二〇年までの長きにわたって校長を務めた。校長退任後も、東京高等師範学校の非常勤講師として毎年、講義を行うなど、生涯にわたって教育に関わったのであった。

教育面で嘉納の成した成果は、師範教育(教員養成)の充実ということである。高等師範学校は三年課程であったがこれを四年に延ばし、大学と同じ修業年数にした。そして専修科を創ったり、東京と広島の高等師範学校に文理科大学を設置する基礎をつくるなど、師範学校を大学と同等の位置に押しあげたのであった。

また、文部省の普通学務局長にも就任すると、高等女学校の各府県への設置と発展に寄与した。女子教育の拡充にも寄与したのであった。

さらには、留学生教育への貢献も大きい。嘉納は近代以降で国費の留学生を受け入れた最初の日本人である。一八九六（明治二九）年より中国（当時は清国）から国費派遣の留学生を受け入れ続けた。そのなかには、毛沢東の師と仰がれる教師となった楊昌済や、中華民国の文部大臣となった范源濂などがいる。近代中国の教育の基盤をつくる人物を育てたのであった。

（3）体育・スポーツへの貢献

三番目の体育・スポーツへの貢献についてであるが、これは、学校体育の充実、生涯スポーツの発展、そしてオリンピックムーブメントへの参加ということになる。

学校体育については、高等師範学校長に就任するとすぐに、課外活動としての運動部をまとめる組織、運動会（後に校友会に改編）を結成し、学生たちのスポーツ活動を奨励した。また、高等師範学校のすべての生徒に、長距離走を走らせ、柔道か剣道のいずれかを履修させ、また夏には千葉県房総の海岸で水泳実習を行った。

正課の授業としては、三年課程の体操専修科から四年課程の体育科を一九一五年に東京高等師範学校に設置し、文科や理科と並んで、体育科を教科として同等のものにした。それは「技術の発達を計るばかりでなく能くその理論を解し、今日の進歩した方法を解得せしめる」（東京高等師範学校校友会 一九二〇）という嘉納の体育指導者の理想を達成するための集大成であった。技術的に長けた指導者ではなく、それらに理論的な知識と応用力を備えた指導者の育成を企図して、このような改革を進めたのであった。また嘉納は体育科のなかに柔道のコースを入れているように、柔道をきちんと教えられる体育の指導者の養成もはかった。教育学や生理学などの諸科学をベースにした深い識見をもった指導者こそ、嘉納の求めた指導者であったからだ。体育科が設置されたことは、教育現場における教科としての体育の立場を確固たるものにしたのであった。

日本においては、現在でも小学校から大学まで体育の授業が行われているが、このような国は世界にあっては珍しい。また、中学校以上で行われている部活動も日本特有のもので、このシステムを広めたのは嘉納治五郎と東京高等師範学校の卒業生たちであった。

（4）嘉納の体育・スポーツ観

嘉納は、一九一〇年にまとめた『青年修養訓』のなかで体育・スポーツの価値について、次のように記している。

・筋骨を発達させ身体を強健にする
・自己及び人に対する道徳や品位の向上に資する
・運動の習慣を修学時代以後も継続することで、心身ともに常に若々しく生活できる　（嘉納　一九一〇：一〇〇）

筋骨の発達、道徳面や品位の向上、そして生涯にわたってスポーツを行うことを提唱しているのである。これは今から一〇〇年前のものとは思えない程の斬新さをもっている。このような体育・スポーツ観に嘉納の国民体育を考えて行く基点があると考えられよう。

また、国際的規模の競技会の意義については、一九一七年に開催された第三回極東選手権競技大会（芝浦）に関して、次のように述べている。

このように日本が極東の諸国と連合して運動をするということは、運動奨励の点のみならず相互の関係が融和し、親密の情を温める結果を得たいと考えて行ったのでしたが、今回はよくその目的が達せられてフィリピンや中国から来た人も大いに満足し、特にフィリピンは、その政府が日本の領事を経て外務大臣に謝意を伝えたいということであり、また代表者からも懇篤な手紙が来たのであります。すべてこの運動競技はそのような意味に用いねばなりません。

（嘉納　一九一七：一二より現代語訳）

スポーツの国際競技会の価値として、相互の間が融和し、親密の情を温めることにあると述べている。一九一〇年代に嘉納がこのような体育・スポーツ観を抱いた背景には、東京高師の校長として、全学生に体育・スポーツを奨励し、その効果を体得していたからであろう。

嘉納は学生たちのみならず、すべての国民に体育・スポーツを生涯にわたって行うことが重要であるとした。それを嘉納は「国民体育」と名づけたのであった。彼のいう「国民体育」は、後の国粋主義的な、国家の兵士を養成するための「国民体育」ではなく、今日の生涯スポーツに匹敵するものであった。

嘉納はどのような国民体育を目指し、そのためにどのような手立てをはかったのか。そしてそれは、どのような思想をもとに考えられ、どのような行動に結びついたのか、ということを次に論じたい。日本体育協会の創設者の意図を探ることで、今後の展望を開く一つの視点になると思われるからである。

二　嘉納の国民体育（生涯スポーツ）の特徴

（1）国民体育の特徴

嘉納の考えた国民体育については、『愛知教育雑誌』に掲載された「国民の体育に就て」のなかに著されている。それによれば次のような特徴が示されている。

①　毎日、少なくとも隔日に行うものがよい

なるべく運動は、できれば毎日、少なくとも隔日毎に行わないと効果がない。ベースボールやテニスなどは、少数の者が遊ぶ手段としては適当だが、国民体育としては不適当である。私はベースボール排斥論者でもテニス排斥論者でもない。国民体育ではない視点で行うのであれば、テニス、ベースボール、ボートレースなど何でもよい。

②　器用、不器用にかかわらず誰でもできる運動

国民全体に運動をさせるには、誰でもできるということが第一の条件でなければならない。器用な者はできるが、不器用な者はできないという運動は不適当である。

③　費用がかからない

第二には費用がかからない、設備がいらないという条件が重要である。

④　性別・年齢にかかわりなくできる

第三には男女別や年齢に関係なくできるもので、人によって好き嫌いがなく、面白くて熱中することのない運動がよい。

（嘉納　一九一七：八より現代語訳）

嘉納の国民体育は、毎日行える運動、費用がかからない、性別や年齢に関わりなくできる、さらには、器用・不器用にかかわらずできるというものであった。つまり、運動の得意・不得意にかかわらず、誰でもできるというものであり、高齢者でも女性でもできる運動を意味していたのである。したがって、器具や設備が必要なテニスやベースボールというスポーツは、国民体育の範疇からは外されていた。

（2）具体的な国民体育の内容

嘉納が考えた生涯にわたってできる理想的な国民体育とは具体的にはどのような運動であったのだろうか。引き続き、嘉納の著した「国民の体育に就て」からみてみよう。

歩くということは種々の効果が伴う運動である。第一に胃を健全にする。従って粗食であっても相当の栄養を摂ることができるようになる。歩くということは人間を質素に導くものであり、また歩こうとして外に出れば、目的地まで行かねばならないので、自らの意志の鍛錬にもなる。金がかからず、誰でもでき、設備の要らないという原則に基づいて考えると、駈けることもよい。女子は男子程には行うことができないし、老人や余り小さい子供は制限してやらねばならない。だから歩く程には広く行われないけれども、歩くことに次いで行うべき運動は駈けることである。駈けるという運動は競争形式で行うこともよい。幸いに日本は神社仏閣、名所旧跡など風景のよい所が多数あるので、そういう場所を選んで歩いたり、駈けたりして、そのような目的地へ行ってそこで種々道徳上ためになる話をするとか、地理歴史に関する事柄を教えたり、あるいは農業、工業、商業などの知識を授けるというようにし、年齢や能力に応じて適当な指導者が監督して実行すれば、ずいぶん有益なことになると思う。

（嘉納　一九一七：八―一〇より現代語訳）

嘉納が最も重視した国民体育は、長距離を走るか、歩くことであった。嘉納は東京高師においても長距離走を重視した。全学生を年に二回、約二〇kmを走らせている。東京高師を卒業すると多くは中学校や師範学校の教師になっていったので、彼らにより、長距離走が各地に広められたのである。

嘉納は、単に走るだけではなく、神社・仏閣などの名所旧跡を走ることを提案している。それにより、地理歴史や農工商業についての学習を行うことができると述べている。嘉納は体育をすることで知育も徳育も備わることを考えていた。こうしたものを備えた長距離走がやがて嘉納の弟子たちにより行われることになる。それは後述する箱根駅伝である。

『愛知教育雑誌』よりも少し早い一九一五年に、雑誌『柔道』においても、国民体育について、同様のことを述べている。

徒歩は、老若男女の別なく、誰でもできる運動で、費用も要らず、季節を選ぶ必要もなく、道徳上、経済上にも、種々利益のある運動なので、国民一般に奨励する最も良いものだと思う。ただし、単純に徒歩するということは、最初のうちは興味を持てないだろうから、幼少の時から、学校教育において、神社仏閣に詣で、名所旧跡を訪ね、風光明媚の地に探勝を試みることによって、初等教育、中等教育程度の子女を歩かせ、道徳教育と結びつけ、あるいは種々それぞれの場合に応じ、有益にして興味ある知識を授け、或は適当なる娯楽を合せて行うようにすれば、歩行への興味を覚え、卒業後も永く歩く習慣ができ、自然、国民が新鮮なる空気を呼吸し、適当なる運動をなし体力を増進するという良い結果を得ることになる。

（嘉納　一九一五：七三―七四）

ここでも、徒歩を神社仏閣や名所旧跡を訪ねることと併せて行うことを奨励している。一方、この頃嘉納は、明治神宮外苑において競技会を開催してはどうかということも建議していた。

未だ決定にはなりませんが、幸い当局がある程度理解し、その方針について審議しつつあるので、近いうちに実現すると思われることは、次のことである。東京にこのたび、明治神宮外苑ができる。その外苑の一部に大きな運動競技場を造ってもらいたいということを建議した。明治天皇のような偉大で総ての国民が尊崇するお方の記念のためにできた外苑において、年に一回位国民全体の競技大会が行われるようになるのは結構なことだと思う。

その運動の種類も、駈けることが最も必要であると思う。全国から選出された優秀な者、願わくば学校の成績の悪い者は仮に幾ら速くても採用せず、学校の成績も優れ、競技にも優れた者を表彰するということにすれば、国民の体育はこの中心点に引きつけられてますます発達するとともに、全国において最も優秀な体力をもっている者は大きな名誉となる。

（嘉納　一九一七：一三―一四より抜粋して現代語訳）

明治神宮体育大会は、内務省直轄で一九二四年から始められるのであるが、嘉納はそれより七年前からその構想を考えていたのであった。しかも、競技成績のみならず、学業面でも優れた人物を選ぶべきであると述べているように、知育・徳育・体育の三者を統合することが嘉納の理想とする体育であったことを示している。なおこの明治神宮体育大会はやがて軍事的色彩が濃くなり、嘉納の構想とかけ離れたものとなった。

（3）嘉納による国民体育の振興の方法――大日本体育協会の設立

嘉納が大日本体育協会を創設したのは、一九一一年七月である。その契機は、一九〇九年五月に国際オリンピック委員会（ＩＯＣ）の委員に就任したことにより、一九一二年のストックホルムでのオリンピック競技会へ日本選手団を派遣するように、ＩＯＣとストックホルム大会の関係者から依頼されたことであった。

嘉納は、東京帝国大学、早稲田大学、慶應義塾大学、そして東京高等師範学校などの関係者を集めて、まずは、日本の体育・スポーツの発展のための方策を議論し、続いて、第五回オリンピック競技会への参加について話し合った。ここで嘉納は用意周到に議事を進めた。いきなりオリンピック競技会への参加を持ちかけても、他の者は何のことかわからず、議論は進まなかったことであろう。最初に日本の体育・スポーツの発展の方策を話し合い、東京における諸学校を中心にして徐々に地方の学校にも奨励していくことを決め、その後にオリンピックの参加問題について話し合った。オリンピック競技会については、東京高等師範学校の永井道明に資料を用意させ、古代オリンピックの概要や近代オリンピックがスポーツを通して世界の平和に貢献しようとするものであることが説明された。一同は嘉納の意見に従い、一九一二年の第五回オリンピック競技会に日本代表選手を派遣することになったのである（大日本体育協会 一九三六：一六―一七）。

嘉納はオリンピック競技会へ参加することを前提に、話し合ったと思われる。それは、ＩＯＣ委員への就任を打診された際に、即座に就任への意欲を示すとともに、日本のスポーツを欧米に紹介したいと述べているからである。

嘉納には、オリンピック競技会への参加とともに、国民体育の振興という意図もあった。それは一九一一年一〇月に書かれた「日本体育協会の創立とストックホルムオリンピック大会予選会開催に関する趣意書」に表れている。そこには、体育・スポーツの組織体制の整備の必要性に合わせて、国民体育の振興について明確に言及されている。

国家の盛衰は国民精神の消長により、国民精神の消長は国民体力の強弱に関係し、国民体力の強弱はその国民たる個人及び団体が特に体育に留意するかどうかにかかっていることは、世界でよく知られているところである。このため欧米諸国にあっては、各個人が自身の健康に注意することを本分と心得て、自治体はその体育上の施設を市町村民に対する重要政策と認め、公私共に体育に従事しているようすは実に羨ましいことである。顧みて我が国について考えてみると、維新以来、欧米の文物を採用することに忙しかったが、国民体育に関しては、ほとんど具体的施設もなく、体育については、わずかに学校体育の一部である体操科及び課外に秩序のない運動があるにすぎない。従って全国民の体格は年々弱くなり、加えて学校卒業者の体格が劣弱であり、無学者よりも厳しい情況を示していることは、決して偶然のことではない。若しこのまま経過したら、国家の将来はたいへんなことになってしまうので、看過すべきことではないと考えられる。これを救済する道は、確固たる方針により、体育の普及発達を図る一大機関を組織し、都市と村落とにかかわらず、全国のすべての青年を体育の実行に着手させることが目下の急務である。

（日本体育協会編 一九六三：一四―一五より現代語訳）

ここに書かれているように、全国の都市や村落においても青年の体育が活発に行われることを目指して、大日本体育協会は設立されたのである。大日本体育協会の規約の原案には、目的として次のように書かれていた。

目的　（甲）国民体育の普及及び発達を図る
　　　（乙）世界各国に対しオリンピック競技会への仲間入りをなしその目的を達成する

（大日本体育協会　一九三六：一八）

オリンピック競技会への日本代表選手を派遣することと、国民体育の振興の双方を目指して設立が図られたのであり、大日本体育協会に、オリンピック委員会の機能を持たせたのである。ＩＯＣからはオリンピック委員会をつくるように求められたが、嘉納は次のように考えたのであった。

日本では別にオリンピック委員会を設けるよりも、体育協会を国際オリンピック競技会に対する日本のオリンピック委員会とする方が便利であると考えたので、体育協会を二重の意味を持つ会とし、一九一一年の秋、大日本体育協会が主催して国際オリンピック競技会へ選手を派遣する目的で予選会を開いたのであった。

（嘉納　一九一五：七四）

これは、広く国民一般の体育・スポーツの普及とともに、代表選手の派遣という両者の機能をもつことになり、日本的な受け入れということができよう。大日本体育協会には、設立当初からこの両方が機能として設けられたということになる。

嘉納は国民体育の振興のために、大日本体育協会主催の陸上大会や水上大会を開催した。

大日本体育協会主催陸上大会は第一回大会が一九一三年に陸軍戸山学校にて開催された。開催に当たり、嘉納治五郎会長は、次のような趣意書を出した。

本会の事業は内にわが国民体育の発達を図り、外は国際オリンピック大会に参加する準備をすることにある。昨年ストックホルムにおける大会には初めて参加を試みたが、何分経験がなく、準備も整わなかったため、好成績をあげることはできなかったが、来る一九一六年はベルリンにおいてオリンピック競技会が行われるので、わが国民体育の奨励のためにはもちろん、今日より十分に準備をなし、実行しなければならない。よって別紙の通り来る十一月一、二日の両日陸上大会を開催することに決定したので、ついては貴校においても本会へ加入され、今回の陸上大会に多数の参加者を出されるよう切望する。　（日本体育協会 一九八六：五七―五八より現代語訳）

ここでも国民体育の振興とオリンピックへの準備が並立されている。

この大会には東京帝国大学、東京高等師範学校、早稲田大学、慶應義塾大学、明治大学など二八校のほか、一般の人びとも含めて三六〇名以上が参加した。学生だけではなく、一般の人びとが参加することで、広く国民体育の振興を企図したのであった。

また、第五回大会（一九一七）と第七回大会（一九一九）は大阪の鳴尾競技場で開催するなど、全国的な普及を目指して行われた。大日本体育協会主催の陸上大会は一九二三年の第一一回大会まで続けられ、一九二五年以降は新たに発足した日本陸上競技連盟の主催で行われるようになった。

一方、第一回水上競技会は一九一四年に東京大森の東京ガス構内の掘割で行われた。その後、陸上競技会と同様に第四回大会は大阪の鳴尾競技場で一九一八年に行われた。一九二四年の芝公園プールで行われた第九回大会が大日本体育協会主催の最後の大会となり、それ以後は日本水上競技連盟が主催することになった。これらの大会も、オリンピック選手の予選会を兼ねて行われた。国民体育の振興には、競争を取り入れて行う方が、興味をもつので普及しやすいと考えたのであった。

嘉納は、次に示すように、欧米の体育・スポーツの実状を見て回った後、国民体育の振興とオリンピック選手の育成ということの確信を得て、この方針に基づいて大日本体育協会を運営したのであった。

スウェーデンの大会では何分初めてのことであったし、二人の選手は満足な成績をあげることができなかった。しかし実際の状況を見て得る所多かった。私も引続き欧米諸国を回って彼の国々の体育の状況を親しく視察することができ、最初に立てた方針を実行するのが適当であるという考えを強くした。

帰朝の後体育協会の規則を改正し従来の運動の種類のほかに、投てきを加え、一九一三年の秋、第一回陸上大会を陸軍戸山学校にて催し、越えて本年八月、大森瓦斯会社の構内で第一回水上大会を行い、同じく十一月二十二、二十三日両日第二回陸上大会を陸軍戸山学校内で挙行した。この後益々事業を拡張し、柔道の事業とともに、国民体力増進の有力なる機関としようと思う。

（嘉納　一九一五：一五より現代語訳）

三　長距離走や水泳にみる普及と振興

（1）長距離走の普及と箱根駅伝の誕生

嘉納治五郎は、歩行や長距離走と水泳を日本人に適した国民体育として重視した。それは彼の教え子であり、大日本体育協会の仕事も行った金栗四三や野口源三郎らにより推進された。長距離走の普及の経過は、次のようであった。

高等師範学校では、一八九八年に第一回長距離競走（健脚競走）、第二回は一九〇一年に大宮氷川公園で行われた。

一九〇四年以後は従来の秋の遠足会を徒歩競走に改め、一九〇八年には春の遠足会をも徒歩競走とし、以後春秋に玉川、大宮などへの長距離走が定着した。基本的に全校生徒が参加した。卒業生たちの多くは、東京高師で行われた学校行事を赴任先でも伝えたので、長距離走も多くの中学校や師範学校で行われるようになった。

さらに、三回のオリンピック競技大会のマラソンに出場した東京高師出身の金栗四三（一八九一―一九八三）の影響も大きかった。一九一一年の国際オリンピック競技会派遣選手予選会の結果、一九一二年、東京高師の生徒であった金栗四三は帝大の三島弥彦とともに、わが国最初のオリンピック代表選手としてストックホルムでの第五回オリンピック競技会に参加した。この大会では暑さのため途中棄権してしまったが、その後も世界記録を樹立して日本代表選手として一九二〇年、一九二四年のオリンピック競技会にも参加し、「マラソン王」の異名がつけられた。その金栗は、競技者として高地トレーニングを開発するのみならず、マラソンの全国的な普及にも尽力した。

金栗四三が国内で走破した長距離走には次のものがあり、日本全国を走破しながら普及に努めた。

一九一七年四月	日本初の駅伝となる「奠都記念東海道五十三次駅伝競走」を企画し、金栗自身もアンカーをつとめて優勝した。
同　年七月	富士登山マラソン競走出場
一九一九年七月〜八月	下関―東京間一三〇〇キロを二〇日間で走破
同　年十一月	日光―東京間一二〇キロを一〇時間で完走
一九二〇年二月	四大校駅伝競走（箱根駅伝）を野口源三郎らと企画し実行
一九二二年八月	樺太―東京間一二〇〇キロを二〇日間で走破
一九三一年	九州一周マラソン走破

一九二〇年には、自身二度目のオリンピックとなる第七回オリンピック競技会（アントワープ大会）にマラソン競技で出場した。優勝を期待されていた金栗であったが、足の故障などもあり、一六位（二時間四八分四五秒）という結果に終わる。降りしきる雨のなかでのレースで、耐熱練習の効果を見ることはなかった。アントワープ大会後はドイツに渡り、そこで女子体育の発展ぶりを目の当たりした。帰国後は日本での女子体育普及のため精力的に活動していった。

一九二四年、金栗が三三歳のときに第八回オリンピック競技会（パリ大会）のマラソン競技の予選会で優勝した。しかしながら、オリンピックの本番では、すでに体力的、年齢的にもピークを過ぎていた金栗は、前半のオーバーペースが災いし、三二キロ地点で棄権してしまった。このオリンピックを最後に金栗は現役の第一線から引退した。引退後は陸上競技を中心にスポーツの普及にいっそう尽力した。

とくに金栗が野口源三郎、沢田英一とともに、箱根駅伝を構想、具体化したことは重要である。一九二〇年に明治大学、東京高等師範学校、早稲田大学、慶應義塾大学の四校で第一回大会を開催し、東京高等師範学校が優勝した。当時の大会名は「四大校駅伝競走」であったが、その後、この大会は大学や専門学校の間で人気が高まり、「箱根駅伝」として長距離走の普及に大きく貢献するのであった。

金栗は、全国を走り抜いたが、単に走るのみではなく、各地の学校に赴いて走ることの楽しさなどについて講演を行い、子どもたちと一緒に走りながら全国を走破したのであった。

たとえば、一九二二年、金栗は樺太―東京間の約一二〇〇km（約三五〇里）を二〇日間で走破しているが、金栗はただ樺太―東京間を一人で走ったのではなく、途中の主要な町で、講演やスポーツの指導を子どもたちに施しながら走破したことが日記に記されている（金栗 一九三二）。講演の内容としては、日本人初のオリンピック選手として第五回ストックホルムオリンピックのマラソン競技に出場した話など金栗の体験談が多かったが、時には教育関係に関する話にも及んでいた。

金栗が走破の途中で通った市や町では、出迎えや宿泊する宿、食事の用意なども準備され、当時の新聞に金栗の記事が大きく掲載され、町をあげて歓迎する所が多かった。

金栗のランニングの途中に、その地域の青年や学生たちと一緒に走り、多いときには二〇人位の人が彼と共に走ったことが日記に書かれている。金栗と一緒に走った彼等は長距離走やスポーツに興味をもつ者も多く、結果的に、長距離走の発展につながる。オリンピックでは入賞すらできなかった金栗ではあったが、長く日本代表選手を務めた彼の評判は高く、各地で迎えられたのであった。金栗や野口という嘉納の弟子らにより、長距離走は国内に広まっていくのであった。

(2) 造士会の創立による水泳の普及

嘉納は一八八二年に嘉納塾をつくり、柔道などを通して青少年の育成を目指していたが、一八九六年には嘉納塾の塾生たちを連れて相州三浦郡松輪にて水泳が実施された。一八九八年八月、嘉納塾以外にいくつかの私塾をさらに創設し、それらの私塾をまとめた「造士会」を創立した。その目的と事業は次のように規定されていた。

目的　第一条　本会は造士会と称し少壮の者を指導して立身の方針を定め心身を鍛錬せしむるを以て目的とす

事業　第二条　本会の事業は次の三種とす

一　塾舎を設けて本会の趣旨に基き子弟を監督薫陶すること

二　道場を開いて講道館柔道より始め漸次諸般の武芸体操を教授し之を奨励すること

三　雑誌を発行して本会趣旨の貫徹を図ること

(造士会　一八九八：四)

一に述べられている塾舎は、一八八二年より存在していた嘉納塾と、一八九八年に結成された成蹊塾（丁年以上の塾生）、全一塾（少壮学生）、善養塾（一〇から二〇歳の塾生）などであった。これら四つの塾を統合した組織が造士会であった。造士会は『国士』という名称の機関誌を一九〇三年まで毎月刊行した。第二条の二で述べられている「諸般の武芸」について、具体的に取り組んだのは水術であった。造士会では、夏期においては、水術に力を注いで青少年の育成が行われた。

一八九九（明治三二）年、機関誌『国士』第九号から一一号にかけて、太田捨蔵（一八二五—一八九二）の遺稿を門弟らが編集した『日本游泳術』を連載したが、これは嘉納のすすめによるものであった。太田は水戸の水府流の流れを汲む人物であるが、脱藩して幕府の講武所の水泳師範になり、隅田川に水泳場を開いた（一八七八）。ここでの水術が後に水府流太田派になるが、太田は水術の一流一派に偏することなく、各派の長所を取り入れ、水術の普及を目指した（造士会 一八九九ａ：附録）。

造士会会長嘉納は一九〇〇年に『日本游泳術』を造士会叢書として出版し、次の序文を寄せた。

> 従来から我が国に存在する武術で、体育に適するものを選んで研究し、発達せしめることは、国民体力の増進につながるものである。予ここに諸流の柔術に基き講道館柔道を創始し子弟に授けて数年が過ぎた。これも国民体育の一端とするためのものであった。游泳術も従来から諸国に流派ありて各流それぞれ磨いてきた。その技も教授法も見るべきものがあるので、今日それらを選択し、体育に用いれば適当なるものになると信じる。
>
> （高橋（一九〇〇：序）より現代語訳）

ここでは、柔術からつくられた講道館柔道と同様に游泳術も体育の一つとして価値があることが述べられている。嘉納は『日本游泳術』の理念、つまり、各流派の水術の統合をはかることについて、体育という観点から関心を寄せていたことが読み取れる。ここに日本という近代国家が誕生し間もない時期に、藩ではなく、国として統合された教育手段をつくり出そうとした嘉納の意図が読み取れる。

こうして造士会としての海浜での游泳実習は一八九九年の夏から始められた。場所は相州三浦郡松輪で四週間にわたり五〇名の青少年が参加した。講道館の弟子で水府流太田派の本田存は副監督兼游泳教師としてその実力を発揮した（造士会 一八九九b：三三―三五）。

造士会の游泳実習の内容は、午前午後とも二時間ずつで、夕食後は魚釣り、散歩、読書、テニス、相撲などを、学生たちが自由に行った。また游泳の練習も、打球戯を行うなかで泳ぎの技術を修得させたり、巻き貝を取って潜水の技術を教えたり、波乗り、地引き網を行うなど多様であった。

一八九九年の游泳実習は、二八日間という、非常に長い期間行われた。しかしながら、水泳の練習は一日につき午前、午後の二時間程度であった。それ以外は比較的ゆったりと過ごしていたようである。

游泳教目の詳細は不明であるが、通常の游泳の練習の他、次のことも行っている。

・打球戯：全員を紅白の二組に分けて行い、遊戯中に技術を修得させる。
・潜水：丁組以上の者に貝取りをして、潜水の練習を行う。
・波乗り：丙以上の者に波高き日に行う。
・周游：丁組以上の者に十丁（一一〇〇m）ほどの処を周游する。
・遠游：八月七日に嘉納塾の時の游泳と同様、丁組以上の者、三崎まで歩き、三崎から城ヶ嶋との間を游泳する。その距離は満潮時で十丁余になり、帰途も三崎まで游泳する。十九日には進級試験の課目として、金田湾上宮田から松輪大浦の浜に至る一里半（約六km）の遠游を行った。
・競泳：八月十二、十三日に丁組全員の競泳を行う。

（造士会 一八九九b：三四―三五）

これらからいえることは、泳力別の班編成のもと実習が行われたことが特徴である。また、打球戯、波乗りや貝取りなどが行われ、さまざまな海浜での楽しさも味わえるように工夫されていたといえる。楽しみながら技術を覚えさせる手だてが考えられていた。

八月一九日に行われた遠泳では、幼年生の参加も多く、二三名中到着したのは五名であったが、半数以上は半分の距離を超えた。また前年の嘉納塾の游泳と比べて、「成績良巧にして、特に進歩の著しきもの数人あり」と報告されている（造士会　一八九九ｂ：三五）。

嘉納はなぜ造士会で游泳を行うことにしたのであろうか。それについての嘉納の見解は、一八九九年七月発刊の『国士』における「如何にして暑中休暇を過ごすべきか」という論説に表されている（嘉納　一八九九：一―五）。

ここでは、嘉納は夏の休みを利用して、游泳に励むことが、身体を鍛えるとともに、精神の修養にきわめて有効であることが述べられている。嘉納は心と体を練るための方策として、游泳を尊んだことがうかがわれる。とくに夏の休暇は、ややもすれば怠惰になりがちになるので、都会の喧噪を離れた場所で、心身の発達に役立つ体育として、游泳はふさわしかったといえる。

青少年の心身の鍛練こそが造士会の目的であることから、宿泊を伴う海浜での游泳がそれを達成するための重要な活動として位置づけられていた。身体とともに心を練る体育を考えた嘉納の考え方に基づいて実施されたといえる。

（３）「造士会水術」の目的と意義

一九〇〇年になると、相州上宮田にも第二水泳場を設置して、より多くの会員が参加できるようにした。そしてこの年九月九日に小石川の講道館において、游泳部結了式及証書授与式が行われた際、嘉納会長から、造士会で行われている水術の段級を設けて「造士会水術」と呼称することが発表された。

本年の游泳部員の技量は、進歩著しいものであったので、従来の甲以下六級の上に、更に初段より十段までの段を設くることとし、名称も講道館柔道に対して、造士会水術と称して、世上の水泳術以外に、一生面を開かんとする由を述べられ、かつ本年直ちに、一人の初段昇級者を出したことは、当人の努力はもちろんのこと、游泳監督者の教導がすばらしいものであったからである。

（造士会 一九〇〇：六四より現代語訳）

造士会水術の結成の意図については一九〇一年の機関誌でも説明されている。そこでは柔道に次いで游泳術に青少年の教育という視点から重要な地位を与えてきたことが述べられている。さらに『日本游泳術』を刊行したこと、松輪と上宮田に水泳場を開設したことなどの実績をあげ、講道館柔道に対して「造士会水術」と改称して従来の階級甲以下六級の上に、初段から十段までを設置することが述べられている（造士会 一九〇一：三六―三七）。一九〇〇年秋以降、造士会において行われる水術は「造士会水術」の名称が用いられるようになった。一九〇三年八月一三日に行われた嘉納の講話は次のようなものであった。

本日の松輪での水術大会は前年より好い成績を得た。造士会水術は我講道館において、我国在来の柔術諸流中の粋を抜いて講道館柔道を大成したように、各水術流派出身の人にお願いして水泳監督の任を嘱し、各流派の長所を取りて造士会水術を授けた。水術は心身鍛錬に大なる効果があることは明白で、その効果は大きい。

諸子特に心をこめてこの修行を怠ることがあってはならない。将来、学業就りて世に出て実行の舞台に立ち、或は軍人となり或は大政治家となり、或は大実業家となり或は大教育家となると共に、水術の先生であることは、四海環海の我国民として必要な心掛けである。従来の如く尚一層勉励して好成績をあげてほしい。

（造士会 一八九九b：五一―五二より現代語訳）

嘉納は講道館柔道に匹敵する水術の再編を意図して「造士会水術」を設立し、嘉納自ら水泳場に出向いてその趣旨を指導した。造士会水術で、段級の設置とともに特徴的なことは、游泳大会の開催である。游泳大会は一八九九年には行われ、「式游」という決められた泳法を披露する泳ぎとともに、競泳や打球戯が行われた（造士会 一八九八：四）。一九〇〇年の游泳大会は、嘉納校長のもと、六〇ヤード競泳、一〇〇ヤード競泳、二〇〇ヤード、四〇〇ヤードなどが行われ、九月に行われた造士会游泳部の結了式にて表彰された。また一九〇一年の游泳大会では、右記の競泳のほか、団体競泳、潜水、打球戯、実習で行った諸泳法模範、水画、甲冑御前泳などが披露された（造士会 一九〇〇：六四）。

游泳における式游と競泳の実施は、その成果を実際に目で見て確認することができた。このような方法は柔道における形の披露や乱取に匹敵するものであり、こうした游泳実習の企画は、伝統的な柔術を再編する嘉納の同様な手法とみることができよう。

この「造士会水術」は造士会の解散とともに行われなくなってしまうが、嘉納と本田存によって、東京高等師範学校附属中と東京高等師範学校に、その精神が受け継がれ、高師泳法として横泳ぎを中心としたあおり足での泳ぎが編成された。そして文部省主催の水泳講習会が造士会の水泳教師を講師として行われ、全国の中学校や師範学校に普及していくのであった。プールのまだない時代、それは海浜での実習として定着していった。

嘉納は、水術においても、ナショナルスタンダードとなる水術を作成しようと試み、造士会、東京高等師範学校や同附属中学校を経て、成果をみたのであった。今日、日本の学校の多くはプールが備えられていて、外国人教育者からは驚異の的なのだが、それは嘉納治五郎が示した水泳の教育的意味の重要性が受け継がれている面があるのである。

四　嘉納による国民体育の実践と現代

（1）競技スポーツと生涯スポーツとの関係のあり方

大日本体育協会設立時の資料に示されているように、嘉納治五郎にとって、競技スポーツと生涯スポーツ（国民体育）の関係は、車の両輪であったといえる。両者の関係は密接であり、多くのアスリートを高等教育機関から輩出しつつも、そこでは国民の体育、つまり水泳や長距離走などの国民体育も教えられる素養を持つ指導者を養成したのであった。

一九八九年に日本オリンピック委員会が日本体育協会から分離・独立し、オリンピック競技大会などへの選手団の編成・派遣とオリンピック・ムーブメントの推進を担うことになり、日本体育協会は国民スポーツの普及・振興、とりわけ生涯スポーツの推進を担うこととなった。

日本体育協会から日本オリンピック委員会が独立したのは財政的にも独立し、自律的に日本の競技力向上を目指したことになったが、競技力向上の成果がどのように国民に還元されるのか、ということになると全世代を網羅する生涯スポーツの発展に行き着かざるを得ないと思われる。

オリンピック競技会はアスリートにとって、世界最高峰の大会であるが、その一方で、国際オリンピック委員会が示しているオリンピック・ムーブメントのなかには、生涯スポーツや女性の参加拡大が含まれている。競技スポーツの推進と生涯スポーツの推進という側面は、不可分の関係にあるといえる。競技スポーツの推進による競技力向上と生涯スポーツの振興を、同じ組織で、同一線上で考えられるようにすることが望ましい。

（2）教育＝体育としてスポーツの普及を考えた嘉納

体育・スポーツを教育として普及させた嘉納治五郎の功績は大きい。とくに、教育学や生理学などの諸科学を盛り込んだ体育科を東京高等師範学校に一九一五（大正四）年に創設し、その専門的な教師を養成したということと、体育を教科として文科や理科と対等な立場にしたことは、大きな功績である。東京高等師範学校において体育関連の授業や学校行事を全学生に課したことにより、他教科の教師も体育・スポーツの効果を認識するようになり、結果的に、体育・スポーツが学校教育の現場に広まることにつながったといえる。

イギリスでは、二〇一二年のロンドンオリンピック・パラリンピックのレガシーとして、学校体育と学校スポーツの推進をはかっている。学校教育の現場で体育やスポーツが行われないと結局のところ、青少年のスポーツ人口の減少をおさえられないという判断からである。学校体育や学校スポーツのモデルは日本においてすでにつくられているのであり、その意味では、嘉納の学校教育を基盤にしての体育・スポーツの発展戦略は、正鵠を射ていたといえる。

ただし、学校教育を中心に広まっていったために、日本においては、地域におけるスポーツクラブの振興は、なかなか根付かなかった面もある。総合型地域スポーツクラブの多くがスムーズに展開されていないのは、歴史的にそのような土壌が耕されていなかったことに由来している。学校教育における体育・スポーツと、地域におけるスポーツクラブの発展を相互的に考えていくことは、今後の日本の体育・スポーツの課題の一つといえよう。

参考文献

大日本体育協会（一九三六）『大日本体育協会史』上、大日本体育協会。
International Judo Federation（2013）. IJF Statutes. International Judo Federation.
金栗四三（一九三二）『樺太―東京間踏破誌』玉名市歴史博物館こころピア所蔵。

嘉納治五郎（一八九九）「如何にして暑中休暇を過ごすべきか」『国士』一〇巻、一―五頁。

嘉納治五郎（一九一〇）『青年修養訓』同文館。

嘉納治五郎（一九一五）「大日本体育協会の事業に就いて」『柔道』一（一）、七三―七五頁。

嘉納治五郎（一九一七）「国民の体育に就て」『愛知教育雑誌』三五六、愛知教育会、三―一八頁。

嘉納治五郎（一九三六）「喜寿祝賀式場に於ける嘉納師範の挨拶」『柔道』七（一二）、三―四頁。

日本体育協会編（一九六三）『日本体育協会五十年史』日本体育協会。

高橋雄次郎（一九〇〇）『日本游泳術』造士会。

東京高等師範学校校友会（一九二〇）「嘉納先生育英三十年史」『校友会誌』六七号、八―一三頁。

財団法人日本体育協会（一九八六）『日本体育協会七十五年史』財団法人日本体育協会。

造士会（一八九八）「造士会規則」『国士』一、四頁。

造士会（一八九九a）「日本游泳術」『国士』九、附録。

造士会（一八九九b）「松輪游泳場」『国士』一二、三三―三五頁。

造士会（一九〇〇）「游泳部結了式及証書授与式」『国士』二五、六四頁。

造士会（一九〇一）「造士会水術練習記」『国士』三六、三六―三七頁。

第4章　スポーツによる関東大震災直後の復興への試み
――嘉納治五郎と大日本体育協会による競技力向上とスポーツ公園の造営――

真田　久

日本は第二次世界大戦前、オリンピックにおいて、陸上の跳躍、水泳で大活躍した時期がある。水泳王国ニッポンといわれ、また陸上の三段跳びでは、三大会連続して優勝した。この陰には、関東大震災の直後に下した嘉納治五郎の決断があった。あわせて、復興のために新設した公園に競技施設を設けるように提言し、一般の人びとにもスポーツにふれる機会を設けたのであった。

関東大震災を契機として、競技力向上とスポーツの大衆化の双方をはかろうとしたと考えられる。これらは嘉納と大日本体育協会のスポーツによる社会の復興への試みであった。

一　関東大震災（一九二三年）直後の競技力向上

（1）震災直後の嘉納と大日本体育協会の対応

一九二三（大正一二）年九月一日一一時五九分に、神奈川県相模湾北西沖八〇㎞を震源とするマグニチュード七・九の大震災が起こった。ちょうど昼前で、各家庭ではガスやこんろなどを使って昼ご飯の準備をしていたため火災が発生し、東京市と横浜市では、死者・行方不明者一〇万五〇〇〇人にも達したのであった。被害総額は当時の国家予算の一年四カ月分にもなった。

震災のあった日、嘉納治五郎は樺太に出張中で、柔道や講道館文化会のための活動の最中であったが、急ぎ帰京した。講道館では、道場をすぐさま解放し被災者を収容した。門弟のなかでは、富田常次郎（講道館門弟、東京高師柔道教師）が自宅の倒壊により下敷きになったが、自力でがれきを除いて助かった。

大日本体育協会（現在の日本体育協会の前身）は、九月二〇日に帝国ホテルにて理事会、常務委員会を開き、嘉納名誉会長を座長として、次のことを決議した。

一、全日本選手権競技会開催の件
　大震災後復興に全力を尽くすべき時に国民の士気を鼓舞するため、最も質素に東京において十一月中に選手権大会を開くことに決定。

二、国際オリンピック大会に代表選手を派遣すること。
　明年の夏、パリにて第八回国際オリンピック大会が開催されるについて、万難を排して特に優秀なる競技者及び指導者を選考して派遣すること。この決定に従って今秋第一次予選競技会を行い、明春四月中旬第二次予選会を東京にて開催すること。参加宣言文の起草者として末弘常務理事を推す。

三、本会を財団法人組織となすこと。
　三井、三菱及び岸会長等の出資を基本として財団法人を組織すること。

四、雑誌は休刊、年度発行を見合わせること。
　本会機関雑誌『アスレチックス』は本年度中休刊とし明年一月より発刊すること、年鑑は発行を見合わせること。

五、新東京に計画中の公園内に競技場設置を建議すること。

復興事業中に運動競技の諸設備を加えること並びに右に関して本会より推薦する役員を計画委員に加えることを建議する。

六、本会事務所を当分、芝区伊皿子町七十番地　岸会長邸に移すこと。（日本体育協会編　一九六三：四九）

一、二、五が、スポーツによる社会の復興に関する内容である。これに基づいて翌一〇月一日、「第八回国際オリムピック大会参加」の宣言文を協会が発表した。そこには、翌年七月にパリオリンピックに選手を送る計画はすでに一般に知られているところで、大震災でこの計画を放棄するのは遺憾であり、スポーツ界の将来の発展のために、とくに優秀な選手と指導者に限って派遣したい、という旨が書かれている（日本体育協会編　一九六三：四九）。

一〇月一日には講道館で柔道の稽古が開始された。

当時の新聞には「運動界も捲土重来、来月全日本選手権大会　明年のパリー国際大会にも選手を送るに決定」と題して、次のように書かれている。

大日本体育協会は三〇日午後四時から帝国ホテル内で会長、理事、常務委員が参集し、今年度の運動界並に来年七月パリで開かれる世界オリンピック大会に我国選手派遣について次の様な発表をした。今回の帝都の大震災により、今秋の運動競技会が頓挫することは我が国の将来のために遺憾なことであるので、十一月中に全日本選手権大会を駒場トラックで開催することに決まった。また、同会は兼ねて明年七月パリに開かれる国際オリンピック大会に選手を送る計画のあったことは一般の知るところだが、この震災のために全ての計画を放擲するは極めて遺憾なことであるとし、この際海外に日本国民の元気と復興の意気を示すためにも派遣した方がよいとのことで、小規模ながら優秀な選手と指導者とを送ることに決定し、十一月に開催される全日本選手権大会を東京の第一次予選とし、明年四月中旬に第二次予選を行って、派遣を決定する予定である。その他復興事業中に運動競技の諸設備を加へ復興委員中に同会役員を参与させる件等を決定した。

（『読売新聞』一九二三年一〇月二日付より現代語訳）

オリンピックへの選手派遣は、それまで積みあげてきたスポーツ界の進歩を止めるべきではないということと、海外に日本国民の復興の意気を示すという観点からも決定されたのであった。スポーツの継続的発展とそれによる社会の復興という観念が存在していたことがうかがえる。

さて、嘉納の主導で大日本体育協会が発表したこれらの提案は、果たしてそのまま実行されたのであろうか。これらの三つの提案がどのように実行されたのかを追ってみたい。

（2）全日本選手権大会の開催

当初、一九二三年九月に全日本選手権競技大会を東京で実施する予定であったが、大震災の発生により、開催は不可能となった。しかしながら、嘉納は「復興に尽くすべく、国民の士気を鼓舞するため、最も質素に東京にて十一月に延期して開催すること」を決定したのである。そして実際に、一一月に第一一回全日本選手権陸上競技大会が、オリンピック一次予選会として行われたのであった。大会の概要は次の通りであった。

第十一回全日本選手権陸上競技大会
・期日：一九二三年十一月十～十一日（震災二カ月後）
・会場：駒場トラックにて二〇〇余名が出場
・種目：一〇〇m、二〇〇m、四〇〇m、一五〇〇m、五〇〇〇m、一〇〇〇〇m、マラソン、一〇〇〇〇m競歩、低ハードル、ハイハードル、四〇〇mリレー、一六〇〇mリレー、走幅跳、走高跳、棒高跳、ホッ

プステップジャンプ、円盤投、ハンマー投、五種競技、十種競技

これらのうち、二〇〇m、四〇〇m、マラソン、低ハードル、一六〇〇mリレー、円盤投などの種目で日本新記録が樹立されるなど、盛況を呈した。この陸上競技大会について、当時の読売新聞には次のように書かれている。

国際的晴れの舞台に出陣しやうと意気込む全国から集まった二百余名の猛者の緊張振りは大したものであるが、応援者も負けず劣らずトラックの周囲を埋める。

前日の雨が晴れて絶好の秋日和日曜日と来て居るから駒場のトラックは大盛況を極めた。

（『読売新聞』一九二三年一一月一一日付）

新記録が多く出たことを称え、競技者のみならず、観客たちも応援に精を出していた様子が描かれている。こうして、全日本選手権は成功裡に開催されたのであった。この大会の優勝者に、嘉納賞杯（一六〇〇mリレー）や英皇太子賞杯（四〇〇m）とともに、五種競技の優勝者に、内相の後藤新平がトロフィーを贈っている（『読売新聞』一九二三年一二月一〇日付）。後述するように、後藤は復興局総裁として、東京の復興に力を注いだ人物であり、競技会の開催に復興への思いを託したものと思われる。五種競技の優勝者は上田精一という東京高師の学生で、翌年のパリ大会に出場している。また、英皇太子賞杯を受けた納戸徳重も東京高師出身で、四〇〇mでは極東レコードも出し、同様にパリ大会に出場している。

（3）オリンピック競技会（パリ大会）への派遣

同協会の主張通り、一九二四（大正一三）年の第八回オリンピック（パリ大会）に選手が派遣された。この大会で

は、次の選手が活躍し入賞を果たした。

内藤克彦：レスリング・フリー　三位
　競泳八〇〇mリレー日本チーム　四位
高石勝男：水泳一〇〇m自由形　五位、一五〇〇m自由形　五位
斎藤巍洋：水泳一〇〇m背泳　六位
織田幹雄：三段跳　六位

レスリングで銅メダルを獲得したほか、欧米で人気の高い水泳と陸上競技で入賞できたことは、大きな収穫となった。とくに織田幹雄はじめ、その後の跳躍陣の活躍に弾みがついたのであった。この経験は次の第九回オリンピック（アムステルダム大会）で花開いた。織田が三段跳で見事、日本人初となる金メダルを獲得するとともに、鶴田義行も水泳二〇〇m平泳ぎで金メダルを獲得した。さらに、人見絹枝が陸上八〇〇mで日本人女性初となる銀メダルを獲得した。

この後の第一〇回オリンピック競技会（ロサンゼルス大会）では、水泳五種目で金メダル、陸上の三段跳で南部忠平が金、一〇〇mで吉岡隆徳が六位、馬術では西竹一が金メダルを獲得した。この流れは一九三六（昭和一一）年の第一一回オリンピック（ベルリン大会）にも引き継がれたのである。

ベルリン大会では、水泳四種目で金、三段跳（田島）金（原田）銀、棒高跳（西田）銀（大江）銅という成績であった。さらに一九四〇年大会の東京開催も決定した。一躍日本は、スポーツ先進国の仲間入りを果たしたということになる。

もしも一九二四年のオリンピックに出場していなかったなら、日本選手の国際的な活動にブランクが生じ、世界

での活躍は、まだ先のことであったに違いない。織田幹雄はその著書において、パリ大会に出場したことで、次のオリンピックには、三段跳に絞れば表彰台をねらえるという思いに至ったと述べている（織田 一九九七：一〇二）。パリ大会への出場は、日本選手の国際競技力向上に大きな意味をもっていたのである。関東大震災後に嘉納が中心となって大日本体育協会において決めたパリ大会への選手派遣が、日本のスポーツ界の国際的な発展に大いに寄与したといえる。

二　関東大震災直後のスポーツ公園の造営

（1）三大公園の造営

関東大震災の直後、前東京市長であった後藤新平（一八五七―一九二九）が帝都復興院総裁（後に復興局総裁）として、広範な復興計画を立てた。後藤の見積もった予算は大幅に縮減されたものの、実際に当初の計画に沿って大小の公園が新設されることになった。

最終的な東京復興公園計画は、次のようなものとなった。

常時ニ在リテハ衛生、休養、慰安ノ機関トシテ非常時ニ在リテハ防火、避難、救護ノ要所トシテ都市ニ於ケル公園ノ配置及ビ面積ノ適否ハ都市計画上ノ重要事項ナリ（日本公園百年史刊行会編 一九七八：一九〇）

この計画は一九二四年一二月の臨時議会にて認められ、こうして江東公園（後の錦糸公園）、隅田公園、日本橋公園（後の錦糸公園）が造成されることになった。あわせて、東京市に五二の小公園が造成されることになった。公園建設に携わったのは、復興局公園課長の折下吉延（一八八一―一九六六）と東京市公園課長の井下清（一八八四―一九七三）であった。

東京市でつくられた五二の小公園について、井下は次のように述べている。

学校公園なる名称は便宜上の略称であって、小学校隣接小公園と云うべきものである。（中略）学校より見れば此の公園は校庭の延長となり、運動場教材園の拡張とする。公園よりすれば学校構内地を直接に利用することは出来ぬが、其隣に広い空地があり不燃質の大建築物が建てられている事は空気の清澄、日射の充分なることと共に非常時に際して保安地としての機能を増大するのみならず、学校の一部を一般に公開するときには公園と共に慰安教育の方面的センターを為し、民衆教育に休養慰安に社会事業の宣伝に利用する事が出来る。（中略）

地割の歩合は三～四割を樹林花園として残余を通路広場又は建物敷とする。広場は大小三区に分ち一は集団運動用とし約四百坪を占め、一は幼児（学令以下）の遊戯場、一は少年少女用の運動器場とする。大広場には其一方に壇を設け涼亭を建設し公園景致の中心とし、戸外の講演、町内の祭典、映写、奏楽等の催を為す事ができて方面的の中心広場の働を為さしめる。

（前島 一九七四：一三一七―一三一八）

東京市には五二の小公園が設けられたが、近隣住民用の方面公園的機能をもつほか、隣接の小学校校庭の延長として、時には児童の運動場や遊び場となり、または教材園ともなるように考慮して造られたのであった。小学校に隣接した公園という計画はきわめて日本的な発想といえよう。狭かった小学校の運動場を補完する機能が加えられたのであった。これは公園計画の新機軸を開いた試みであった。

三大公園（隅田、錦糸、浜町）は、欧州において都市計画や公園事業について学んだ経験のある、復興局建築部公園課長であった折下吉延の指揮のもとに造られた。折下は明治神宮造営局技師であった人物で、外苑の運動施設の建設にも関わっていた。その時の経験をいかすことになったのである。

三大公園に共通の特徴は、従来の公園には見られなかった大規模の運動施設（プール、陸上競技場、野球場、テニスコートなど）を設けたことであった。そして芝生地を多く取るなど近隣住民はもちろんのこと、全市民にも利用できるレクリエーション中心の公園であり、また遊具を豊かに設置した児童公園としての機能ももたせたのであった。なかでも、隅田公園は最も広くウォーターフロントを実現したわが国最初の公園となった。この公園は、平時にはレジャーとして、緊急時には避難場として使用できるようにした。この公園の面積は五万二七〇〇坪と公園のなかで最大となり、完成は一九三一（昭和六）年であったが、公園内にボートレースの観覧席を設け、プール、テニスコート、児童公園が設置された。また、墨堤を改築して並木通りにし、アスファルトの遊歩道を設けて、排水を良くし、給水所を設置した。桜や柳なども植樹した。

スポーツ施設については、隅田川が明治以降「ボートレース」場として有名であったが、明治神宮外苑で一九二四（大正一三）年より明治神宮体育大会が始まってから、外苑が陸上競技の中心地になっていたことに対して、この隅田公園を水上競技の中心にする計画が、次のように進められたのであった。

まず東京帝国大学と東京商科大学に交渉し、隅田公園内にあった艇庫の位置を一高艇庫の隣接に移動してもらうとともに、壮大な艇庫をつくりあげた（佐伯 一九六三：一三一七―一三一八）。観覧席を共通に使用できるようにするとともに、並木通りの河岸沿いに広い（二間）遊歩道を設けた。艇庫後方の広場にはテニスコート二面を設けて一般市民の使用に任せるとともに、ボート選手の補強運動にも供した。

浅草側には、縦五〇m、横三五m、水深一・二―五mの水泳場を設けた。更衣室のほか、高さ十二m半の固定飛込台および高低を変えられるスプリングボード二台を附設した。さらには夜間でも泳げるように、水中照明として五〇〇ワットの燈器一九基、プールサイドには三〇〇ワットの燈器一二基が設置された。

水上に隣接して陸上競技場が築造され、付近の小学校の春秋の運動会会場に使用された。平常は一般市民にも開放されて、スポーツの普及が図られた。陸上競技場の面積は三二〇〇坪で一周三〇〇m、直線コース一五〇mの走路のほか、周囲には芝生のスタンドを設け、メインスタンドの中央には、観覧席兼休憩所になる建物が建てられた。児童公園は本所側と浅草側それぞれに一カ所設けられ、一四種の運動器具が設けられた（佐伯 一九六三：一三一八）。

一方、すでに大震災前から、嘉納治五郎の建議により建設が進められていた明治神宮外苑競技場を陸上スポーツのシンボルとし、この両者でスポーツの振興をはかろうとしたのであった。

復興三大公園のうち、最も早く完成したのは錦糸公園で、一九二八（昭和三）年七月一八日に開園、同年一二月に復興局から東京市に移管された。東京市施行の小公園で最も早く開園したのは、月島第二公園で一九二六（昭和元）年八月、最後に開園したのは一九三一（昭和六）年四月で、蛎殻町《かきがらちょう》公園ほか六公園であった。東京復興五五公園事業がすべて終了したのは、一九三〇年度末であった（日本公園百年史刊行会編 一九七八：二〇五）。

これらの公園は従来の公園とは異なり、運動施設や競技場を設けたことはもちろんであるが、下町の人口密集地域に設置したことも大きな特徴であった。つまり、これらの公園は東京市のすべての住民を対象としてつくられたスポーツ公園であったといえるのである。

（2）モデルとしての明治神宮外苑

三大公園の先駆的なモデルは、明治神宮外苑であった。そのことは、『日本公園百年史』（一九七八）に詳しい。

明治神宮内苑六六万平方米有余の広大な苑地は、神域にふさわしい緑溢れる林地と清雅にして広闊な神苑林泉を相い交えた荘重きわまるもので、もっぱら日本風造庭を基調としながらも新時代を表徴するがごとき洋風の大胆なカーブ地割と起伏の妙を見せている。それに対して外苑五七万平方米余の地域は、明朗開闊で市民がゆったりと逍遥するのによく、しかも雄大な各種スポーツ施設ともマッチし、恐らくは本邦最初の大レクリエーション・

センターと称してよい。

明治神宮外苑に競技施設を設けることを提案した人物は、ほかならぬ嘉納治五郎であった。嘉納治五郎の建議については、明治神宮奉賛会の史料に次のように書かれている。

明治神宮奉賛会においても運動競技について講究する所あり。国際オリムピック競技会等の開催とともに世間の運動勃興し、大日本体育協会会長嘉納治五郎等は阪谷理事長に説くに競技場建設の議を以てし、奉賛会之を賛同して、之が建設を決定せり。

其設計は造営局之に当りたれども、当時這種の大施設は欧米に在りても二三の外無く、之が資料を得るに少からざる困難あり。野口源三郎、可児徳、明石和衛等運動専門家の意見を徴し、スタンド及トラックの構造等は先づ実物の模型又は試験体を造りて之が研究を講ぜり。斯くして大正八年十一月成案を得、之を参与会議に付して議決を経、直に工事に着手せり。

（明治神宮奉賛会　一九三七：一五三）

嘉納治五郎の提案を受けて明治神宮奉賛会が決定し、野口や可児ら嘉納の弟子たちが、その立案に関わったのであった。明治神宮外苑は一九一七（大正六）年一〇月に神宮造営局外苑課により着工された。その主任技師も折下吉延であった。折下は、この外苑建設の手法で三大公園を手がけたのである。一九二六年に外苑の工事が終わるが、一九二四年から明治神宮体育大会が始められ、全国のスポーツ愛好者たちは、この大会を国内最高峰の大会として目指すことになった。スポーツ公園は、嘉納治五郎の提唱と折下吉延により完成されたといえる。大正期に入って日本の公共公園の手法は、洋風造園とともに、運動施設の配置を考えてつくられるようになったのであった。

内外苑の造園は、わが国造園史に一時代を画したものであることは当然であるが、とくに外苑の設計によって示された洋風造園の手法のもたらした影響はきわめて大きかった。この一大事業の経験と成果とが、大正末年より昭和初年にかけての帝都復興公園の設計施工にあますところなく活用されたことはいうまでもない。

（日本公園百年史刊行会編　一九七八：二〇八）

（3）後藤新平、折下吉延と嘉納との関係

後藤新平は嘉納の講道館柔道の理念を理解し、その活動を支持していた。一九二二（大正一一）年、関東大震災の前年、嘉納は講道館文化会を設立し、「精力善用・自他共栄」という考えを世間に発表した。この考えは、日本が孤立しつつある国際情勢の中で、個人においても国家においても、最善をもって他者に尽くすことで信頼を回復し、結果的に自己も自国も発展させられる、というもので、これこそが講道館柔道の文化的精神であるというものであった。世界各地の人種的偏見を去り、文化の向上をはかり、人類の共栄をはかること、などが運動目標として掲げられた。

この講道館文化会創立式が同年四月に築地精養軒にて開催され、総理大臣高橋是清はじめ、内務大臣、文部大臣に次いで、東京市長後藤新平は代理を立てて祝辞を述べている（嘉納先生伝記編纂会　一九六四：四九八）。嘉納の考えを後藤が理解していたことがうかがえる。

嘉納は、講道館文化会の活動が、国家の運命を決する鍵を握っているとして、精力的に国内はおろか中国（満州）、朝鮮にまで足を運び、文化会の支部を結成していった。こうした活動により、講道館は財政的に窮地に陥ってしまう。そこでそれを解決するために、講道館後援会を一九二六（昭和元）年二月につくり、広く寄付を求めることになった。この会の設立趣意書の発起人に田中義一や渋沢栄一らとともに後藤が名を連ね、さらに同後援会の評議員にも就任している。後藤は嘉納の理解者であったのだ。

また、折下は明治神宮造営局の技師であったので、明治神宮外苑における運動施設の設置にも関わっていた。折下は、外苑を参考にして復興三大公園も造園したのであり、公園内に競技施設をつくるという嘉納の構想を盛り込んだのである。

こうして、明治神宮外苑と隅田公園など三大公園によって、国民スポーツ普及と国際競技力の向上に果たすべく、スポーツの拠点が設立されたのである。震災翌年の一九二四年には外苑で第一回明治神宮競技大会が挙行された。その数年後に日本は、三段跳びや棒高跳び、そして競泳で世界トップの座を占めるに至った。スポーツ界の国際的活躍は、復興のシンボルとして人々に受けとめられたことだろう。

三　嘉納の復興理念と体育・スポーツの発展

(1)　自他共栄の生き方

嘉納治五郎の震災復興の理念とは、どのようなものであったのだろうか。また、これと体育やスポーツの発展はどのように関係するのであろうか。一九二三年に起こった関東大震災の直後、雑誌『柔道』に掲載された嘉納治五郎の巻頭言「禍を転じて福とせよ」(嘉納　一九二三b)には、「今日こそ国民挙げて大なる決心を以て立つに最好の機会である」と、次のように述べている。

被災者に対する救援、慰問は当然であるが、子どもの教育と同じように、万事が順調に進んで苦労することが少なくなれば、精神がゆるみ、怠けたりぜいたくを求めるようになってしまう。日本は明治維新以来、外国の文化を輸入してうまく自分たちのものにし、順調に進んで来た。内には制度を改め、教育を普及し産業を興し、貿易も発展させてきたので、至る所に油断や自己中心主義が広がりつつある。今回の大震災を、日本人の将来のためになるよう考えねばならない。そのためには、自他共栄の考えを国内および対外方針として国力を充実しなければならない。そうすることで、世界各国から尊敬され、信頼される国になる。今後わが国民は、わが国をかくの如き位置に進めようということを理想とすべきである。

（嘉納　一九二三b：二―四より抜粋して現代語訳）

嘉納は大震災を転機として、日本人や国の政策も自他共栄を貫くべきことを訴えた。また、そのための個々人の行動についてもどのようにすべきか、次のように述べている。

己の生活を立てる途を考え、それに差し支えがなければ、自己発展のためと同時に他の個人のため、社会のため、国家のため、人類のため、即ち一言にていえば他のために何をどうするがよいかということを考慮し、その最善と信ずることを遂行するのが当然とるべき途である。さすれば、己が最善と信ずることをするのであるから、それより良い途があるはずがない。自分が一番良いと信じていることをしている以上は、不快を感じ不安を感ずる必要はない。必ず満足してそのことに当たることができる訳である。又一番良いことをしている以上は、前途に光明を見いだすことができる訳である。そうすれば、生き生きとした精神状態でそのことに当たることができる。

（嘉納　一九二三b：五―六より現代語訳）

嘉納は、個人にあっても、国家にあっても、自国や自身のためのみの行動ではなく、他に尽くす生き方へ転換することを主張した。大震災前年の一九二二年、嘉納は講道館文化会を設立し、「精力善用・自他共栄」の考え、つまり、他者に尽くしてこそ自己完成がなされ、それにより社会や国を発展させられるとの綱領を発表していた。

外国人の中には、我が国はこういう災害にあったら必ず混乱状態に陥るであろうと予想していた向きもあったようだが、実際冷静に、この災厄を乗り越しつつある模様を見て、さすが日本人だ、既往の修養が然らしむるのであろうと、賞嘆している。（嘉納 一九二三ａ：五）

嘉納はこのようすに、日本人は大震災を乗り越え、復興することができると確信していた。しかしながら、嘉納の提唱した自他共栄の道をその後の日本は歩まず、やがて第二次世界大戦へと突入してしまうのであった。

（２）関東大震災後のスポーツの発展

一九二三年九月に起きた関東大震災からの復興の姿を当時の日本人は、国内外にどのように示したのだろうか。大震災から六年半後の一九三〇（昭和五）年三月末、東京で帝都復興祭が行われた。主催は政府復興局と東京市で、二六日には皇居二重橋外苑前で天皇陛下列席のもと、記念式典が行われた。帝都復興祭の内容は英文の書面で海外にも発信され、駐在大使はもちろん、多くの海外メディアが参加した。復興踊りの花車が東京市内を回り、市電の復興乗車券も発行された。日比谷公園の広場には、一万五〇〇〇人もの人びとを招待して、帝都復興完成祝賀会が開催された。

復興祭の一環として日比谷公園公会堂にて、舞踊会、ハーモニカ演奏会、軍楽隊や市民オーケストラによる演奏、映画会などの文化的な催しも行われた。また、本所公会堂では、日本音楽大会（神楽や琵琶劇など）、児童音楽会、映画大会などが三月二三日から二六日にかけて行われた。音楽パレードや夜には提灯行列も行われ、多くの人々でにぎわった（東京市役所編 一九三二：五二二―五二三）。

また、鎌倉時代から祭で行われていたという、ホッケーに似た子どもの遊び、「マリ打ち」を郷土玩具の専門家に復興してもらい、当日披露された（『朝日新聞』一九三〇年三月五日付）。伝統的遊戯の復興にもあずかったのであった。

これらと並行して、「復興の力を表徴するにもっとも意義ある記念事業」（同上紙）として行われたのが「帝都復興体育大会」であった。東京市と各競技団体により、三月二四日から二八日までの五日間、多くは震災後につくられた東京市内の競技場で、一七に及ぶスポーツ大会が行われた。

震災後に創設され、水上スポーツの拠点となった隅田公園では、天皇陛下観覧のもと、ボートレースが行われた。東京帝国大学、東京商科大学、東京文理科大学、早稲田大学、慶應大学など、関東一二校がレースを行い、隅田公園両岸は大観衆で埋まった。公園内に設置された児童公園を見て、陛下は「子供の遊び場所が澤山出来れば人道や車道で遊ぶこともなくなり交通の発達に伴ふ事故もなくなって大變よいことだ」と述べられたという（『東京日日新聞』一九三〇年三月二五日付）。日比谷公園では、テニス、剣道とボクシングが行われた。テニスは、硬式と軟式の両種目が男女それぞれで行われた。

陸上スポーツの拠点として整備された神宮外苑競技場では、野球、陸上競技、体操、ホッケー、蹴球、ラグビー、相撲の七競技が行われた。芝公園では弓術と水泳、ＹＭＣＡではバスケットボール、府立六中ではバレーボールが行われた。最終日の二八日、大会の最後を飾ったのは柔道で、日比谷公会堂で行われた。そのほか帝都訪問飛行として法政大学の飛行機二機が立川を出発することも計画されていた（東京市役所編 一九三二：五二五―五三五）。

これらの参加者の多くは中等学校、大学や専門学校の学生であったが、野球では実業団チーム、バスケットボールではクラブチームも参加した。また水泳では、水術各流派による古式の泳ぎも披露され、七〇歳代の人が喝采を受けている。その一方、体操では小学生も演技した。

ボクシングではフィリピン人選手四名、バスケットボールではアメリカンスクールも出場するなど、国際的な一面もあった。女子の部は、ボート、テニス、バレーボール、バスケットボール、陸上競技、水上競技、体操などに設けられた。

陸上競技では日本新記録も続出し、野球は外野スタンドまで埋まるなど、「復興成った帝都を全くスポーツの都と化した感があった」と読売新聞は伝えている（『読売新聞』一九三〇年三月二七日付）。朝日新聞も「世界に類を見ない日本人の反ぱつ復興力を発揮して居る」（『朝日新聞』一九三〇年三月二五日付）と評している。この月の二〇日には、神宮プールが着工になり、国際舞台での活躍も支えていくことになる。関東大震災からの復興の姿を、先人たちはスポーツを通して示したといえる。

この帝都復興体育大会についての新聞記事を読む限り、帝国主義的な色彩はあまり感じられない。天皇の巡幸はあるが、文化的な行事や生徒児童や大学生、一般の社会人などによるスポーツの祭典という性格が感じられる。戦後の国民体育大会的な様相に近いといえるのかもしれない。スポーツが活発に行われている姿を通して、東京の復興を内外に示したものとも解釈されよう。そこに至るまでには、嘉納治五郎をはじめとする大日本体育協会関係者による後藤新平や折下吉延ら都市計画関係者への働きかけが大きく作用したと考えられる。

（3）競技力向上とスポーツの大衆化

関東大震災という未曾有の災害の直後、嘉納治五郎は、それを契機として、むしろ競技力向上とスポーツの大衆化の双方をはかろうとしたといえる。東京での全日本選手権大会の開催、パリオリンピックへの派遣は競技力向上を目指したものであったし、復興三大公園に運動施設を設けたことは、一般大衆にスポーツを認識させ、参加させる契機となった。さらには、嘉納が一九二二（大正一一）年に提唱した理念である「精力善用・自他共栄」の考えを、震災を契機に国の政策や一人ひとりの生き方として広めようとした。これらは嘉納と大日本体育協会によるスポーツを基軸とした社会の復興への試みであったし、競技力向上の成果はオリンピック競技会での活躍を見れば、充分なものであった。一方、スポーツの大衆化も隅田公園などの三大公園や明治神宮外苑でスポーツを自由に見たり実践する場が提供されるなど、その成果も大きなものであったことがうかがえる。

これらの事例から、嘉納は競技力向上とスポーツの大衆化について、分け隔てて考えていたわけではないことが明らかである。彼の理想とする「精力善用・自他共栄」の考えを普及させるべく、一九二二年の講道館文化会設立以後、具体的に行動していたのであった。一九二四年のパリオリンピックに最小限の代表団を派遣して成果を上げたことは精力善用の考えに、また公園を建設して選手とともに多くの人びとにスポーツの場を提供したことも、自他共栄の考えに基づいていたといえよう。嘉納には、まず「精力善用・自他共栄」の理念の普及という明確な目的があり、その範疇で競技力向上とスポーツの大衆化が考えられていたといえる。

四　嘉納の体育・スポーツによる復興の理念と実践が意味する今日的意義と課題

関東大震災の直後の九月三〇日に、嘉納治五郎は大日本体育協会において、休止になった全日本選手権競技会の一一月開催、翌年のパリオリンピック競技会への代表団の派遣、そして計画中の東京市内の公園に競技場建設を建議することを決議した。結果的にこれら三つをすべてやり遂げたことになる。これらは歴史上、スポーツによる社会の復興の最初の例といえる。とくに、世界に対して日本人が震災に負けていないことを示す好機と捉えて、日本代表団をパリに派遣したことは、その後の日本人の国際競技会での活躍につながり、大きな成果を残したといえる。

これは二〇一一年日本女子サッカーが、ワールドカップにおいて優勝を果たしたこと、そして二〇一二年のロンドンでのオリンピック・パラリンピック競技会において、史上最多のメダル数を獲得したこととも重ね合わせると、スポーツによる社会の復興への関わりということは、日本人に受け継がれているＤＮＡといえるのかもしれない。

日本は歴史上、地震や津波、あるいは台風など多くの自然災害に悩まされてきた。その折には自然への脅威を感じつつ、そこから立ち直るための努力をしてきた。それらは自然の猛威を受け入れつつ、そこから復興にいかすという歴史を続けていたことになる。

たとえば、関東大震災後にはビルの建築が不燃化と耐震化を目指して煉瓦造りから鉄筋コンクリートに変わると、テラコッタ（外装用の大型陶板）が発展し、帝国ホテルや新橋演舞場などはじめ、多くのビルの壁面が装飾されたのであった。これらは戦前のビル建築の装飾として用いられ、都市の風景を飾ったのであった。

このように、自然災害の後に、それをバネにして発展させてきたのが日本人の歴史であるという捉え方もできる。スポーツにおいても、関東大震災を契機として、競技スポーツと生涯スポーツともに発展させたとみることができる。

さて二〇二〇東京オリンピック・パラリンピックの開催ビジョンの一つに、東日本大震災からの復興ということも示されている。日本オリンピック委員会によるアスリート派遣やアスリート自らの支援活動などが行われ、スポーツによる復興への取組みが実際に行われた。オリンピック・パラリンピックの開催が決まった今日、スポーツを通した災害からの復興のモデルとして提示することができれば、それはそのまま世界への貢献につながる。自然災害は地球上、どの地でも起こり得るものであり、そこから立ち直る際に、スポーツが一定の役割を果たし得ることのモデルになれば、スポーツの新たな価値の発見ということになる。そのような意味で、関東大震災後の嘉納治五郎の考えと実行に移した過程は、その歴史的根拠として重要である。

ただし、これらの事業は嘉納一人で行ったものではない。嘉納がその計画を実行に移せたのは政界や財界、教育界など幅広い人脈があったことが大きい。明治神宮奉賛会の阪谷や復興院総裁の後藤とは旧知の仲であった。こうした当時の日本の指導者たちに日頃から体育・スポーツへの教育的価値についての理解をはかっていたが故に、嘉納の提案が各方面で受け入れられ、それらのネットワークで嘉納の事業が達せられていったものと思われる。体育・スポーツの理解者という人的ネットワークの構築は、スポーツ組織のリーダーとして心がけなければならない素養の一つであろう。

参考文献

『朝日新聞』一九三〇年二月五日、三月二五日付。

嘉納治五郎（一九二三a）「今回の大震災の善後策について」『柔道』二（八）、四―九頁。

嘉納治五郎（一九二三b）「禍を転じて福とせよ」『柔道』二（九）、一―八頁。

嘉納先生伝記編纂会（一九六四）『嘉納治五郎』講道館。

前島康彦（一九七四）『井下清先生業績録』井下清先生記念事業委員会。

明治神宮奉賛会（一九三七）『明治神宮外苑志』明治神宮奉賛会。

日本公園百年史刊行会編（一九七八）『日本公園百年史―総論・各論―』第一法規出版。

日本体育協会編（一九六三）『日本体育協会五十年史』日本体育協会。

織田幹雄（一九九七）『我が陸上人生』日本図書センター。

佐伯操次編（一九六三）『東京の公園』東京都建設局公園部。

『東京日日新聞』一九三〇年三月二五日付。

東京市役所編（一九三二）『帝都復興祭志』。

『読売新聞』一九二三年一〇月二日、一一月一〇日、一一月一一日、一九三〇年三月二七日付。

第5章　嘉納治五郎は「体育」をどのように考えていたのか

――「大日本体育協会」の名称との関係性から――

友添　秀則

一　嘉納と体育

嘉納は亡くなる二年前に講道館道場で行われた喜寿祝賀式の挨拶で、自らの生涯を振り返り、「最も多く力を尽くしたのは申すまでもなく講道館柔道のためであり」、次に「力を尽くしたのは師範教育で」（講道館監修 一九八八e：三七五）[1]、「第三に私が力を尽したのは、体育とか、競技運動というようなことであります」（講道館監修 一九八八e：三七五）と各界名士を前に述べている。ここでわざわざ嘉納の業績を嘉納自身に語らせるまでもなく、柔道の創始、東京高等師範学校の校長としての教師教育への貢献、とりわけ高師体育科の設置と体育の専門職者の育成、日本体育協会の前身の大日本体育協会の創立などの多大な功績は、嘉納をして「我が国の体育の父」とも、あるいは「我が国のスポーツの父」とも称させるには十分なものであろう。だが、上述の嘉納の言葉に従えば、嘉納が第三に力を尽くしたという「体育とか、競技運動というようなこと」（傍点は筆者）とはいったい何を意味しているのであろうか。

嘉納が講道館を開き、柔道を講じ、また高等師範学校の若き校長として敏腕を振るい、さらには大日本体育協会を創設し会長として尽力した明治・大正期は、現代では日常語となってしまった「スポーツ」がさまざまな呼称で呼ばれた時代であり、その概念も未確立であった。同様に、一八七六（明治九）年に"physical education"の翻訳語として創出された「体育」なる語もその概念が未確定な時代で、「運動」や「競技」などの類似概念との明確な異同もあまり考慮されることがなく用いられた時代でもあった(2)。

周知のように嘉納は、時代が昭和に入った晩年、かつて明治の時代に懸命に普及した柔道と同じ情熱をもって、自らが考案した「精力善用国民体育」の普及に邁進する。嘉納が遺した膨大な論考のなかに「柔道」や「精力善用」「自他共栄」に次いで頻出する「体育」という言葉は、嘉納にとっていったい何を意味したのであろうか。先行研究を管見する限り、嘉納の「体育」概念を直接に明確にしたものは僅少である(3)。

ところで、筆者は嘉納の柔道が何に影響され、どのように創造・形成され、何を志向したのかを明らかにしながら、嘉納の柔道概念を明確にしたことがある（友添 二〇〇一）。嘉納の柔道概念は、嘉納のうちにあってはその内包（コノテーション、connotation）と外延（デノテーション、denotation）は生涯を通じてほぼ変わらなかったといえる。同様に、以下、本章で考察するが、嘉納の著述や論考に頻出する体育という言葉はさまざまな文脈で登場するが、嘉納が考えた体育の概念そのものも、嘉納の柔道概念の発展と並行しながら深まっていくが、基本的には若い日から晩年に至るまでその中核は一貫していたともいえる。

本章では、嘉納が「体育」をどのように考えたのか、換言すれば、嘉納の「体育」に対する考え方を嘉納の生涯にわたる代表的な著作などを通して考察の対象に据えながら、その概念を明確にしたい。このような問題設定の意図には、大きく次のものがある。

第一に、嘉納の「体育」概念を解明することで、教育者としての嘉納が身体教育（身体の教育、スポーツ〈あるいは運動〉による教育、スポーツそれ自体の教育）をどのように考えていたのかを解明できるのではないかと思われる(4)。第二に、嘉納にとっての「体育」の概念を明確化することは、大日本体育協会の名称に託した嘉納の協会設立における理念を解明する一助になるのではないかと思われる。さらに第三には、嘉納の「体育」概念を解明することで、その独自性（オリジナリティ）が明らかになるのではないかと思われる。
次節では、本章で嘉納の体育概念を明確化するための方法について、簡潔に述べておきたい。

二　嘉納の体育概念を明確化するために

嘉納は一八九八（明治三一）年一一月に創刊した講道館機関誌の『国士』から、『柔道〈一九一五（大正四）年一月発刊〉』『有効の活動〈一九一九（大正八）年一月改題発行〉』『柔道界〈一九二二（大正一一）年九月改題発行〉』『大勢〈一九二二年八月改題発行、直ぐに廃刊〉』『柔道〈一九二二年一〇月改題発行〉』『作興〈一九二四（大正一三）年一一月改題発行〉』、そして一九三〇（昭和五）年四月に改題・再刊され現在に至る『柔道』に口述筆記させたものを含めて、実に膨大な数の論考を遺している。さらにまた大日本武徳会が発行した『武徳誌』、自らが創設（一九〇八（明治四一）年三月）した中等教育研究会の機関誌『中等教育』『嘉納塾同窓会雑誌』など、多くの機関誌や雑誌にも実にさまざまな内容の論考を発表している。しかし、これらの機関誌、雑誌に発表された各論考は、ほとんどのものがその時々の社会背景や時局、嘉納の折々の問題意識にそって書かれたものであるため、本章では、これらの論考を一定の論題に応じて整理・編纂した『嘉納治五郎大系』(5)の各論考をテキストにした。

嘉納は先述したように、多くの論考を著しているにもかかわらず、当時の中学校生徒向けに柔道の技術解説を行った『柔道教本（上巻）』以外で、著作というまとまった形で発刊したものは、七九年にわたる生涯のなかで、四九歳の時に出版した『青年修養訓』（一九一〇（明治四三）年一二月）と、六九歳の時の講道館文化会発行になる『精力善用国民体育』（一九三〇（昭和五）年八月）のみである。もっとも後者は「講述」であるから、厳密に著作といえるものは前者の『青年修養訓』のみということになる。(6)『青年修養訓』は「今日の青年に修養上特に必要と認めたものを選擇したものであって、（中略）その内容においてはほとんど總べての條項に觸れて居る」（嘉納 一九一一：

表５－１　嘉納の体育概念の考察対象

区分	テキスト	嘉納の年齢	発行年等
初期	柔道一班竝ニ其教育上ノ價値	28歳	明治22年（1889年）
中期	青年修養訓	49歳	明治43年（1910年）
後期	精力善用国民体育	69歳	昭和５年（1930年）

凡例）体系立ったものであり、壮年期の嘉納の体育に対する考えを知るには格好の書であるといえる。

また、『精力善用国民体育』は、「講述」ではあっても、それまで雑誌などに折々発表してきた嘉納の体育に対する考えを、嘉納が晩年に至って体系立ってまとめたものであり、晩年の嘉納の体育概念を明らかにするには格好の書であろう。ここには、嘉納の晩年の体育に対する考えの集約が随所に述べられている。

周知のように、嘉納は一八八二（明治一五）年に講道館柔道を創始したのであるが、一八八九（明治二二）年五月、三〇歳の時、大日本教育会の求めに応じて、時の文部大臣榎本武揚、イタリア公使ら多数の顕官の前で、講演を行い柔道を世に問うている。この講演の草稿は、「柔道一班竝ニ其教育上ノ價値」として現存している。この講演では、「柔道体育法」という形で嘉納の体育に対する考え方が残されており、嘉納の若き日の体育概念を知るうえで重要な文献である。

本章では、表５－１に示すように、嘉納の体育概念を彼の生涯の前期、中期、後期とに分け、それぞれの文献に表れた嘉納の体育概念を抽出し、考察していくことにしたい。

三　「柔道一班竝ニ其教育上ノ價値」にみる体育概念

嘉納のこの講演は、東京教育大学（現筑波大学）の体育学部武道論講座の教授であった渡辺一郎氏が編纂した『史料　明治武道史』に全文が収録されている（渡辺　一九七一：七九―九七）。また、『大系』の第二巻には、旧字体を新字体に、かつ旧仮名遣いを現代仮名遣いに改め収録されている（講道館監修　一九八八ａ：八八―一三五）。ここでは両方のテキストを参照しながら、嘉納の体育概念についてみていきたい。

「柔道一班竝ニ其教育上ノ價値」は、先述したように嘉納が三〇歳の時に行った講演であるが、この時の講演では、講演のなかで形や乱取を自らが実際に演武している。講演内容は概ね、講道館創立の経緯、柔術の概要、柔術と柔道の異同、講道館柔道の目的、柔道体育法、柔道勝負法、柔道修心法、柔道の教育的価値から構成されている。嘉納は柔術の概要を説明する冒頭で、従来の柔術は勝負の法を練習することを目的にしてきたが、勝負の修行は種々身体四肢を運動させるので、間接的に柔術が体育になったり、心を練ることにもなると述べる。ここから嘉納は、講道館柔道の目的は体育・勝負・修心の三つの目的をもっていると述べ、これら三つは相互に関連して柔道を構成するので別々にすることはできないと述べる。さらに嘉納は講演で、これらの三つの柔道の目的を柔道体育法、柔道勝負法、柔道修心法と称して、それぞれについて詳細に説明する。

さて、講道館柔道を創始して間もない、三〇歳の若き嘉納が体育をどのように考えていたのかということでの関心からいえば、この講演で行った柔道体育法の説明が重要な意味をもってくる。柔道体育法で嘉納は、体育をすることを体育法というと述べ、体育法の目的は筋肉を適当に発達させること、身体を壮健にすること、力を強くすること、身体四肢の働きを自在にできるようになることであるという。そして、こう述べたすぐ後で、筋肉の発育や身体の強健は、体操でできないことはないと思うが、柔道では体操よりも一層効果があると述べる。さらに、体操でこのような効果をあげようとしても、まったく面白味がなくなるだろうという。

ところで、嘉納はこの講演の終わりで、自らが考える教育について自説を展開する。嘉納にとっての教育は、国家や社会という大きな視点から考えると、次の世に今の世の開明を伝えて、一層これを発展させるために、若い人たちに知識を授け心身を錬磨させることであり、個人の側に立つならば、その人の一身を独立させ幸福を増やすことであるという。そして、教育は単に書物の知識のみを与えればそれですむというものではなく、学問のほかに交際の仕方、投機の才など世のなかをうまく渡っていけるような多くの力を身に付けさせる教育が必要だが、適切な方法で柔道の修行を行うとこのような力を身に付けることができるので、学校教育に柔道を入れることが大事だと力説する。もし柔道が学校教育に採用されれば、わが国が世界文明強国の一つになる日もそう遠いことではないと講演を結ぶ。

以上、「柔道一班竝ニ其教育上ノ價値」にみる嘉納の体育に関する記述をみてきたが、簡潔に要約すれば、ここでの嘉納の体育概念は、筋肉の発達、身体の強健、身体の操作能力の向上を可能にすることであるということになる。嘉納は他の論考でも、「体育」という言葉を「体育する」というように動詞として用いることが少なからずあるが、この講演でも、「体育を致しますのを体育法と称えまして」（講道館監修 一九八八ａ：一〇四。傍点は筆者）の表現にみられるように「体育」を動詞として用いている。つまり、この講演における嘉納の体育の概念は、身体の機能の向上や身体発達を含んだ身体を形成することであり、いわゆる体育＝身体形成と捉えることができる。

しかし、この体育＝身体形成は、勝負法、修心法とパラレルに行われることにおいてのみ、意味をもつということに配意しておかなければならない。嘉納の講演時の言葉にしたがえば、勝負法とは「肉体上で人を制し人に制せられざる術の練習」（講道館監修 一九八八ａ：一一三）であり、修心法とは「徳性を涵養することと智力を練ることと勝負の理論を世の百般のことに応用して物に接し事に当っておのずから処する所の方法」（講道館監修 一九八八ａ：一二二）である。嘉納は柔道をすれば「体育も出来、勝負の方法の練習も出来、一種の智育徳育も出来る都合になって」いると述べている。また、柔術の説明のところで、柔術に「幾分かの改良を加えさえすれば柔術は体育智育徳育を同時になすことの出来る」ものであるとも述べている。

嘉納の講演は一八八九（明治二二）年の五月に行われたものであるが、嘉納が東京大学の学生であった明治一〇年代はハーバート・スペンサー（Herbert Spencer, 1820-1903）の翻訳物が大流行した時代であったという。わが国の教育思想に大きな影響を与えることになったスペンサーの教育論は、[7] 文部省が一八八〇（明治一三）年に、尺振八にスペンサーの *"Education: Intellectual, Moral, and Physical"* を『斯氏教育論』と題して訳出させたものでわが国に紹介されたが、当時この著書は教育界に大きな影響を与え、これ以後、今日に至るまで知育・徳育・体育の三育思想を日本の教育界に定着させたという。当時、東京大学の学生であった嘉納が、一大ブームを巻き起こしたこの書を読んでいないとは考えられず、英語に堪能であった嘉納であれば本書を原文で読んでいたとも推察される。

嘉納のこの講演でも、スペンサーの三育思想の影響が随所にみられるが、後述するように、嘉納の体育概念には、スペンサーの教育論のなかの第四章の体育論（physical education）の影響も看取される。

四　『青年修養訓』にみる体育概念

『青年修養訓』は日清、日露の対外戦争の勝利を得て五年後、一九一〇（明治四三）年五月に大逆事件の検挙が始まった年の一二月三〇日に出版された(8)。嘉納は同書の序で「教育に従事することここに三十年、その間学校生徒のために塾生のために修養上処世上の訓話をしたことは数えきれぬほどあるが、経験を積み累ぬるに随って、今はここぞと信ずるところも出来、やや纏まりも附いたように思う」（講道館監修 一九八八c：三）ので「『青年修養訓』及び『青年処世訓』の二書を著してあまねく世の青年に示」（講道館監修 一九八八c：四）すと出版の目的を記している。残念ながら『青年処世訓』は出版されなかったが、『青年修養訓』は「広義の道徳上から今日の青年に特に必要なる教訓を完成する」（講道館監修 一九八八c：六）のに必要な内容が書かれており、記述にあたっては難しい世相のなかにあって、青年学生に害を与えることなく適するように「穏健中正」に努めて「新奇極端」を避けたと記している。

同書は、第一の「我が国の青年に告ぐ」から第五〇の「結論」までの間に、五〇講にわたってさまざまなテーマを掲げそれについての嘉納の考えを述べていくものであるが、今筆者の手元にある『袖珍　青年修養訓』（同文館、一九一一（明治四四）年一二月二八日発行）では、本文のみで四三〇頁にも及び、ポケット版であることを考慮しても、結構な分量となっている。ちなみに、任意にいくつかのテーマをあげてみると、「立志　択道　竭力（第三）」「多方面に注意を向けよ（第一九）」「修養と貧富（第二五）」「自頼自立（第二九）」「胆力の養成（第三二）」「愛国（第三七）」「金銭（第四六）」「労働（第四九）」等など、青年が日常生活で立ち止まって考えるべき論題が網羅されている。

さて、ここでの関心からいえば、第八の「身体の強健」および第九の「節制と鍛錬」が重要である。「身体の強健」では、身体は父母から受け継いだもので粗末にしてはならず、積極的に身体を鍛錬し強健にして、父母の血を子孫に伝えなければならないという（講道館監修　一九八八c：六〇）。同様の趣旨の記述は嘉納の論考では多く見受けられる。たとえば、一九一七（大正六）年に愛知教育会雑誌に掲載された「国民の体育について」にもある。

身体の良いという事はただおのれ一身の仕事をするという上に必要であるのみならず、（中略）国民として第二の国民を造る上において必要なる一の責任と思わねばならぬのである。身体の丈夫な者でなければ身体の丈夫な国民は出来ない。それゆえに（中略）強い身体を有っているのは人間の義務であるということを考えねばならぬ。（講道館監修　一九八八d：二二四）

さらに、同様の内容の記述は、スペンサーの教育論にもある。スペンサーは教育論の第四章「体育」の「5　知的訓練と身体的訓練」で、「〈自然〉の目的のひとつは、というより最高の目的は、子孫の幸福である――さらに子孫に関する限り、わるい体格にもとづいて開発された知性はほとんど価値がない。なぜなら、その子孫たちは一世代か二世代のうちに死滅するであろうから。――反対に、よい体格はそれにともなう知的能力がどれほど貧弱であろうと、維持する価値がある。なぜなら、知的能力は未来の世代を通じて無限に発達させることができるのであるから」（スペンサー　一九六九：二一九）と述べている。身体の強健が「人間の義務である」とするスペンサーや嘉納の背後には、イギリスと日本という近代化の先発、後発の違いはあっても、近代という時代のなかでいわゆる国民国家（Nation State）の成立には国民の身体の形成が何にもまして重要であるとの考えがあったと推察される。

「節制と鍛錬」では、嘉納の身体観が伺える。

> 身体というものは精神の宿るところであって、その宿るところが強健でなければ、学業も成らず志望も満たす事が出来ぬからである。そうしてみると、身体を率いて精神に従わしむべきであって、精神を率いて身体に従わしむべきでない。いい換えれば身体のために精神を無能にしては行かぬ、身体をして精神の命令を遵奉しそれを遂行するに堪えしめなければならぬ。（講道館監修　一九八八d：六九）

ここには、精神と身体の典型的な二元論が展開されている。身体は精神の命令を遵守し、精神の命令を遂行できなければならないと、精神が身体よりも優越すべき存在であることを説いている。ところが、こう述べたすぐ後で嘉納は、「精神と身体とを別個のものとして引放して考えることは誤っていると同一に、身体の鍛錬と精神の鍛錬とを別物として考えることも誤っている。身体の鍛錬をするということはある点において精神の鍛錬をすると解釈してもよろしいくらいである。かような関係であるから、修養に心がけているものは身体の鍛錬について十分に思いを致すところがなければならぬ」（講道館監修　一九八八d：七二）ともいう。ここには先の二元論とは異なり、精神と身体は分離できないとする一元論の立場が看取される。より厳密にいえば、精神と身体はあたかも一つのものであるかのような、いわゆる心身一如の身体観がある。自らが柔術や柔道の稽古を重ねるなかで、体験的、実感的に心身の相関を痛感してきたのであろうが、嘉納の身体観はいわば、心身一元論と心身二元論のまさに中間に位置づく心身相関の身体観をもっているともいえるのではないか。

実は、『青年修養訓』には、「体育」という語は一切用いられていない。また後年よく用いるようになる「国民体育」という言葉も登場しない。もちろん同書が一般青年へ向けた嘉納の人生訓の開示を目的とした書である性格を考えると、それも首肯できる。しかし、近代国家として出立したわが国が日清・日露という二度の対外戦争に勝利し、韓国を併合しアジアの盟主から世界の列強に加わろうとするまさにその時に、嘉納は一層の国力の充実にとって身体の強健を何よりも重要であると位置づけている。

各国が対峙し競争する世界情勢のなか、多くの経費がかかっても多大の兵力を得るように努力しなければならず、それには国民の体力を良好にすることが必要で、体格の不良な国民で構成される軍隊は多くの費用をかけても効果は少なく、わが国民の体格は列強の国民と比べれば劣っており、青年であればこそ、今こそ一層このことに戒心しなければならないと檄を飛ばす（講道館監修 一九八八c：六五―六六）。

以上、ここでは同書が著された社会的状況下での嘉納の身体をめぐる考えを中心にみてきたが、嘉納にとっての身体は精神とあたかも一つであるかのような（身心一如）存在であり、それらは相関しながら、身体の強健は個人にとっても国家にとってもきわめて重要事であり、前節での考察を踏まえれば、この強健な身体形成を行う行為そのものが体育であるということになるのであろう。もちろんこの形成されるべき強健な身体は精神と分かちがたく結びついたものであることはいうまでもない。

五　『精力善用国民体育』と「体操」「競技運動」批判

（1）身体形成の観点からみた「体操」批判

「今日の世態を真面目に観察してみれば現在の状態をもって満足しているものは一人もあるまい」との危機感をもって書き始められた『精力善用国民体育』は、一九三〇（昭和五）年八月に刊行された。(9) 前年の秋に始まったアメリカの株式市場の大暴落を契機にした大恐慌がわが国にも波及し、同書が出版された翌月にはわが国の米価が大暴落し、そして翌年九月には満州事変が起こっている。嘉納はこのような時局を前に国民の健康増進と体力の増強は個人の幸福や成功のためのみならず、国家隆昌の基であると述べ、衛生思想の普及と体育の徹底が何よりも必要だと力説する。しかし、この要請に応えるべき万人の容易に行える体育の方法がないので、精力善用主義にもとづいて新しい体育を提案すると同書の序に記している(10)。

ところで嘉納が『精力善用国民体育』の書名に用いた「国民体育」なる言葉は大正期の末から昭和に入るころに、講道館の機関誌に頻出するようになる。ただし、この用語は明治時代の末にはすでに嘉納によって用いられている。外には、日清、日露の対外戦争に勝利し、韓国を併合し、明治天皇が崩御する頃、嘉納は「国民身体の強健なるは富国強兵の基にして精神的文明もまたこれによって発達すべし。これに反して身体薄弱なる国民は一次盛んなる文化を有することありとも国民の元気次第に衰えて文明の退歩すると共に国家もついには滅亡する」（講道館監修　一九八八b：一四七）と西洋のローマ帝国、中国の明朝を例にあげ、「国民体育」の振興の必要性を強く訴えるようになる。

嘉納は身体形成という意味では、先にみた「柔道一班竝ニ其教育上ノ價値」にすでに看取できるように、若い時期から一貫して体操には懐疑的であった。たとえば、一九一三（大正二）年に帝国教育会倶楽部で行った講演で体操(11)を次のように痛烈に批判する。嘉納はまず、日本の教育家のほとんどが体操を完全なる運動法と考えているが、体操が筋肉や内臓諸器官にどれほどの影響を与えるかはまだほとんど研究されていないと述べる。さらに五年間、生徒に普通体操と兵式体操を課してみたが、体育上の成績が良好でないことをあげ、「身体鍛錬上、普通体操および兵式体操はほとんど無効である」とまで断じる（講道館監修　一九八八d：一一）。このような痛烈な体操批判は、嘉納のなかで時の経過とともに確固とした信念を形成していき、『精力善用国民体育』でも本書の冒頭で「体育」を「身体を強健にすることを目的とした身体の練習法」（講道館監修　一九八八d：九〇）と仮定して、身体形成の側面から体操批判が次のように展開される。

体操には根本的な短所があり、その理由として、⑴運動に意味がないこと、⑵付随した利益がないこと、⑶競争的に行うのに不便であることをあげる。具体的には、体操は別段意味のない運動であるから、熟練を必要とせず、だから興味もわかない。また、体操は身体のためというだけではなく、何かの役に立ったり、人と競争して勝ったり、負けないように工夫したりするような付随した利益が伴ってこないから、体操をやろうという動機づけもできない。さらに、練習や工夫の程度を他の人と比べて優劣を競うことができれば一層面白味が増すのに、このようなことも望めない。こういった欠陥があるから、小学校や中等学校では体操を強制的に課せられるのでやっているけれども、強制がなくなれば少数の者しかやらなくなるだろうと強烈に批判する。

嘉納は、このような批判を展開しながら同じころ中等教育会の機関誌で、国民体育は身体形成を可能とすることに加えて、「運動に意味があり、興味が添い、また実生活に用をなすものでなければならぬ」と述べ、体育の目的が「体を健やかにし、強くし、かつ実生活に用をなす体を作るというものでなければならぬ。これを強、健、用という。体育はこの三つの目的にそうものでなければ本当の体育でない。かかる体育が行われるものが国民体育である」と嘉納が考える体育の必要条件を明らかにする（講道館監修　一九八八d：六一）。ここには、柔道の創始の際と同様、体育の考案に際しても、徹底した実用主義と合理主義に立った嘉納のプラグマティストとしての性格がみてとれる。

（2）身体形成の観点からみた「競技運動」批判

嘉納は自伝で、大学時代、柔術の修行と並行して、「いろいろの運動」をやったと述懐している。とくに「もっとも多くやったのは球投げ、ベース・ボール」であり、この他にも器械体操、駆けっこ、船漕ぎ、遠足をあげる。しかしこれらの「運動」はベース・ボールのように、「面白い遊戯」ではあっても、活動機会が少なかったり、局部的な運動であったりして、全身を鍛錬するには不完全であるといい、また、その他の運動も運動する場所に着くまでに時間がかかったり、特定の場所を必要としたりして、日常的に行うには不適当であると述べる（大滝 一九七二：四八―四九）。

ところで、われわれが現在用いている各種目の総称名詞としてのスポーツという言葉を嘉納は、ほとんど用いていない。それはスポーツが日常語として人々に用いられるようになるのが昭和に入ってのことであること（友添編 二〇〇八：八―九）を考慮すれば首肯できるが、嘉納はスポーツに相当する用語として、自身の著述のなかでは、「運動」「遊戯」「競争」「競技運動」「運動競技」などの用語を用いて述べている。とくに多く用いたのは「競技運動」であるが、『精力善用国民体育』でもスポーツの用語は用いず、「競技運動」を用いている。

先述したように、若い日の「競技運動」の実体験から、嘉納は『精力善用国民体育』のなかでも、「体操」同様に、身体形成の観点から「競技運動」への批判を展開する。競技運動は競争であるので興味を生起させることは長所ではあるが、多くの競技運動が設備を要すること、広い場所や多数の仲間を必要とすること、多くの時間を要し、日常的に実行することが難しいことを難点としてあげる。そして、何よりも一番の欠陥は運動が偏っているので身体の均整な発達に適さないことであるという。

嘉納は体操と競技運動が「強・健・用」の観点から体育として欠陥を有すると考え、「今日は真に理想的の体育といい得るものはどこにもまだないといわねばならぬ」（講道館監修 一九八八ｄ：九五）と述べ、自らが柔道を柔術から再編・創造したのと同様に、「理想的の体育」（講道館監修 一九八八ｄ：九五）を時局が緊迫するなか、昭和に入って考案することになる。

（３）柔道が生んだ理想の体育

ここまで、嘉納が体操や競技運動が身体形成における「強・健・用」の各観点から体育として欠陥をもつと考えたことを述べたが、同様に嘉納は武術も道場や稽古衣、用具や相手を必要とし、また講道館で種々工夫を凝らした柔道でさえも、反る運動や手足を伸ばす運動が少ないと述べ、必ずしも体育として理想的ではないという。そして理想的な体育は、何よりも次の条件を備えていなければならないという。

一、筋肉としても、内臓としても、身体を円満均整に発達せしめて、なるべく危険の伴わないこと
二、運動はいちいち意味を有し、したがって熟練がこれに伴い、かつその熟練が人生に用をなすものであること
三、単独ででも団体にても出来、老若男女の区別なく実行し得らるること
四、広い場所を要せず、なるべく簡単なる設備で行い得られ、服装のごときも平素のままで行い得らるること
五、時間を定めて行うも、随時零砕の時間を利用して行うも、人の境遇上および便宜上自由になし得ること

（講道館監修 一九八八d：九六）

嘉納は、これらの五つの条件を備えた理想の体育は「柔道」の生んだものでなければならないという。周知のように嘉納は、わが国伝来の柔術を若き日に研究して講道館柔道を創始した。この過程で嘉納は、柔術のすべての技術を支配している大きな道があることに気づき、その道を捉えようと努力した結果、「心身最有効使用道」とでも命名することができる宇宙の大道があることを把捉したという。

柔術のみならず、どのような武術で技を掛けようとも、技を施して成功するためには当該の目的に最も善く適合するように自らの精神と身体の力を最も有効に使用しなければならず、この原理は社会一般のことにも共通であり、百事百物何事をするに際しても一貫した原理であり、道であることを嘉納は悟ったのである。そして、「心身最有効使用道」があまりにも長たらしい名前であるので、それを「柔道」と命名したという。しかし、柔道という言葉を嘉納が講道館で使用し始めると、在来の柔術も柔道といい出し区別がつかなくなったので、「心身最有効使用道」を広義の柔道とし、在来の柔術や実際の稽古で行う柔道などを狭義の柔道として扱うのも一法であると述べる。そ

して、理想の体育は「心身最有効使用道」、つまり広義の柔道が生んだ欠点のない体育でなければならないと結論づける。と同時に、嘉納にとっての広義の柔道が、「己を完成し世を補益する」ことにあり（友添 二〇一一：二七）、狭義の柔道それ自体を学ぶことによって、最終的に人格の完成を期すことを究極の目的に据えるものである限り、柔道が生んだ嘉納の体育も同様に、宇宙の大道に至る人格の完成を究極の目的に行う営為であるということになる。

六　『精力善用国民体育』における嘉納の体育

図5－1は、筆者が『精力善用国民体育』で嘉納が展開した理想の体育を基にして、嘉納が構想した体育を具体的に構造化したものである。『精力善用国民体育』で嘉納は、体育の目的を「身体を善くすることである」と規定し、さらに、身体を善くするとは身体を強健にし、人生の目的に適合させることであると説明する。具体的に、善い身体とは、体内の諸器官が機能を十分に発揮し、筋肉が発達し、日常生活を送るうえで、筋肉を有効に使用できるように訓練された身体であるという。また、世の人びとは体育では身体の強健を重視してきたが、人生の目的に適合させるということには深い配慮を示してこなかったので、体育はこのことにも配意しなければならないと強調する。しかし残念ながら『精力善用国民体育』には、このことに関する具体的な説明や記述はない。

さらに嘉納は、身体の強健、人生の目的への適合と合わせて、理想の体育には、興味という点も欠くことができないという。というのも、どのような価値ある体育でも興味を欠く時は長続きしないでやめてしまうからであると述べる。そして、興味と実用という観点から、「実用本位の体育」と「興味本位の体育」の二つの種類の体育が必要であるといい、それぞれの体育を以下のように提案する。

実用本位の体育は、身体を強健にすると同時に、役に立つ、つまり実用になる運動を網羅したものになることが必要で、それを嘉納は攻撃防御を目的として練習する体育を基礎として、諸学（生理学・解剖学・衛生学・病理学）

図5-1　『精力善用国民体育』を基にした嘉納の体育の構造

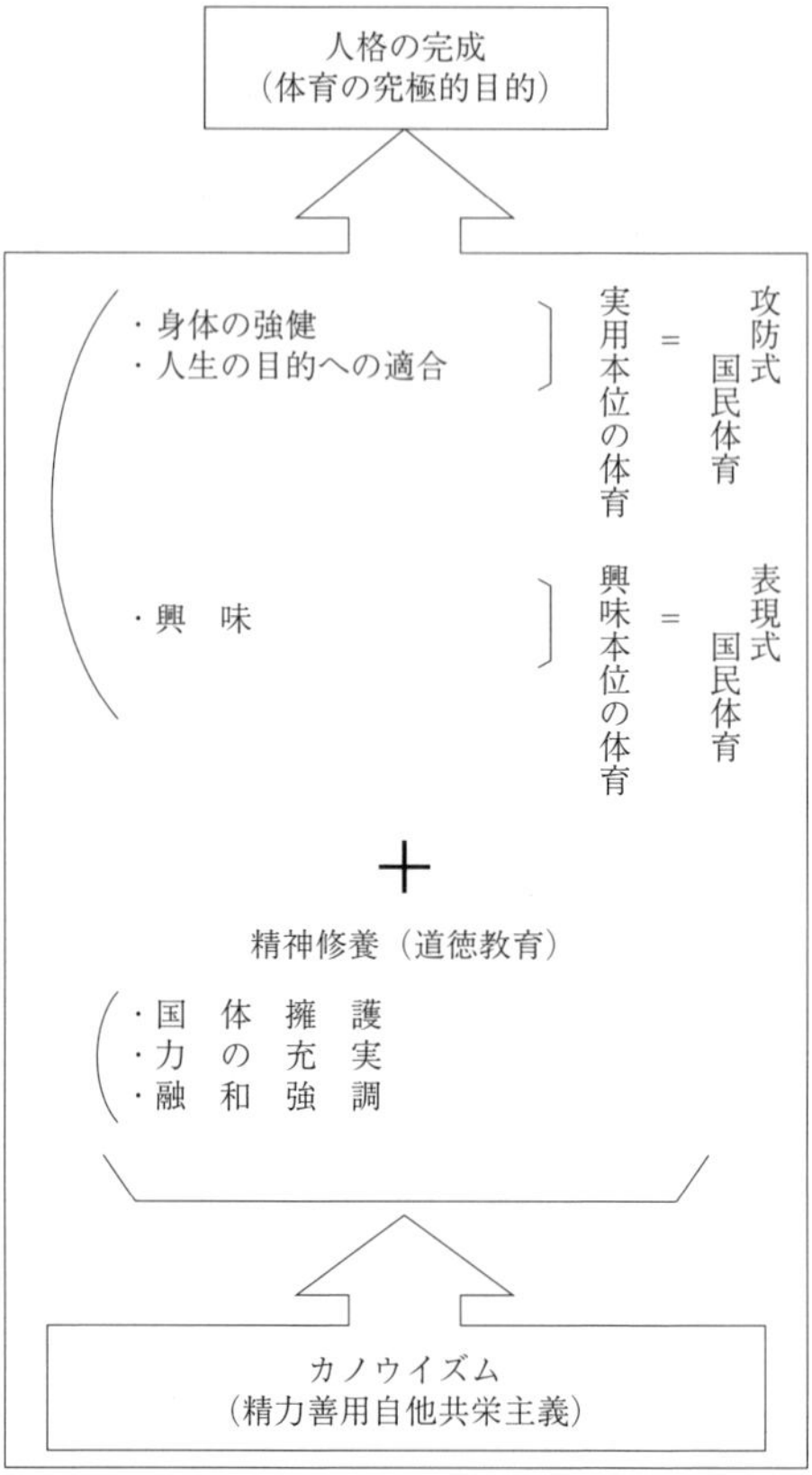

を具備して組織したものがよいという。というのも、危害に遭遇して、自らの安全を保持して全うすることが何よりも必要であるからである。もちろん「柔道」が生んだ体育は、体育そのものが目的であって（つまり「身体の強健、人生の目的への適合」を可能にさせることが目的である――筆者注）、あくまで方法として、運動の種類を攻撃・防御のなかから選択しただけであることを確認しておくことが必要で、したがって嘉納は攻撃・防御のなかから運動材を選択した、この実用の体育を「攻防式又は武術式国民体育」と名付ける。

他方、興味本位の体育は、運動の材料を能や舞踊と同様に、観念、思想、感情、物の運動などから取り、これらを体育の理想に適うように組み合わせたもので、「表現式国民体育」と命名してもよいという。実際には、『精力善用国民体育』では、表現式国民体育の具体は一切述べられておらず、講道館柔道の「五の形」のうち、後の三つが嘉納がイメージする、思想を表現した表現式国民体育に近いものであることが示唆されているだけである[12]。

ここでは『精力善用国民体育』における嘉納の体育に対する考えについてみてきたが、嘉納がいう「理想的な体育」や「理想的な体育の目的」と実際に嘉納が提案する精力善用国民体育（攻防式国民体育）の具体的動作や形との間には、「高邁な理想」と「平凡な現実」とでもいわざるを得ないある種のギャップや断絶があると感じるのは筆者ひとりではあるまい。というのも、嘉納が理想とする体育における高邁な理念に比して、実際に提案された動作や形は柔道や柔術の形を決して超えるものではなく、実際の危険場面に遭遇しても必ずしもそれらが実用的とも、また身体形成にも有効とは思えないからである。

ただし、嘉納が切迫する時局を前に、柔道の技術や理念、思想を包摂した精力善用自他共栄主義、つまりは嘉納の哲学（いわゆるカノウイズム）（友添 二〇一一：三〇―三一）に則り、「多数の国民をして実行せしむることが可能であると信ずる」（講道館監修 一九八八d：一一〇）国民体育を創造しようとした熱意は十分に理解できる。

ところで嘉納は、『精力善用国民体育』で、体育は身体形成に留まるものではなく、「大なる道」と結び付けて精神教育（道徳教育）と関連して施すことが肝要であると指摘する。そして「英国」で「体育を道徳的訓練と結び附けて、運動場において訓育」していると例をあげているが、ここでは明らかにイギリスのパブリックスクールにおいて展開されたいわゆるアスレティシズム（主に集団スポーツを利用した人格陶冶教育）を念頭においているのであろう。ここには、体育と「競技運動」との混同がみられるが、『精力善用国民体育』の公刊後、嘉納は体育が精神修養と一体となって行われるべきものであると次のように述べる。

今日はいずれの国においても体育といえば、ただ身体をよくするのみならず、精神の修行をも兼ねたものと考えられている。体育の種類によっては、歴史的にいろいろの精神修養がそれに伴って行われている。しかしどういう意味の精神修養が一番大切であるかといえば、その国の現状に照らして最も必要なる結果を齎す精神修養でなければならぬ。我が国においていうてみるとそれは何であろうか。第一、国民の結束の基礎である皇室尊崇国体擁護ということである。第二、個人の力や国家の力を充実するということである。第三、無用の争いに力を消耗することを避けて、人々相互に融和強調するということである。

（『中等教育』（第六九号、昭和六年三月）、引用元は講道館監修（一九八八d：六四―六五））

ここには身体形成が行われるまさにその場で、身体形成とともに国体擁護、力の充実、融和協調という「体育によって植えつけられる三大精神」（講道館監修　一九八八d：五七）が個人の内に陶冶されていくという嘉納の体育概念の構造がみてとれる。

以上、ここでみたように、『精力善用国民体育』における嘉納の体育概念は、嘉納が提示した攻防や表現に求められる形や動作を通して、各自の身体形成とそれぞれの人生の目的への適合を目指しつつ、同時に国体擁護、力の充実、融和協調という当時の深刻化する時局が求める三大精神を涵養し、究極的には人格の完成を目指すというまさに教育的営為ということができる。

七　嘉納の体育の可能性と限界

嘉納は、精力善用国民体育の考案に際して、外国でも英国人の競技運動（いわゆる「スポーツ」――筆者注）が英国人の精神訓練を行い、ドイツ人はドイツ風の体育でドイツ魂を養い、ボヘミア人はボヘミア特有のソコール運動（一九世紀にチェコスロバキアで起こった愛国的国民体育運動――筆者注）でボヘミア魂を養っているので、国民精神を養うには外国の真似をした体育ではなく、日本人は日本に生まれた体育をやらなければならないと警鐘を発している（講道館監修　一九八八d：二七八）。

先にみた三大精神のうちの国体擁護、力の充実、さらに先述の自国の体育の考案への強い意志は、戦争へと走り出した時局を前に、あの嘉納でさえもが明治、大正のどの時代よりもナショナリスティックに変わりつつあることを彼が書き遺したさまざまな論考の文面から感じざるを得ない。だが、それは机上のペダンチックな議論を嫌い、どこまでもプラグマチックな生き方を貫いた嘉納だからこそ、『精力善用国民体育』では時代の要求というナショナリズムがより強くその底流に伏在することにもなったのであろう。そういう意味では、嘉納の体育概念の根幹を考察する場合には、この点を差し引いて考えておくことも必要であろうと思われる。

さて、嘉納の体育概念は、本章でみたように、嘉納の活動の初期から晩年に至るまで一貫して、身体形成と人格陶冶の両契機がパラレルで布置され、その根幹には精力善用自他共栄主義というカノウイズムが一貫して存在した、すぐれて教育的な営為であった。この点では嘉納が生きた時代の体育論と比べて、理論的にも方法的にも、高いオリジナリティがあったといえる。しかしながら、競技運動を文化として捉え、競技運動そのものの追求やその喜びを享受すべきという、いわゆる「スポーツそれ自体の教育」という発想はなかったと考えられる。そういう意味では嘉納の体育概念も時代の制約を受けていたともいえる。

嘉納は、一九二一（大正一〇）年、大日本体育協会の会長を岸清一に譲り、名誉会長に就く。岸会長逝去後には、協会改組の大きな烽火が競技団体からあがり、協会の名称も体育が目的ではなく競技が目的なのだから、「体育協会」の名称を改めて「競技連合」とすべきであるという主張が大きな勢いを得たという。その時嘉納は、名称の変更を含んで改革を決定する最後の理事会に急遽出席し、次のように競技連合に改める案に反対し一喝したと記録が残されている。

自分が体協を組織したのは、どこまでも国民体育を目的としたものである。今、諸君が競技連合に改めたいというならよろしい。自分は別に体育協会を組織する。

（嘉納先生伝記編纂会 一九六四：五九六）

一九一一（明治四四）年に嘉納によって創立された大日本体育協会の創立時の規約の第二条には、「本會ハ日本國民の體育ヲ奨勵スルヲ以テ目的トス」と明記されている（大日本體育協會 一九八三：一九）。大日本体育協会の規約は体育観をめぐって嘉納と対立した東京高師教授の永井道明の原案に最終的に嘉納が手を加えて制定されたものであるが、本章でみたように体育を重要な教育的営みと捉え、体育を通して人格的完成を得た強い個人こそが「無用の争いに力を消耗することを避けて、人々相互に融和協調する」国家や世界を創ると考えた嘉納にとっては、この名称の変更は決して譲ることができないことであったに違いない。本章でみたように嘉納は、「体育」に「体操」や「競技運動」とは異なって、そして晩年には自らが創案した「柔道」以上にはるかに重要な意味を付託し、国民全体の、かつ国民個々人の人格の完成を期すきわめて重要な教育的営為と考えていたということができる。

注

（1）本章では、『嘉納治五郎大系』（講道館監修、本の友社、一九八八年刊行）を『大系』と略記する場合がある。なお、『嘉納治五郎大系』の各巻のタイトルについては注（5）を参照されたい。

（2）先行研究が示すように、明治時代以前の日本には体育という表現も、体育という表現を必要とするいわゆる体育的基盤もなかったという。ようやく明治初年代になって、欧化主義政策によって軍隊と学校において健康を目的に、その手段として体操と衛生を採用したことによって、体育的な基盤が整備された。またこの時期、スペンサー（Herbert Spencer, 1820-1903）の進化論を社会に適用して構想した社会進化論（Social Darwinism）の日本への浸透とともに、いわゆる彼の「教育論」によって知育、徳育、体育の三育思想が日本に紹介され、“physical education”の概念が導入されることになった。当初、“physical education”は「身体に関する教育」「身体（の）教育」と訳されたが、またそれらを略して「身教」「育体」の表現もあったというが、一八七六（明治九）年の文部省雑誌第六号に掲載された近藤鎮三の「独逸教育論抄」の翻訳のなかで、「体育」という言葉がはじめて使用され、これ以降体育という用語が身体のための教育、つまり身体教育の概念を示す用語として定着していくことになる。友添（二〇〇九：四三）、木下（一九七一）参照。

（3）嘉納の体育の概念を直接研究の対象に据えたものではないが、嘉納の体育について言及している文献には、濱口（一九九一）、東（一九九七）、志々田（一九八六）がある。

なお、嘉納の「体育」について言及したものではないが、明治期の体育概念の混乱状況を大日本体育協会の名称を例に示したものには新保（一九八六）の研究がある。

（4）一般にわが国の体育の理念的変遷は、近代国民国家の成立とともに体操を主要教材として体育が公教育として開始された一九世紀後半の「身体の教育（education of physical）」から、スポーツやさまざまな運動が体育の主要教材として体操にとって代わり、体育が一般教育の目標達成の方法と考えられた「スポーツ〈あるいは運動〉による教育（education through sports〈or movement〉）」、さらに一九七〇年代以降の産業社会から脱産業社会への移行とともに、スポーツが市民権を得るなかで「スポーツ〈あるいは運動〉による教育」から「スポーツそれ自体の教育（education in sports）」へと変わってきたと捉えられる。ただし、これらの枠組みは単線的に発展、推移してきたものではなく、それぞれの時代においても並行的に影響関係にありながら存在していると考えられる。詳しくは友添（二〇一一：一一―二六）を参照されたい。

（5）『嘉納治五郎大系』は、嘉納が生前書き遺した著作・論考を嘉納の没後五〇周年にあたる一九八八年に講道館が監修し、一四巻と別巻の試合記録にまとめ、「本の友社」から発行したものである。なお、各巻の収録タイトルは左記の通りである。

第一巻　講道館柔道
第二巻　柔道史　柔道修行　柔道試合と審判規定
第三巻　柔道実技
第四巻　人生論
第五巻　教育論Ⅰ
第六巻　教育論Ⅱ　国家と時代
第七巻　青年修養訓
第八巻　国民体育　国際オリンピック大会
第九巻　精力善用・自他共栄
第十巻　自伝・回顧
第十一巻　嘉納治五郎伝

第十二巻　写真集
第十三巻　年譜
第十四巻　資料・索引
別巻　柔道試合記録

（6）『柔道教本（上巻）』は、一九三一（昭和六）年に嘉納が当時の中学校一、二年生用の柔道の教科書として東京の三省堂から出版したものである。「諸言」に中学校三、四、五年生用を下巻とする旨書かれているが、下巻は出版されなかった。なお、『精力善用国民体育』が発刊される前の一九二八（昭和三）年に同じく講道館文化会から『攻防式国民体育』が出されているが、これが発展して『精力善用国民体育』となった。実は、この他にも嘉納の著作には次のものがあるとされているが、筆者が確認した限りでは現存していない。①嘉納治五郎『精力善用自他共栄』愛日教育会、一九二五年、②嘉納治五郎（述）速記原稿、「講道館柔道の眞意義」使命會、一九三八年。

（7）ハーバート・スペンサーの教育論の原題は *"Herbert Spencer（1860）Education : Intellectural, Moral and Physical"* である。明治一〇年代におけるスペンサーの教育論の訳書は以下のように刊行されている。

①ハルバルト・スペンセル／尺振八訳『教育論（斯氏）』一八八〇（明治一三）年四月発刊。なお、この訳書のなかで尺振八は知育・徳育・体育を「心智ノ教育」「品行ノ教育」「体躯ノ教育」と訳している。

②スペンサー／小田貴雄訳『教育論講義（斯辺鎖氏）上巻』真理書房、一八八五（明治一八年一月）発刊。なお、この訳書のなかで小田貴雄は知育・徳育・体育を「智育論」「徳育論」「体育論」と訳している。

なお、体操伝習所主幹を務め、日本の教育や音楽教育に貢献した伊沢修二は、一八八三（明治一六）年二月に丸善商会から『教育学』を刊行したが、同書は「知育」「徳育」「体育」の章から構成されている。

（8）本章では、『青年修養訓』のテキストとして、同文館から一九一一（明治四四）年一二月二八日に発行された『袖珍青年修養訓』と『大系』の第七巻の両方を参照したが、本章での引用は新字体表記の『体系』によった。

（9）本章では、『精力善用国民体育』のテキストとして、講道館文化会から一九三〇（昭和五）年八月一四日に発行された「講道館師範　嘉納治五郎講述」と表紙に記された原本と『大系』の第八巻（八八―一七二頁）に収録されたものの両方を参照した。原本では「精力善用国民体育図（一）」「精力善用国民体育図（二）」の写真図が別添されているが、『大系』では本文に組み込まれている。また原本には一九二五（大正一四）年一一月改正の柔道試合審判規程が別添されている。本章での引用は新字体表記の『大系』によった。

(10)　嘉納のなかで、本書で展開される国民体育の構想が練られたであろう大正末は、本書のなかでも述べられているが、原敬首相の東京駅頭での暗殺（一九二一年一一月）や安田財閥の祖、安田善次郎の暗殺（一九二一年九月）などがあった。また大正末から昭和初期は経済不況が襲い、多くの自殺者が出たという。このような「世態」を前にして嘉納は、『精力善用国民体育』の序で、「智識の進歩」に比べて、「徳育体育の後れ」が「世態」を悪くしている原因であると述べ、学者の倫理学説、宗教家の教え、伝統による徳教等の道徳は「今日の国民を指導するに十分の力」がないと断じる。そして人々に満足を与えることができる、誰も反対できない原理、すなわち精力善用自他共栄の根本原理に根ざした体育の徹底が必要であり、精力善用国民体育を考案したという。なお、原本の『精力善用国民体育』の目次と動作解説に入る前の内容（小見出し）は以下の通りである。ただし、目次と本書の構成は合致していない。なお、一九三二（昭和七）年に再版されたものには、雑誌『作興』から転載された吉田章信（体育研究所技師）、大谷武一（東京高師教授）、村地長孝（医学博士）、岩原拓（文部省学校衛生官）（各氏の肩書は当時のもの）の各氏の『精力善用国民体育』に対する推奨文が載っている。

「内容（小見出し）」
体育とは何ぞ
競技運動
体育としての武術
理想的の体育
柔道の生んだ体育
実用本位の体育
興味本位の体育

「精力善用国民体育目次」
一、精力善用国民体育組織の動機
二、単独動作解説
三、相対動作図（第一類）
四、相対動作解説
附図　単独動作（第一類）（第二類）相対動作第二類

(11)　嘉納が遺した著述のなかでは「体操」に加えて「普通体操」という言葉が散見される。この講演録でも実際に用いられた言葉は「普通体操」である。周知のように、一八七八（明治一一）年に開校した体操伝習所にアメリカ人のG・E・リーランドによって紹介された軽体操が発展し、普通体操と呼ばれるようになった。元来、普通体操は血行を促進したり、身体の滋養に効果があるとされたが、国家主義の影響を受けながら号令による形式的なものになっていった。明治三〇年代の中半には、スウェーデン体操が移入され大きな影響をもつようになったことから、一九〇四（明治三七）年の体操遊戯調査会での審議を経て、普通体操に代わってスウェーデン体操が学校に採用されることとなった。このころから普通体操に代わって体操という言葉が用いられるようになり、嘉納の一連の著述も体操が用いられるようになった。嘉納は身体形成という点で、一貫して普通体操並びに体操には批判的であった。井上一男（一九七〇：六五―八二）、清水（一九九六）を参照。

(12)　嘉納は雑誌「中等教育」（第六八号、昭和五年七月）で、表現式国民体育を「思想感情天地間の物の運動を、四肢・体軀・頸等の運動で表現して自然精神の作興と徳性の涵養とを兼ねて身体を鍛錬する方法」であると『精力善用国民体育』の出版と同時期に述べ、さらに「表現式の方は目下考案中であって、いまだ書物として世に公にするまでに研究が進んでいないが、これもそのうち発表するつもりである」と記すが、結局、表現式国民体育は公にされることはなかった（講道館監修　一九八八d：二八二）。

参考文献

東憲一（一九九七）「臨時教育会議にみる嘉納治五郎の体育思想」『東京外国語大学論集』五四、一二三―一三五頁。

大日本體育協會（一九八三）『大日本體育協會史　上巻　復刻』第一書房（昭和一一年初版、昭和五八年復刻）。

濱口義信（一九九一）「嘉納治五郎における柔道と体育・スポーツの概念についての分析的研究」『同志社女子大学学術研究年報』四二（三）、四四五―四五八頁。

井口あくりほか（一九一〇）『改訂　体育の理論及実際　全』国光印刷。

井上一男（一九七〇）『学校体育制度史　増補版』大修館書店。

嘉納先生伝記編纂会（一九六四）『嘉納治五郎』講道館。

嘉納治五郎（一九一一）『袖珍　青年修養訓』同文館。

嘉納治五郎（一九三〇）『精力善用国民体育』講道館文化会。

嘉納治五郎（一九三一）『柔道教本（上巻）』三省堂。

講道館監修（一九八八a）『嘉納治五郎大系第二巻　柔道史　柔道修行　柔道試合と審判規定』本の友社。

講道館監修（一九八八b）『嘉納治五郎大系第五巻　教育論I』本の友社。

講道館監修（一九八八c）『嘉納治五郎大系第七巻　青年修養訓』本の友社。

講道館監修（一九八八d）『嘉納治五郎大系第八巻　国民体育　国際オリンピック大会』本の友社。

講道館監修（一九八八e）『嘉納治五郎大系第十巻　自伝・回顧』本の友社。

木下秀明（一九七一）『日本体育史研究序説――明治期における「体育」の概念形成に関する史的研究』不昧堂出版。

大滝忠夫編（一九七二）『嘉納治五郎　私の生涯と柔道』新人物往来社。

清水諭（一九九六）「体操する身体――誰がモデルとなる身体を作ったのか／永井道明と嘉納治五郎の身体の格闘」『年報筑波社会科学』第八号、一一九―一五〇頁。

新保淳（一九八六）「明治期における「体育」概念の研究――類似概念との混乱の原因について」『静岡大学教育学部研究報告』三七、一九―二七頁。

志々田文明（一九八六）「嘉納治五郎のスポーツ観」体育原理専門分科会編『スポーツの概念』不昧堂出版、九三―九七頁。

スペンサー／三笠乙彦訳（一九六九）『知育・徳育・体育論』明治図書。

友添秀則（二〇〇一）「武道論――嘉納治五郎の柔道とは何だったのか」杉本厚夫編『体育教育を学ぶ人のために』世界思想社、二二四―二四四頁。

友添秀則編（二〇〇八）『スポーツのいまを考える』創文企画。

友添秀則（二〇〇九）『体育の人間形成論』大修館書店。

友添秀則（二〇一一）「学校カリキュラムにおける体育領域の位置と役割」日本体育科教育学会編『体育科教育学の現在』創文企画。

渡辺一郎編（一九七一）『史料　明治武道史』新人物往来社。

第Ⅲ部　嘉納治五郎の柔道思想とその実践

第6章　〝柔道〟と〝スポーツ〟の相克

――嘉納が求めた武術性という課題――

永木　耕介

一　嘉納はなぜ武術性にこだわったのか

近年、嘉納治五郎（以下、「嘉納」と略す）が、柔道の有する「武術的特性」（以下、「武術性」と略す）にかなり執着していたという指摘が複数の文献でなされている（丸島 二〇〇六、永木 二〇〇六・二〇〇八・二〇〇九、増田 二〇一一、村田ほか 二〇一一aなど）。

なかでも丸島は、晩年の嘉納は「スポーツ柔道」を指して、「これはわたしのめざした柔道ではない」といって嘆いていたという。丸島のいう「スポーツ柔道」とは、競技ルールに限定された柔道のことであり、一方で純粋な格闘術としてルールに縛られない柔道を「武術柔道」と呼んでいる(1)。

さらに丸島は、柔道がいつからスポーツ化していったのかについて、一九二一（大正一〇）年三月に日本で行われた講道館員数名対アメリカのプロレスラー・サンテルらとの試合（これを俗に「サンテル事件」と呼ぶ）が、大きなターニングポイントになったと考察する。その試合をきっかけとしてその後、講道館では柔道対異種格闘技の試合（つまり他流試合）は禁じられ、ルールに縛られた柔道対柔道の試合（すなわちスポーツ柔道）が促進されていったという。とくに筆者にとって興味深いのは、嘉納自身が当初、サンテルらとの試合を「黙許」していたという点である。丸島によれば、「嘉納本人としては柔道が世界に通用する格闘技であることを示したかった」が、「嘉納は、自らの意志とは別に講道館における秩序を優先した」結果、「嘉納が折れ」て、試合出場者ら関係した講道館員に厳しい処分を与えることになったという（丸島 二〇〇六：一八六―一八七）。

サンテル事件そのものが柔道のスポーツ化にどれくらい影響を与えたのかは別にしても、とくに大正期後半以降、嘉納の意に反して柔道の競技化・スポーツ化が促進されていったという点は確かであるとみられる。(2) 従来では「嘉納が柔道をスポーツ化した」というのが定説であったが、それは正確な言い方ではなく、「嘉納は柔道を普及させるために、一部を競技化した（にすぎない）」というのが本当のところといえるのではないか。

ここで、次のような問いが生じる。では、なぜ、嘉納は柔道の全面的な競技化・スポーツ化を容認しなかったのか。本章でも触れるが、大正期以降、学生の大会試合も盛んになって競技化はますます進行し、昭和期に入っては全日本選士権大会が開催されるまでに至っていたにもかかわらず、である。そしてその裏返しとして、嘉納がなぜ「柔道の武術性」（丸島のいう「武術柔道」）に執着したのか、という問いも成り立つ。

本章では、この問いに対して、一つの仮説を立てたいと考える。その仮説とは、柔道の海外普及にその大きな要因があるのではないか、というものである。それは、これまでの一連の研究から筆者が独自に立ち上げてきた仮説であるが（永木 二〇〇六・二〇〇八・二〇〇九・二〇一一）、先に引いた丸島（二〇〇六）も、海外普及を視野に収めながら柔道がスポーツ化する過程を捉えようとしている点で共通している。

筆者が「海外普及が要因である」と仮説する理由をあらかじめ簡潔に述べておこう。一つは、嘉納が柔道に抱いていた「実用主義」による。明治後期以降、柔道が本格的に海外へ普及していくなかで、レスリングやボクシングなど、異種格闘技との新たな闘い（あるいは交流というべきか）が始まり、嘉納は〝より強い柔道〟を求めていく。柔道の格闘技としての実用性、すなわち武術性が課題となったのである。その点については、柔道に先行して欧米に伝播していた「柔術（Jujutsu）」が各地で異種格闘技との闘いを繰り広げていたことも、嘉納の視界には入っていた。筆者がイギリスやドイツの事例によってすでに明らかにしたように（永木 二〇一一など）、嘉納は海外に流行していた柔術を自然に吸収しながら柔道を普及させていった。

二つ目は、「民族文化（ethnic culture）としての柔道」が追求されたことによる。とくに多くの日本人が移住したアメリカでは、「柔道」が日本人としてのアイデンティティの一部と化していた。嘉納はそのような情況を理解していたため、スポーツとイコールの柔道ではなく、スポーツとの文化的差異が明らかで、かつスポーツを凌駕する柔道の創造を求めたと考えられるのである。

本章では、以上の点について考察を深めたい。手続きは、まず国内に残された文献史料を中心に、嘉納が柔道にどの程度「武術性」を求めたのかについて概観する。次いで、筆者が二〇一〇年に独自に調査したアメリカ・ハワイにおける柔道普及の事例を取り上げ、「武術性の重視」「民族文化としての柔道の創造」という点に具体的にアプローチする。

これらを通して、嘉納が「柔道」に何を求めていたのか、その一端を明らかにするとともに、とくに今日の体育状況に還元できる新たな視点を模索したい。

二 「武術性」の重視

（1） 著述文献の分析

嘉納は、講道館を始めた比較的早い時期から、柔道の「教育上ノ価値」を「体育法、勝負法、修心法」の三側面から説いている（嘉納 一八八九：八九）[3]。ごく簡単にいえば、「体育法」とは、柔道によって身体の強化と調和的な発達を促すことであり、「修心法」とは、柔道によって智・徳およびそれらを社会生活全般へ応用する力を養うことである。そして「勝負法」とは、相手を殺傷捕捉して制圧するための練習法のことであり、「柔術ノ元来ノ目的

図6－1　嘉納による柔道の教育的価値

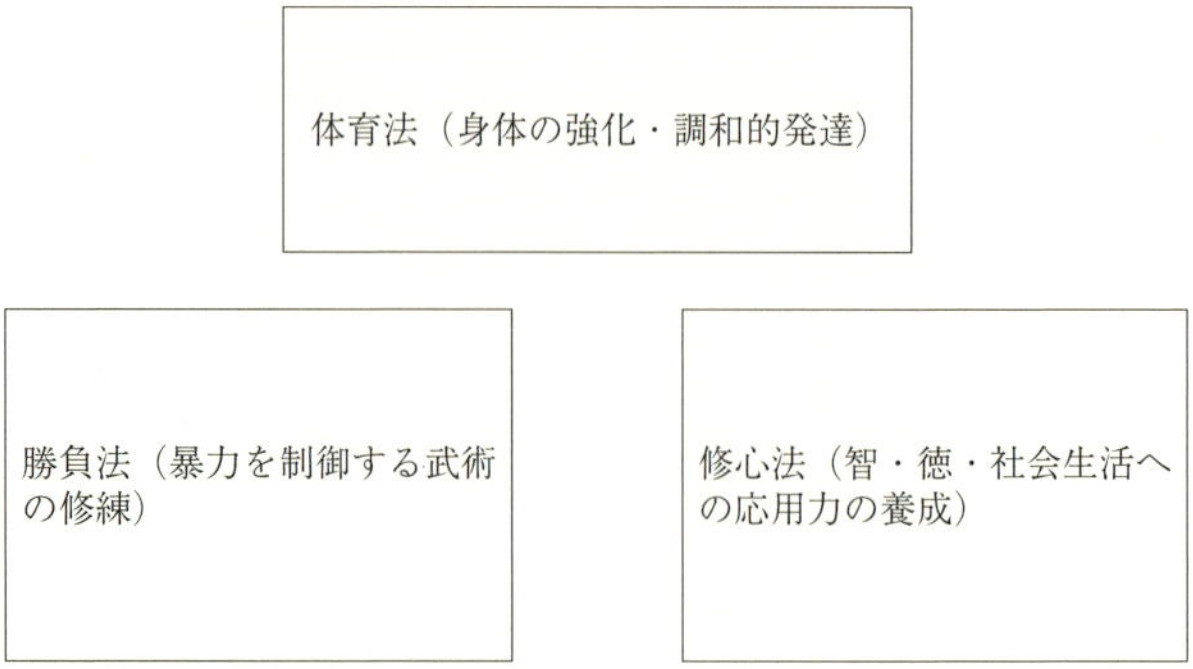

出所：筆者作成。

図6－2　『大系』の1テーマにおける「武術，体育，徳育の重要性」カテゴリーの出現数

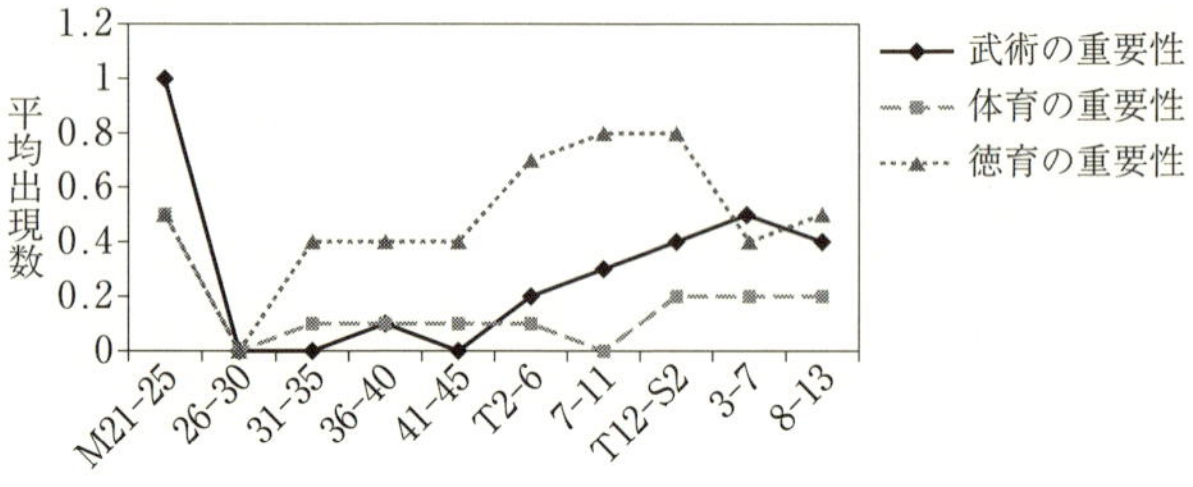

注：M：明治，T：大正，S：昭和
出所：永木（2008：65）。

ハ勝負ノ法ヲ練習スルコト」（嘉納一八八九：八二）と嘉納が述べているように、それは嘉納が学生時代に修行した江戸期来の武術である柔術が「目的」とするところでもあった。確認しておけば、ルール無限定の場で生じる暴力に対してそれを制御する術が「武術」であり、したがって「勝負法」はルールによって安全が図られた場における「勝ち負け」を意味していない。前身の柔術が純粋な武術であったがゆえに、柔道に武術練習法としての「勝負法」が価値づけられるのは当然といえる。そして、先述した丸島のいう「武術柔道」もこの点に立脚した概念である（図6－1参照）。

　では、嘉納がどの程度、柔道における「武術性」を重視していたのかについて、国内に遺された史料から全体的傾向をみておく。図6－2は、嘉納による生涯にわたる著述文献の多くを収録した『嘉納治五郎大系』（講道館監修一九八八、以下、『大系』と略記）について、先述の「教育上ノ価値」にもとづく「体育、武術（勝負）、徳育」の観点から「内容分析[4]」を施した結果である。それによれば、嘉納が発表した一テーマ・演題内の一パラグラフにおける

「武術の重要性」（武術の重要性が柔道との関わりにおいて文脈化されている箇所）の平均出現数は、全体的にみて「徳育の重要性」（徳育の重要性が柔道との関わりにおいて文脈化されている箇所）よりも少ないが、「体育の重要性」（体育の重要性が柔道との関わりにおいて文脈化されている箇所）よりも多く析出される傾向にある。このことから、柔道における武術としての価値づけは比較的重視されたものであり、しかもそれは大正期に入って以降、右肩上がりに強まっていることがわかる。

もともと嘉納が柔術（はじめ天神真楊流、のち起倒流）を習い始めようとした動機には、「当時少年の間では、とかく強いものが跋扈《ばっこ》して、弱いものは常にその下風に立たなければならない勢いであった（中略）、しかるに開成学校にいっては、諸藩の貢進生時代からの連中が多数集まっているので、ますます腕力の必要を感じた」（嘉納 一九二七a、『大系』十：二―四。傍点は筆者）と述べているように、単純に「強くなりたい」という欲求によるものであった。また、柔道の技術体系が出来上がった明治後期以降にも、「政治家などはもちろん、他の人々も、ずいぶん暴漢のために襲われる事がある。それに世にはずいぶん人違いで、危害を加えられる事がある。その時柔道を知っていれば、どのくらい心強いかしれない」（嘉納 一八九九、『大系』二：三〇六―三〇八）と述べているように、不当な「暴力」に対応し、己の身を守る「護身術」が必要であると唱えている。

（2）海外普及

それにしても、図6-2に示したように、「武術性」重視の傾向が大正期から強まっていくのはなぜであろうか。この点については、先述のように「海外普及が大きな要因である」と考えられるのであるが、まず、海外における柔道の普及と嘉納の外遊について確認しておこう。一八八九（明治二二）年九月から約一年半、嘉納は欧州に初めて外遊する。これまで国内の文献では、この訪欧の際に、各国各地に嘉納が柔道を伝えたといわれてきた。だが、訪問先のフランス、ドイツ、イギリス等で公《おおやけ》に柔道の宣伝を行った形跡は今のところ見出されていない。当時二九―三〇歳という若き嘉納は、目新しい西洋事情を吸収することで精一杯だったのかもしれない。外遊の際に、嘉納が本格的に柔道の宣伝・普及を行うのは、大正期に入ってからである。というのは、一九〇九年に嘉納は国際オリンピック（IOC）委員に就任し、一九一二年の第五回オリンピック・ストックホルム大会に初めて選手を連れて参加する。その後から、IOCの諸会議や大会への参加活動に従事するようになり、その途中に各国各地で柔道の宣伝を行っていくのである。

もっとも、講道館のメンバーはそれよりも早く、明治後期から徐々に世界へ出向いている。たとえば日露戦争（一九〇四―〇五）の最中、高弟・山下義韶《よしつぐ》がアメリカでセオドア・ルーズベルト大統領に柔道を教えたのは有名である。また、同じく高弟の一人、富田常次郎も前田光世を伴って一九〇四年末からアメリカに渡っている。その後、イギリスを経て南米に行き着いた前田は、数多《あまた》の異種格闘技戦における不敗伝説を誇り、彼の柔道が今日世界に知られるブラジリアン柔術の源となった。さらに、講道館のメンバーによるよりも早く、一九〇〇年代初めから、欧米各地に〝柔術（Jujutsu）〟が流行し始めていた。その伝播は、柔術の専門家はもとより、実業家、商社員、外交官、留学生等のさまざまな日本人、あるいは日本で柔術を学んだ外国人によってもたらされたものであった(5)。したがって一口に柔術といっても多様で、統一されたものではなかった。柔術が欧米各地に流行した理由には、現地のレスラーやボクサーとの異種格闘技戦を制し、優れた格闘技であることを証明していった事実があるが、背景的要因をいえば、小国の日本が日清戦争に勝利し、続いて日露戦争にも勝利したことが大きかった。柔術がもつ独特の戦法である「小よく大を制す／柔よく剛を制す」が、戦争においても発揮されたかのようにイメージされたのである。そのように外国人が柔術に対して抱くイメージは、当然、その後の柔道の海外普及にとっても追い風となった。

嘉納は先行して広がっていた柔術（Jujutsu）をうまく活かしながら柔道を普及させていった。筆者はすでに、イギリスとドイツの事例を取りあげ、日本国内での嘉納による「柔術のスタンダード化」が、ヨーロッパにおける柔道普及の一要因であったことを示した（永木 二〇一二）。つまり、種々バラバラであった「柔術」を一定の教授形式に則って標準化し、さらに教育思想によって意義づけたことが功を奏したといえる。これによって、国内のみならず海外に存した柔術家も次第に「柔術から柔道」への転換を容認していった。その点は、後述するハワイの事例もまた同様である。

（3）大正期以降における国内の動向

ここで、大正期以降「武術性」の重視という点に関する嘉納の国内における動きをみておこう。

① 古武術の検討

まず、大正末期頃から、嘉納は講道館内に「武術の研究所」を設立しようと企図し始める。一九二七（昭和二）年、嘉納は「講道館の使命について」と題して次のように述べている。

> 講道館は武術として見たる柔道に対して（中略）、先ず権威ある研究機関を作ってまず我が国固有の武術を研究し、又広く海外の武術も及ぶ限り調査して、最も進んだ武術を作り上げ、それを広く我が国民に教うることは勿論、諸外国の人にも教える積りである。（嘉納 一九二七b：三。傍点は筆者）

このように、「我が国固有の武術を研究し」、「最も進んだ武術を作り上げ」て「諸外国の人にも教える」ことが武術研究所設立の目的であった（ただし、正式な組織としての設立には至らなかった）。ここにも、柔道における武術性の重視が「海外普及」というねらいと関係していることがうかがえる。だが、なぜこの時期に「我が国固有の武術」を再考しようという思いが生じたのだろうか。

すでに明治期において柔道は全国で数十万人の修行者があり、一九一一（明治四四）年には学校正科への採用を果たすなど、国内における普及には成功していたはずである。また、「我が国固有の武術」というが、嘉納は若い頃、自らが修業した柔術について相当熱心に研究しており、今さらながらの感がある。[6]

にもかかわらず、国内で嘉納に刺激を与えたと思われる出来事は、琉球唐手および大東流合気柔術との出会いである（そして、海外ではレスリングやボクシングの存在、となるがその点は後述する）。

一九二二（大正一一）年、講道館において琉球（沖縄）から来た富名腰（船越）義珍らが唐手（後の空手道）の演武を催した。その後、一九二六（大正一五）年には嘉納自らが那覇へ出向き、他の唐手流派も合わせて観察している。後にも触れるように、嘉納は以前から柔道の「形《かた》」において当身技を重視しており、その点で唐手にも大いに関心を寄せたのであろう。たとえば、一九二四（大正一三）年頃にまとめられ、一九二七（昭和二）年に発表された「（攻防式）精力善用国民体育」という形では、「第一類」が単独（一人）動作、「第二類」が相対（二人）動作から成っているが、「第一類」はすべてが当身技で構成されており、そこでの当身技には唐手の技術に類似したものが含まれている。「乱取の稽古を幾らやっても、当身は上手にならぬ。（中略）それでは、武術としての価値は、十分に認められなくなる。よって不断に攻防式（＝精力善用国民体育――筆者注）の形を練習して、そういう欠陥を救うように心掛けるがよい」（嘉納 一九三〇ａ：四）と嘉納が述べているように、「精力善用国民体育」の形ではとくに当身技の上達を望んでいる。

そしてこの「精力善用国民体育」の形こそ、嘉納が長年に及んで追求し続けた理想の柔道の形《かたち》であり、競技化・スポーツ化路線とは異なるものであった。この形は、「いつでも、どこでも、誰でも」ができることを期したまさしく大衆のための身体運動であり、後述のハワイの事例でも触れるように、海外への普及も企図された。

さらに嘉納は、一九三〇（昭和五）年に大東流合気柔術へ接近している。講道館の修行者でもあった富木謙治や竹下勇が以前から植芝盛平の率いる当柔術を習っており、それらの縁で、嘉納は植芝の技を直接観ることになる。その技に感銘を受けた嘉納は、時を経ずして講道館から武田二郎と望月稔を当柔術道場へ派遣した。望月の述懐によれば、嘉納は講道館において古武術を収集して研究・伝承したいと述べ、「私が柔術を柔道に改めたように、柔道もまた、ある時代には大きく変化する秋《とき》が、きっとくるであろうと考えられる。そのときにあたって、この古伝武道の中に、必ず多くの参考になるものが発見されるにちがいないと確信するからである」（望月 一九七三、『柔道新聞』一九七三年二月一日付一面）と述べたという。

また嘉納は、一九二八（昭和三）年、香取神道流および棒術の研究にも着手しており、なかでも棒術の講道館への導入については、かなり積極的であった（嘉納 一九三五：二一―五）。しかしながら、「当分無手術に重きを置き、これに剣術と棒術とを加える所存である」（嘉納 一九二六：五。傍点は筆者）と述べ、やはり素手を中心とする武術（すなわち柔術）を優先している。

遡って、なぜ嘉納は数多《あまた》ある武術の中で柔術を選択し、修行したのか。それは、明治以後の武士という特権的な戦闘集団の崩壊した時代にあっては、「槍の稽古を致す必要も別段ございませず、剣術も従前ほどの入用もなくなって参りましたり致すところから柔道が一番適当であると申さねばなりませぬ」（嘉納 一八八九：九三）というのが理由である。つまり、刀を持たない日常では、素手による武術が最も実用的だからである。ここにも、嘉納の実用主義がみて取れる。

②「乱取・試合・形」と「武術性」

大日本武徳会・柔術部門において嘉納は、「柔術試合審判規程」（一八九九）、そして続く「柔術新形」（一九〇四）の制定で委員長を務め、それまで柔術諸派によってバラバラであった「乱取・試合における競技ルール」と「形」を統一しスタンダード化した。確認しておけば、「乱取」とは自由に技を掛け合う練習法であり、「形」とは定められた攻防パターンを反復する練習法であるが、それらはすでに江戸期の柔術において実践されていた。とくに嘉納の功績は、乱取および試合についても安全面に配慮してルールを確立していった点にあるといえる。

そして、試合が定期的に行われるようになり、ことに大正期以降、高等学校をはじめ各種学校間での対抗試合が盛んとなるが、一方で「競技」と「武術性」の相反関係が強く現れるようになる。

学校間対抗試合は、他の競技スポーツの試合（たとえば野球）と同様、「学校」の名誉を懸けたものであったため、「勝つこと」への執着が次第に増していく。すなわち、「勝利至上主義」の到来である。そこではさまざまな問題が生じていくのだが、「武術性」という観点から、嘉納は次のような警告を発していく。一つには、「立技《たちわざ》」を重視せよ、というものである。

たとえば、一九一八（大正七）年に行われた一高（東京第一高等学校）対二高（仙台第二高等学校）の試合で、二高が「寝技」を多用して勝利した。このことについて嘉納は、「若し立業《ママ》が出来ず、寝業《ママ》だけを練習して居たのなら、柔道の修行者として高い価値のないものと認めねばならぬ」（嘉納　一九一八：一二）と述べ、また、一九三一（昭和六）年に行われた初の全日本中等学校柔道選士権大会でも「寝勝負にのみ練習を積んだものが、投勝負を避けるため、無理に引込まうとするやうなことを許さぬ考えである」（嘉納　一九三一ａ：六）と、強まる「寝技重視」の傾向に対して厳しい警告を発するのである。「何故投に重きを置くかというに、（中略）抑業《ママ》や絞業《ママ》などのみを修行して居ては、多人数を一時に対手にするやうな時には、間に合わぬ」というように、実際の真剣勝負で想定される対手の人数は無制限であり、そのためには立った状態から技を施すことが重要だというわけである。さらに、「当身技や危険な投技は、立っている姿勢からでなければ、十分に練習することが出来ぬ」（嘉納　一九二五、『大系』二：四三八）と述べているように、真剣勝負に効果のある当身技の練習のためにも「立った状態」を優先したのである。

学校間対抗試合で寝技が重視された理由は、はじめから寝た状態でいれば投げられることはなく、勝負を決するのに時間を要するため劣位者であっても「引き分け」に持ち込める可能性が高いということ、そして一般的に寝技（固技）は上達が早いからである。対抗試合は団体戦によるトータルの勝点で争われたために、個々人が負けないこと（すなわち失点しないこと）が大事だったわけである。このように、学生にとっての寝技重視は、定められたルールのもとでなんとか勝利したいという率直な思いから発せられた工夫であった。しかし嘉納は、「対校試合その時の勝ち負けが修行の真の目的でなく、真の目的は何時あることか分からぬが真剣に勝ち負けを決する必要の生ずることのある場合に不覚を取らぬためである」（嘉納 一九二二a：五―六）とし、一九二五（大正一四）年の「講道館乱取試合審判規程」の改訂において「立《たち》勝負」から試合を開始することを定めた。このように嘉納は、競技ルールについても「真剣勝負」の観点を失ってはならないとしたのである。

さらに技術的な問題として触れておかねばならないのは、競技の枠を超えて嘉納が重視していた「当身技」、およびその練習法としての「形」についてである。

すでに一八八九（明治二二）年の「柔道一斑並ニ其教育上ノ価値」と題する講演において、当身技については「実際の勝負に効験《ききめ》のある手は不断は危険で出来ませず、（中略）勝負法は専ら形によりて練習致さねば成りませぬ」（嘉納 一八八九：九一）と、その危険性ゆえに乱取から除外し、形で練習するものとしている。そして、晩年の一九三七（昭和一二）年にも、「武術として見れば、形を一層必要とする理由がある。（中略）当方から対手に当身を以て攻撃しようと思うても、平素形の練習でしばしば繰返して練習しておらぬと、その当身は利くものではない」（嘉納 一九三七：二。傍点は筆者）と、当身技練習のための「形の重要性」を強調している。また、乱取の際に偏った防御姿勢がみられるようになった傾向について、「乱取の練習は一面真剣勝負の練習であるということを忘れているからである。（中略）平素の乱取の練習の際、当身を用いることは、危険であるから、しないだけで、本来は、何時でも対手が当身で攻撃して来るということを予想して、練習しなければならぬ。さういう考慮の足りぬことが、今日の間違いの本である」（嘉納 一九三六：四）と述べている。つまり、当身技を形で練習せよ、というだけでなく、乱取においても当身技を想定して練習すべし、というわけである。

このように、早い時期から晩年に至るまで嘉納は当身技を重視し続けた。その理由は、「危険な技」であるが故に「武術として価値ある技」であったからに他ならないであろう。

以上のことから、嘉納が考える「乱取・試合・形」は、すべてが真剣勝負（ルール無用のフリーファイト）のための「練習法」であったことがわかる。したがって、それら練習法の区別は決して厳密なものではなく、「試合」も練習の内であるため、そこでの勝敗という結果はさほど重大なものにはならない。だが、学生にとって学校の名誉を懸けた大会試合は「勝敗はどうでもよい」というわけにはいかなかった。学生はもちろん指導者も、勝ちたい一心からルール内での戦略を立てることになり、その結果が「寝技」重視であった。たとえば当時の学生エリート達の間で競われた「高専柔道大会」では、先述の「立勝負《たち》」から試合を開始することを定めた一九二五（大正一四）年の講道館乱取試合審判規程の改訂後もそれに従わず、寝技から始めてもよいルールを存続させたのであった。

これらの相違は基本的に、丸島の概念を用いるならば、「スポーツ柔道」と「武術柔道」のどちらを優先するかという問題から生じている。柔道界ではすでに大正期にこのような柔道観のズレが起こっていたのであり、葛藤状態にあったともいえる。だが、嘉納の柔道観は大きくブレることなく彼自身の理想を追求していくのである。

三　アメリカ・ハワイの事例

ここではアメリカ・ハワイにおける柔道普及を取りあげることで、[7]嘉納が「武術性」を重視し、〝スポーツ〟ではない〝民族文化としての柔道〟の確立を目指していた点にアプローチしたい。

（1）ハワイにおける柔道の起こり

先述のように、嘉納が外遊の際に本格的な柔道の宣伝を行うのは大正期に入ってからであり、その点では、一九一二（七月より大正元）年の第五回オリンピック・ストックホルム大会の後に立ち寄った、アメリカ本土およびハワイが最も早い伝播先となる。

ハワイは、明治以降、かなりの数の日本人が移住し、プランテーション（主に砂糖栽培の労働）に従事した。日本人移民数をみると、一八六八（明治元）年に元年者と呼ばれる一四九人が来布（ハワイの漢字名は「布哇」なので、ハワイに来ることを来布という)。一八八五年に第一回目の官約移民が九四五人、一八九四年に官約移民が禁止されるまでに男性二万三三四〇人、女性五七七九人が来布。一八九九年にアメリカがハワイを併合し、一九〇〇年までの間に私約移民の男女四万一〇〇〇人が来布。一九二四年に排日移民法が成立した後は、日本からの移民は途絶え、日系アメリカ人として在留していくこととなる。

表6-1は、ハワイの柔道普及に関する主な出来事である。そこに示されるように、一九一三年二月―三月に嘉納はアメリカ本土を経てハワイに立ち寄り、日本人移民が営んでいた柔術道場をいくつか訪問している。そのうち、後々まで有名になる「尚武館」と「春揚館」は嘉納が名付けた道場であるという(L. Migita eds. 2008)。筆者が二〇一〇年に訪れたホノルル(Honolulu)のクナワイ(Kunawai)にある「尚武館」には、確かに嘉納によって「尚武館」と書かれた扁額が掲げてあった(図6-3)[8]。嘉納が書いたという証拠は、額の向かって左端の雅号「甲南」である。一方の「春揚館」はすでに存在していない。

ミギタ(Migita, L.)氏によれば、尚武館は一九〇八(明治四一)年に、岡山県からの移民であるミノ・カナジロウ(漢字名不明)とフカイ・カクジ(深井嘉久治)によって創設されたという。また、同年にハワイ全土で初の柔術大会が催され、北山弥次郎という人物が活躍し(図6-4)、彼がホノルルに残ってできたのが尚武館という説もある(浦田 一九六四)。そして、「北山氏は、郷里の岡山県で起倒流の免許皆伝を受け、来布したのであるが、後年北山氏の右腕として尚武館を盛り立てた深井カクジ《ママ》氏は、郷里を同じくし、その授与式に列した」(浦田 一九六四:五一二―五一八)とされている。

つまり、尚武館の創設に関わった北山、深井の両者はともに岡山県からの移民で、起倒流柔術の達人であった。起倒流は、江戸時代初期から存在する日本の祖流的な柔術であり、周知のように嘉納も修行した流派である。また、岡山県には江戸時代末まで、確かに「備中派」と呼ばれる起倒流の一派が存在している(綿谷ほか編 一九七八)。また、講道館に確認したところ、「深井嘉久治」という人物は、確かに講道館員としての記録が残っている。ただし、

表6-1　ハワイの柔道普及に関する主な出来事

1908(明治41)年	ハワイで初めて「柔術大会」が開催（詳細不明）。② 尚武館が創設。岡山県からの移民であるフカイ・カクジ（深井嘉久治），ミノ・カナジロウら柔術／柔道家が創る。①　深井嘉久治は後に講道館5段　ただし，前身は，北山弥次郎（岡山県出身，起倒流）が創る。弟子に右田，藤上，臼井ら。②
1909(明治42)年	春揚館が創設。広島県江田島の海軍兵学校の柔道助手であった金重直松，豊島竜らが興す。②　金重直松は後に講道館3段。
1910(明治43)年	深井が尚武館の指導主任となる。その後，北山が尚武館館長となる。深井と北山は岡山県で同郷。②
1911(明治44)年	なお，1911年に春揚館と尚武館が創設したという説あり。③
1913(大正2)年	2～3月，嘉納治五郎がアメリカ視察から初のハワイ寄港。この時，尚武館，春揚館ともに嘉納が名付けたという。①④
1916(大正5)年	北山弥次郎（尚武館・師範），三宅太郎（柔術／レスラー）とともに興行。⑤ちなみに三宅も岡山県出身（起倒流？）。⑦　ちなみに，1916年にロスアンジェルスで三宅 vs アド・サンテルが試合，引き分け。後に再戦し，サンテルが勝利。⑥
1917(大正6)年	東京高師柔道部出身の岡部平太が嘉納の奨めでアメリカ留学。ハワイ力士・江戸桜がサンテルと試合，引き分け。三宅がサンテルに負けたことがハワイでも知られていた。⑤　ハワイの高橋精吾・講道館3段もサンテルと試合，引き分け（年月等，詳細不明）。
1920(大正9)年	6月，嘉納が2度目のハワイ寄港。第7回オリンピック・アントワープ大会で欧州行きの途中。
1921(大正10)年	1月，嘉納が3度目のハワイ寄港。3月，サンテルが来日（サンテル事件起こる）。モリスはイギリスで谷幸雄を負かしたという。⑤
1922(大正11)年	高橋はレスラー・クラハムに勝ち，ボクサー・モリスと一勝一敗。
1924(大正13)年	排日移民法成立。
1925(大正14)年	ハワイの柔道家・樋上がサンテルと試合，引き分け。この時，尚武館の北山がレフリーを務めている。⑤
1931(昭和6)年	三宅がハワイで「沖の海」（愛称オキ・シキナ，後に力遊山のコーチ務める）に出会い，指導する。⑤三宅がサンテルと組んで興業試合を行う。⑤
1932(昭和7)年	嘉納，4度目の来布。8月30日～9月13日まで滞在。9月11日に柔道大会に臨席。栗崎市樹が北山弥次郎らと「布哇有段者会」を設立。②　嘉納，日本語学校を通して「精力善用国民体育」の形の普及を図る。⑤

①L. K. Migita eds.（2008）"Shobunkan Judo Club, Celebrating 100 Years"（尚武館創立100周年記念資料）
②浦田不二夫（1964）「スポーツ界回顧」ハワイ日本人移民史刊行会編『ハワイ日本人移民史』512-518頁。
③木原隆吉（1935）『布哇日本人史』369頁。
④梶孝之（2008）「ハワイ日系移民のスポーツ活動に関する研究」筑波大学人間総合科学研究科博士論文，102頁。
⑤『布哇報知新聞』（日付省略）。
⑥丸島隆雄（2006）『対プロレス初対決――大正十年サンテル事件』島津書房，100頁。
⑦同上，100頁。

図6-3　尚武館道場の扁額

出所：筆者撮影（2010年8月）。

一九二三（大正一二）年とかなり後になってから弐段・編入として登録されており、いつから柔道を修行したのかは不明である（最終は五段）。また、北山については講道館に入門の記録は無く、柔道の段位は有してはいないとみられる（が、後述のように、後に率先して講道館のハワイ支部である「布哇有段者会」の設立に関わった）。

このように、ハワイの柔道はもともと柔術からスタートしているが、いつの間にか「柔道」へと転向していった。現地の柔道事情に詳しいA氏（後述）によれば、「はじめは柔術だったが、柔術から柔道へ、自然に変わっていった」ということである。それは、すでに筆者（永木 二〇一二）が明らかにしたように、イギリスやドイツにおける柔道普及と同じである。つまり、嘉納の訪問が直接影響を与えていることは間違いない。ちなみに表6-1に示すように、嘉納は一九一三（大正二）年、一九二〇（大正九）年、一九二一（大正一〇）年、一九三二（昭和七）年の計四度来布している。その影響とは、日本国内において大日本武徳会の柔術部門を取りまとめて柔道へと転向させた実力、また、教育者としての嘉納、国際オリンピック委員としての嘉納の地位や名声によるものといえよう。

さて、ハワイではプランテーションのためにアジアその他の国・地域からさまざまな人種が移住していたが、つねに支配者としての白人に対する抵抗感が鬱積していた。そして次に述べるように、日本人移民が求めたのは〝強い武術〟にほかならなかった。

筆者は二〇一〇年八月の調査時に、過去も含めたハワイの柔道事情に最も詳しいといわれるA氏へのインタビューを行った。一九三三（昭和八）年生まれのA氏は日系三世で、子どもの頃から柔道を修行し、某柔

図6-4　北山弥次郎

出所：筆者撮影（2010年8月）。

道団体の会長を務めた経験をもつ。そして、話し始めた途端から、一八九八（明治三一）年にハワイへ来たA氏の祖父時代の次のような生々しい出来事について語った。「日本人をいじめる白人と戦った。あるときは、武術のできる日本人五〇人集めて、白人二五〇人と戦ったよ（中略）、白人三人死んだよ（中略）、けどそんなことは新聞には残っていない……」。そして、その後も白人に対抗するために武術が必要であったことを強調した。また、自身の柔道体験に関しても、絞技や関節技によるきつい練習の想い出や、本当に強い柔道の先生は誰々であったというように、その語りの中心は〝強い武術としての柔道〟(9)であった。もちろんこれは一個人による語りにすぎないのであるが、柔道に、他のスポーツ／レクリエーション活動とはまったく違う、かなり切迫した戦技としての実用性が求められていたことが判明した。

（2）西洋格闘技（レスリング／ボクシング）との闘い

①　嘉納と北山弥次郎

さて、武術性という観点、および嘉納との関わりから注目されるのが、先にみた尚武館の北山弥次郎である。

北山は、一九一六年九月に、三宅太郎という人物とともに、ハワイで「未曾有《みぞう》の柔道大試合」と称する興行に参戦している（図6-5）。三宅太郎は、一九〇四年頃、日本からイギリスへ渡り、一九〇五年にロンドンでプロ柔術

図6－5 柔道大試合

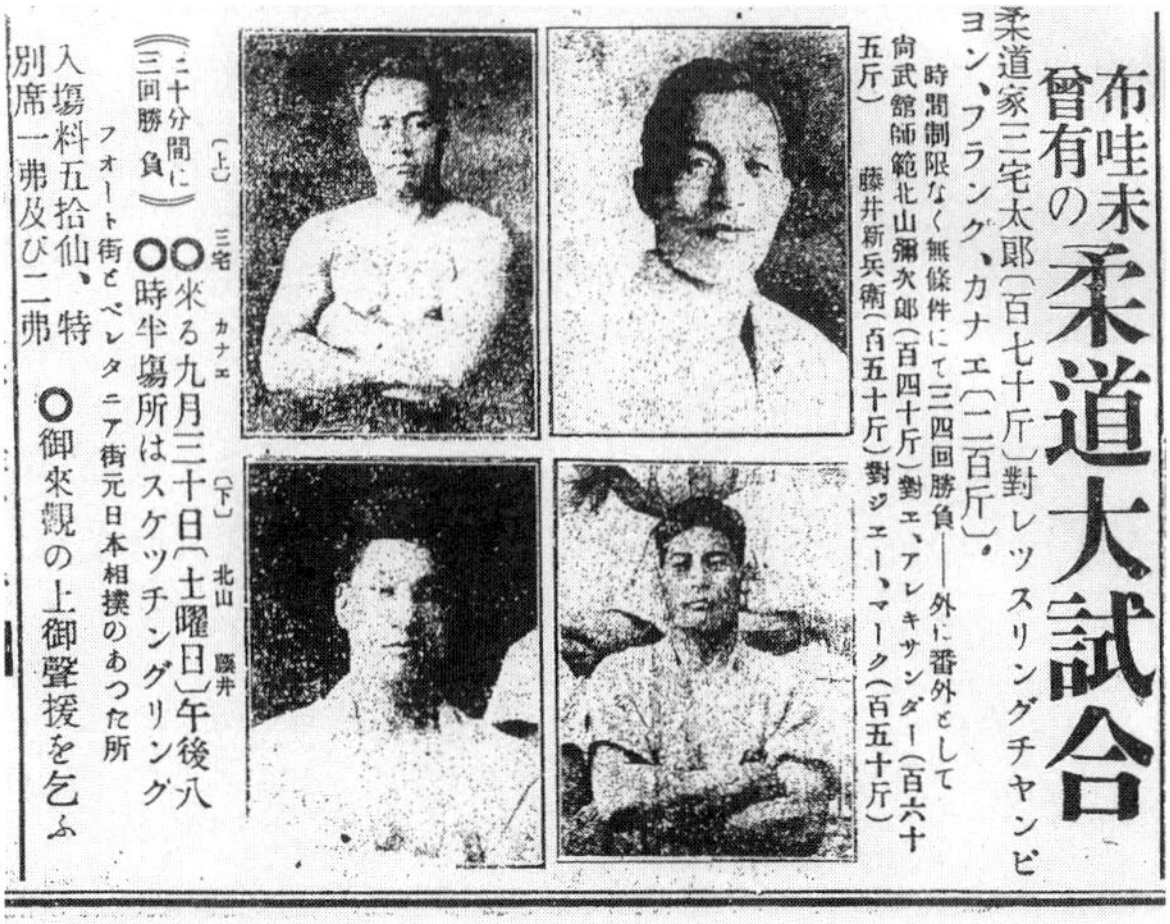
布哇未曾有の柔道大試合

柔道家三宅太郎（百七十斤）対レッスリングチャンピヨン、フラング、カナエ（二百斤）・

時間制限なく無條件にて三四回勝負――外に番外として

尚武館師範北山彌次郎（百四十斤）對エ、アレキサンダー（百六十五斤）

藤井新兵衛（百五十斤）對ジエー、マーク（百五十斤）

（上）三宅 カナエ　（下）北山 藤井

（三十分間に三回勝負）〇〇来る九月三十日（土曜日）午後八時半場所はスケツチングリング

フオート街とベレタニア街元日本相撲のあつた所

入場料五拾仙、特別席一弗及び二弗　〇御来観の上御聲援を乞ふ

出所：『布哇報知新聞』1916年9月23日付，5面。

家として有名を馳せていた谷幸雄と試合し、これを破っている。三宅はその後アメリカに渡り、冒頭で触れたアド・サンテルと試合する。結果は引き分けと三宅の一敗であった。

この三宅も岡山県の出身といわれており（丸島 二〇〇六：一〇〇）、北山とは知り合いだったということになる。三宅も自らを「柔術家／柔道家」と名乗っていたが、講道館に入門した形跡は無く、北山と同門（つまり起倒流）の出であった可能性もあるが、詳細は不明である。またこの記事では「柔道大試合」（傍点は筆者）と銘打たれており、柔術と柔道の区別は曖昧だったことがわかる。

さて、一九一三（大正二）年に嘉納が尚武館を訪問したことは先に述べたが、その当時の館長は北山であったので、当然ながら嘉納と北山は面会したと考えられる。「尚武館」と書いた額を嘉納が贈呈していることから、柔術あるいは柔道に関して互いに通じるものがあったことは確かであろう。北山は先述のように、嘉納と面会した三年後に三宅と共にプロレスラーと対戦していることからみて、かなり血気盛んな人物であったと想像される（年齢は不詳だが、嘉納との面会時は三〇歳代前半と思われる。嘉納は当時五三歳）。北山はその後も、たとえば一九二五（大正一四）年六月にハワイで行われた柔道家・桶上（講道館五段）対サンテルの試合で審判員・レフリーを務めており、今日でいう「異種格闘技戦」にも精通していたとみられる。そのような北山を嘉納は懐柔し、〝柔道〟を説いたのである。それは、イギリスでレスラーやボクサー

図6-6　嘉納と欧米における柔道普及に関わった人物の相関図

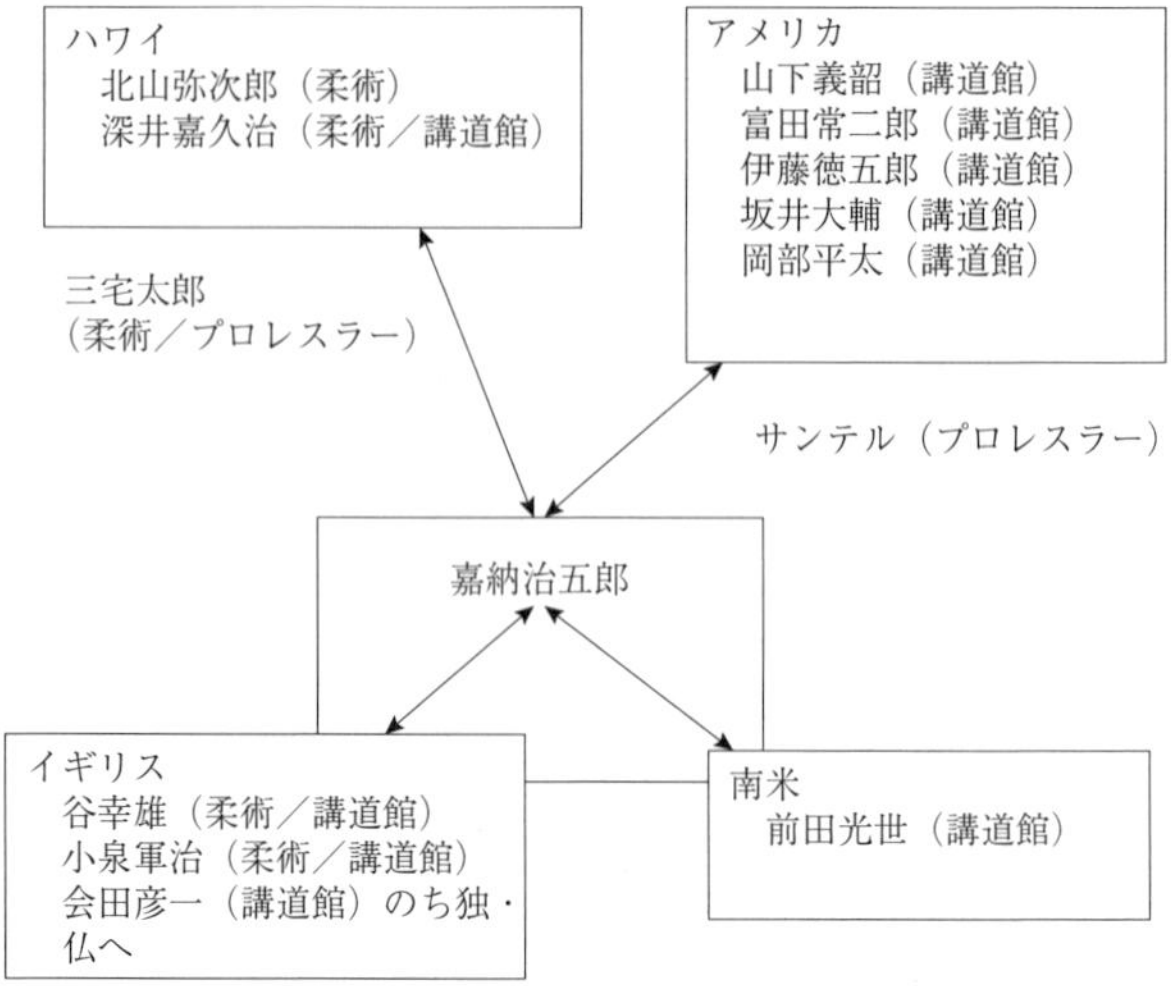

出所：筆者作成。

を相手に戦っていた柔術家・谷幸雄を講道館に入門させたのと同様である。ここに、嘉納の度量の大きさがうかがえる。と同時に、北山と三宅の関係、また後に北山がサンテルの試合に絡んでいることなどが、嘉納の意外な一面を浮上させてくる。その一面こそが、嘉納が柔道に格闘技としての、武術としての強さを求めていた姿なのである。

② 嘉納と海外柔道家

ハワイから空間を広げることになるが、図6-6をみてほしい。

この図は、嘉納と欧米における柔道普及の主要人物との関わりを示したものである（ドイツ、フランスなどについては図が煩雑になるため省略している）。嘉納と彼らは、いずれも直接の関わりがあり、やや誇張していえば（各人で程度の差はあるが）、嘉納の薫陶を受けた者たちであるといえる。つまり各地に、サンテルに象徴されるような西洋の格闘家と対峙する講道館員、もしくは嘉納／講道館にシンパシーをもつ柔術家達が存在していたといえる。そして彼らは、多かれ少なかれレスラーやボクサーとの異種格闘技戦を経験している。このことから、誤解を恐れずにいえば、嘉納は西洋格闘技に対抗してそれを凌駕するために、講道館員を欧米各地に〝配備〟していったのではないか。後述のように、大正期に東京高等師範学校柔道部出身のいわば直弟子である岡部平太をアメリカへ、また岡部と同期の会田彦一をイギリスへ差し向けたのは単なる偶然とは思われない。そして、欧米各地におけるこれら〝地ならし〟

があってこそ、後（一九三三年頃から）の嘉納の「柔道世界連盟」構想が展開していくように思われる。

岡部は一九一七（大正六）年六月に渡米したが、その前に、「嘉納先生や内田氏（神戸の海運業、内田信也——筆者注）の意図は、私と米国のレスラーを試合させて、柔道の真価を世界に問うということにあったことは私にはわかっていた。私も勇躍してそれに当り、その任を全うしようと年令を考慮して一日も早く渡米したのであった。一般柔道界の愛好者からも、それは非常な期待をかけられたようだった。私の前に前田光世（コンデ・コマ）、大野秋太郎、伊藤徳五郎、坂井大輔などという人が、アメリカ、南米、カナダで試合したという話が日本にも伝えられていたのであった」（岡部 一九五七：二七三）と述べている。

嘉納は表面上、異種格闘技戦（他流試合）を禁止していた。だがそれは、とくに「興行」として金銭を稼ぐために行われるものに対して厳格だったのであり、純粋に柔道普及を目的とする場合や、「ただ研究的に有志の間に試みること」（嘉納 一九二〇a、『大系』二：二三二—二三三）については比較的寛容であった。たとえば、多くの異種格闘技戦（通算で二〇〇〇試合に達するといわれる）を行った前田光世に対しても、いわゆる「破門」の形跡は認められない（神山 一九九七：一〇〇）。また、前田とともにアメリカに渡った富田常次郎も一九〇五年に現地でレスラーとの試合を行っており、さらに前後するが、一九〇三年にアメリカに渡った山下義韶も、アメリカ海軍兵学校の正課に柔道が採用される際にルーズベルト大統領の要求に答え、レスラーとの試合に応じている。富田や山下は草創期から講道館を支え、帰国後も活躍した高弟であり、嘉納はもちろん彼らの試合の内容や結果を知っていたであろうが、それを問題視した様子はない。

③ 嘉納の異種格闘技感

柔道が武術としての性格を有するものである以上、その普及の過程において数々の未知の武術と遭遇し、その際に柔道の「武術としての価値」が試されることを嘉納は察していたのではないだろうか。明治期において国内の柔術諸派を統合していった過程における出来事（他流試合）が、世界へ拡大された空間においても同様に起こり得ることを、嘉納は予見していたように思われる。その点からみれば、海外で異種格闘技戦を経験した人たちは、嘉納にとって生きた「実験台」であったともいえるのではないか。

たとえば、プロレスラーのサンテルは、アメリカ本土で三宅、伊藤、坂井その他、そしてハワイでは高橋、桶上といった多くの柔術／柔道家と試合し、暴れ回っている。本章の冒頭で触れたように、そのサンテルが来日して講道館員との試合が挙行されようとした時、嘉納が「黙許」したというのは、以上のことから考えても何ら不思議な話ではないであろう。場所がたまたま日本というだけだ、と嘉納は考えていたのではないか。

ただその時、嘉納とは異なる考え方がすでに日本の柔道界には存在しており、その考え方が、丸島も指摘しているように、岡部に代表される「スポーツとしての柔道」であった。先述のように岡部は、嘉納が岡部をプロレスラーと闘わせることを望んでいると察して渡米したが、その後、次のような結論に達したと述べている。「サンフランシスコ滞在四〇日間に、プロ・レス、プロ・ボクシングを出来るだけ研究したが、プロ興行師との折衝に飽きて遂にシカゴに去った。それから約二年半、アメリカスポーツ界、体育界を研究した結果からも『柔道とプロレスとの試合は成り立たない』」(岡部 一九五七：二七七)、そして、「柔道家が柔道衣を着ずに、レスリングやボクシングに対しても無限に優勢であり得るという考え、それは無謀も甚しい。柔道といえども一つの正しいスポーツであり、スポーツの限界に於て可能な範囲内のスポーツである」(岡部 一九五七：二八二)と。

一九二一(大正一〇)年の日本での「サンテル事件」の時、すでに帰国していた岡部は、試合を中止するよう嘉納に直談判する。しかし、嘉納は聞き入れなかったという(岡部 一九五七：二八一—二八四)。それだけではなく「(嘉納)先生の書斎を訪ね、事情を承わると、驚いたことに挑戦を受けて立つという主唱者は先生のようだと私には判断された」(岡部 一九五七：二八二—二八三)と述べている。そして岡部は、この意見対立を機に嘉納の膝下から去ることになるが、嘉納亡き後の戦後もいち早く「体重制」の導入に賛成するなど、「柔道のスポーツ化」路線を先導する存在となった。(10)

サンテルとの試合を仕組んだのは嘉納だったのではないかという岡部の言について丸島は、嘉納が「サンテル事件」の前年に開催されたオリンピック・アントワープ大会へ向かう途中、およびその帰途に立ち寄ったアメリカ西海岸で、サンテルと試合した経験のある伊藤徳五郎と話し合い、すでにサンテル来日を承諾していたのではないかと推測している[11]。さらに、サンテル来日の一九二一（大正一〇）年三月という時期は、嘉納の帰国に合わせたのではないかともいう（丸島 二〇〇六：一四三）。

一方で嘉納は、岡部の柔道観を次のように批判している。「岡部君にも会って篤と話も聞いたが岡部君の云う処は少し狭少な思想ではないかと思う、勿論講道館の主義精神としては商売人と角技を競うと云う事は排するかも知れぬ、然し講道館長としての私は決してかくまで限定的に講道館の精神を縮めたくはない、講道館には今二万幾千人かの会員がある、その中には拳闘家と競った人もあれば力士と技を争った人もあった、此の狭少な精神から行けば之等のすべての人々を破門しなければならないし、それは出来ない事ではありませんか、然も相手のサンテル君は既に来朝し競技も旬日の中に迫っているのにこんな駄々をこねていては大きい講道館の本来の精神を没却するものではあるまいか」（嘉納 一九二一ａ、『読売新聞』一九二一年三月一日付）。

だが、嘉納は結果的に、岡部や講道館幹部らの意見を受け容れた格好となり、サンテルらと試合した者など関係した講道館員七名を処分することになる。処分は「有段者として待遇しない」という形であり、事実上の破門であった。講道館機関誌『有効の活動』に掲載されたこの処分について嘉納は、「柔道は決して興行師の金儲の道具として使ってはならぬ」と、「興行」が柔道を堕落させる点を強調しているが、それ以外の理由はほとんど示していない（嘉納 一九二一ｂ、『大系』二：二四一―二四三）。

では、レスリング／ボクシングと柔道の試合そのものについて、嘉納はどのように考えていたのか。その点については、サンテル事件の起こる約一年前（第七回オリンピックに向かう前）に記された次の内容がよく表していよう。

互いに何か約束の条件を定めて勝負することは、絶対に出来ぬことではあるまいが、それでは純粋の柔道との勝負でなく、一種変体の柔道との勝負であって、それによって柔道とボクシングなりレスリングなりとの優劣を決定することは出来ぬ。柔道との勝負は、真剣勝負としての優劣でなければほかに優劣の定めようがあるまいと思う。しかし、真剣勝負は容易に試みるべきことではないから、柔道とボクシング、レスリング等との勝負は、実際に出来得べからざることである。（中略）将来、レスリングやボクシングをするものから試合を申込まれた時は、柔道家は全然ボクシングの法則によって勝負するか、先方を柔道の法則によって勝負せしむるか、両者のうちを択《えら》ばなければならぬ。しかしそれらの試合は、決して興行的であってはならぬ。ただ研究的に有志の間に試みることでなければならぬ。

（嘉納　一九二〇a、『大系』二：一三三。傍点は筆者）

つまり、ここにも、柔道の技術はあくまで真剣勝負（ルール無用のフリーファイト）のためのものであるためレスリングやボクシングとの試合は難しいが、技術開発・向上のための「研究」レベルであれば許容できる旨が述べられている。

ちなみに、先にみたサンテル事件の処分者について、「将来そのようなことを再びせぬことを誓うならば、遠からず元の待遇に復するつもりである」と述べていた嘉納は、約二年後に彼らの処分を取り消している。「サンテル事件」でサンテルと試合をした一人である永田礼次郎は自らの手記で、「講道館柔道は、日本が国際性を高めつつある歴史の一環として、拳闘とでも、レスリングでも闘いを辞してはならぬ」（丸山　一九五〇：二六〇）と述べ、レスリングやボクシングとの試合は国際的な柔道発展のためであるという考えを示している。

そしてハワイでも、レスラーやボクサーとの試合に対しては「武士道にあらず興行なりと非難」があるなかで、サンテルとの試合も経験した高橋精吾（講道館三段）は、「大いに他流試合をやって我が柔道界に幾分なりと貢献して見たい」（『布哇報知新聞』一九二二年三月一四日付四面）と意気揚々に語っている。このように、強い柔道を求めるが故に、異種格闘技戦（他流試合）を望む柔道家も少なからずいたのである。

（3）民族文化としての柔道――「精力善用国民体育」の形

① 日本人移民と柔道

もちろん嘉納は、「強いだけの柔道」を求めたのではない。先述のように、嘉納の柔道に対する価値・目標は主に「体育・武術（勝負）・修心」という三側面から成っており、なかでも最も重視したのは図6-1でも示したように「修心」、とくに「道徳心の養成」という側面であった。だが、実際に他の武術に比して技術的に劣るような柔道では、結局は〝役立たず〟とみなされて普及しないため、「道徳心の養成」という目標も成し得ない。ことに海外では、武術である以上、強さを証明しない限り普及は困難であった。さらにハワイやアメリカ西海岸では、西洋格闘技よりも柔道が強いことは、日本人移民が自らのアイデンティティを保つうえでも求められていたのであった。

たとえば、先にあげたハワイの柔道家高橋は、一九二二（大正一一）年四月九日、イギリスから来布していたモリス・カヨーというボクサーと試合し、敗れた。その翌日の『布哇報知新聞』には、「動脈を撃たれて高橋三段悲惨の敗戦―柔道家は拳闘に対する試合を研究するの要あり、然らずんば到底拳闘家を破る能はず」、「……誠に張合《はりあい》抜《ぬけ》のした試合であったため日本人の観客は可愛さ余って憎さ百倍という諺の如く高橋氏に対し悪声を浴びせる者あり……」、また、「柔道は到底拳闘に勝てない事を証拠立てた。（中略）日本には多数の柔道家あれど外国人との試合において高橋三段や伊藤五段の右に出る者は至極少数である。論より証拠、サンテルの日本遠征により柔道家が西洋相撲のサンテルを破る事が出来なかったではないか。然かるに高橋三段も伊藤五段もサンテルとは引き分けに終わっている」（傍点は筆者）と書かれ、ボクシングの方が柔道よりも優位であること、そして、高橋個人に対する失望の念が表されている。

その後、高橋擁護論が新聞に出る。高橋の敗戦は柔道衣を着ずに試合をやったからだとか、イギリスの柔術家谷幸雄もこのモリスに敗れたくらいモリスは強者であるからだとか（谷敗戦の事実は不明）、モリスは手にテープを貼って堅くしているから有利だったなど、である。発憤した高橋は、モリスと再戦し、勝利する。その時の新聞には、「柔道の真価を発揮す、高橋三段見事にモリスを破り名誉の回復、満場の観客（約一〇〇〇人――筆者注）総立ちとなり歓声湧く、柔道の寝業を禁ぜざれば拳闘は柔道に勝てざる証拠を示す」、「高橋三段は柔道家としてまた個人として名誉の回復をしたのである」（『布哇報知新聞』一九二二年五月八日付、四面。傍点は筆者）と書かれている。

このように、柔道対西洋格闘技の試合に在留日本人は一喜一憂し、柔道の勝利を心から望んでいた。

大正初期から継続的にアメリカ本土とハワイを訪問し、白人支配下における日本人移民の情況を知っていた嘉納は、できれば柔道を彼らの期待に応えるものにしたかったのであろう。

嘉納が初めてハワイを訪問した一九一三（大正二）年当時、アメリカではすでに排日感情が出ており、嘉納は移民教育の方針として次のように述べている。「日本人の文明、知識道徳風俗習慣等が、少なくともアメリカの普通の人くらいには行く、ということを証明することが必要であって、もしこれが出来ぬならば、たといアメリカならぬ他の国に行っても、またおそらくは排斥せらるることを免れぬであろうと思う」（嘉納 一九一三：六八）と、日本人の「知識道徳風俗習慣等」のレベルアップを求めている。そして一方で、「欧米からは事物が入り込むけれども、我が国から彼に授けるものは、何もないとしたならば、たとい顔色容貌だけは依然日本国民であっても、文明上においてはすなわち彼に征服せられたのである。（中略）どうか心まで西洋人になりたくないものである。（中略）我々日本人は日本的ではなくてはならぬ、のみならずまたある事物については、欧米よりも日本のものの方が勝っておる点もある」（嘉納 一九一三：七五―七六。傍点は筆者）と述べて、日本の文明／文化の〝良さ〟を活かし、対国に誇れるようにしたい旨を述べている。嘉納にとっての柔道はその代表であったはずである。

②「精力善用国民体育」の創出

では、「体育・武術（勝負）・修心」を兼ね備え、海外に在留する日本人も含め、広く国民に普及・浸透する柔道といってよい。

とは如何なるものであると嘉納は考えていたのか。それは、「精力善用国民体育」という「形」の創出に結実する「精力善用国民体育」の形について、「武術」という点からいえば、前半部（第一類）は、すべて当身技で構成されている。嘉納は古くから当身技に関心をもっていたが、(12) 先述のハワイにおけるボクサー対柔道の異種格闘技戦のように、ボクシングとの接触が嘉納の当身技に対する関心をさらに深めたのではないかと考えられる。たとえば異種格闘技戦の豊富な経験をもつ前田光世は、柔道の試合にも当身技を加えることを提案している（丸島 二〇〇六：二一六）。

また、「体育」（身体強化・調和的発達）という点では、「身体を良くすることとは、老若男女の区別なく総ての人に必要なことであるが、あの形は簡易なのもあれば複雑なものもあり、弱く力を働かしてもすれば強く働かしてもし得るのである。又、普通の形のように、特別の道場を要せず、稽古衣に着換える必要もなく、対手があってもよしなくてもよいといふ便利があるからである」（嘉納 一九三〇ａ：二二）と述べ、「精力善用国民体育」の形が「いつでも、どこでも、誰でも」ができる形であることを強調している。

そして「修心」という点では、「精力善用」と名付けられていることが示すように、この形に、無理無駄のない合理的な精神の涵養が期待されたものと思われる。

嘉納は以上の点を包括して、次のように述べている。

今日に於て何よりの急務は、一面国力の充実であり、一面列強との親善関係を維持することである。換言すれば、自国の文化を進め、富力を増し、兵備を整へ、同時に他国を侵すことなく、他国との融和協調を旨とするといふ大方針の下に、国民を訓練することが今日の急務である。さうすると、次に新たな問題が生じて来る。即ちどうすれば国民にさういう訓練をすることが出来るかといふことである。私はこの訓練を体育と結付けてすることを最も有効な仕方と考へる。精神修養と体育を結付けてすることは、外国にも多く例を見ることであるが、それには必ずそれ等国々特有の体育がなければならぬ。（中略）国民精神を養う為には、外国の真似をした体育でなく、自国に発生した体育を以てすることを必要とする。日本で日本魂を養はうと思へば、外国から教へて貰った体育を以てすることは不適当である。必ず日本独特の体育を以てせねばならぬ。私が先年考案して、最近諸方に広がりつつある精力善用国民体育の如きは、最もこの目的に適するものと信ずる。幾ら日本人の考案に依て出来、日本の歴史と因縁のあるものでも、体育の方法そのものに価値がなければ、広く行はれる訳に行かぬ。併し自分の考案は体育として大なる価値を有すると同時に、思想善導の法として、又武術の簡易なる練習法としても価値あるものであるから、広く国民に推奨して差支のないものと信ずる。

（嘉納　一九三〇b：一—二。傍点は筆者）

このように嘉納は、「自国に発生した、日本独特」の方法によって「体育・武術（勝負）・修心」の目標を達成すべきであり、それを適えるのが、「精力善用国民体育」の形だというのである。「精力善用国民体育」の形は一九二七（昭和二）年に公表された。当初は「攻防式国民体育」と「表現（舞踊）式国民体育」の二種から成る構想であったが、「表現式」の方は完成せず、「攻防式」をもって「精力善用国民体育」と称した（第5章および第11章参照）。公表後、海軍兵学校や各地の中学校、また企業でも採り入れられるようになり、嘉納は東京や大阪で全国的な講習会を開いている（嘉納　一九三一b：四—五）。

③　ハワイにおける「精力善用国民体育」

そして嘉納は、この「精力善用国民体育」の形をハワイでも普及させようとした。以下は、一九三二（昭和七）年の現地新聞記事である。

布哇柔道有段者会、今後の活動方針、『精力善用国民体育』普及、（中略）嘉納師範の来布を機として過般組織さ

> れた布哇柔道有段者会は、（中略）、嘉納師範の創案になる『精力善用国民体育』を内外人間に普及すると共に団体や学校で柔道を始めたいという希望の向きには柔道教師の斡旋をなすこととなった、この『精力善用国民体育』は柔道における攻撃防御の術を体操の如く仕組んだものであって単に体育として価値あるばかりでなく之を行うに興味を覚え、かつ実際にも役立ち場所も設備も特別の服装も要せず老若男女何人にも適するものであるから一般から歓迎され普及する性質を有し、嘉納師範は単に日本内地における邦人のみならず海外同胞、殊に第二世たる青年男女及び外国人間にこの特技の普及されんことを望んでおられたので、有段者会が率先してその普及にあたることになったのである。
>
> （『布哇報知新聞』一九三二年九月二一日付、五面。傍点は筆者）

「布哇柔道有段者会」は、カリフォルニア州の「南加柔道有段者会」に次いでできた海外の講道館支部であり、一九三二年の嘉納の来布を機としたその設立には、先にみた北山弥次郎や栗崎市樹という尚武館関係の人達が関わっていた。ハワイにおける柔道は、二世以降への教育として、日本語や仏教（本願寺系）とともに普及していったが、とくに「精力善用国民体育」の形は、単に技術面だけでなく、一つの思想としての普及がねらいであったようにも思われる。それは、修行者への〝動機づけ〟をねらった「試合＝スポーツ柔道」による普及路線とは明らかに異なる。だがその後、嘉納の期待どおりにはいかず、ハワイで「精力善用国民体育」の形が根づいた様子はない。日本国内でも、戦後までも含めてこの形が広く普及したとはいい難く、およそ昭和五〇年代以降はほぼ消滅したといってよいだろう。

一方、一九三二年の嘉納の来布時に、ハワイ全島をあげての柔道大会試合が開催され、嘉納はもちろん試合に臨席している。先述のA氏は、「この時の試合で、〝柔道〟が正しく認識されたと聞いている」と語った。つまり、この大会のインパクトは相当に強かったのであり、現地の柔道家や観衆は、嘉納の説く〝形〟よりも〝試合〟に魅了されたといえる。競技スポーツ的要素をもつ「乱取・試合」と、日本文化的であり武術的である「形」という二種は、嘉納が有する広い柔道観では両者がそこに収まるが、大衆にはすでに「別モノ」として映っていたのではないか。

ここに、嘉納と大衆の柔道観におけるズレがうかがえる。そして結局のところ、嘉納が求めた「武術柔道」路線は、拡大していく「スポーツ柔道」路線に押されていった。そして、嘉納亡き後の戦後は、ますます「スポーツ柔道」一辺倒となって今日に至っている。

戦後の「スポーツ化」についてはここで取りあげないが、次の二つがそれを加速させたことについて触れておきたい。一つは、戦後すぐの学校武道の禁止から一九五〇（昭和二五）年に学校柔道が復活するまでの経緯のなかで、文部省および柔道関係者が「純粋な競技スポーツとして柔道を行うこと」をＧＨＱに誓約したこと、二つ目が、昭和三〇年代初めから一九六四（昭和三九）年に開催される東京オリンピックの柔道種目採用が現実化していき、「競技スポーツとしての強化」が最優先課題となったことである。

四　今日の体育において「武術性」をどう評価すべきか

冒頭でも述べたように、武術性というのは、格闘技としての実用性、つまり暴力的闘いのなかで生き残るための技術特性のことである。嘉納は柔道を興した当初から武術性に価値を置いていたが、主に大正期以降、柔道が海外（主に欧米）へ普及するにつれてさらに重視した。なぜなら、欧米人を魅了し続けるためには、欧米スポーツ（なかでもレスリング、ボクシングなどの格闘技）との差異化を図る必要があったのであり、その点で実戦における技術的優位を示すことが最もアピール度の高い方法であったからである。また一方で、ハワイの事例でみたとおり、欧米に居た日本人にとって、柔道の格闘技としての優秀さが彼らのアイデンティティを保つことにも役立っていた。つまり、嘉納はあくまで民族文化としての特性を活かしながら、世界に認められ、通用する「柔道」の創造を目指していたのであり、それは、「日本人」が世界に認められ、通用することとも結びついていたのであった。以上から、嘉納が「武術性」を求め続けた大きな要因は、〝欧米〟に対する〝日本〟の優秀さを示すことにあった、というのがここでの結論である。

では、嘉納は武術性を、教育／体育という観点からはどのように捉えていたのであろうか。そして、それを今日の体育において再評価できるのであろうか。それらについて若干の私見を述べ、まとめとしたい。

周知のように近年の学習指導要領では「生きる力の育成」が目標に掲げられている。そして、いうまでもなく武術性は、「生きる／生き抜く」という課題と直結している。柔道の学習は、たとえば投げられた際の安全確保に不可欠な「受身」からはじめられるように、その基本的なテーマは「護身」である。そこでは、「油断」や「ふざけ合い」は戒めるべきものであり、つまりは「真剣味」が要求されている。

嘉納は「柔道の稽古をするには、決して戯れのようにしてはならぬ。常に真剣勝負の心持で、ただ平生はなるべく怪我をせぬよう、無理な事を避けるように注意するばかりで、精神からいえば、いつも真剣勝負の気持ちでなければならぬ」（嘉納 一八九九、『大系』二：三〇七―三〇八）と述べている。さらに一九三一（昭和六）年、中学校で武道がはじめて必修化された際に嘉納が著した『柔道教本』においても、油断のない心構えや緊張した態度が人を「真面目」にし、「落着き」を養うとも述べている（嘉納 一九三一c、『大系』三：三九八）。これらは、真剣味を帯びた〝場〟に身を置くことで養われる精神的効果を評価したものである。

そして、このような効果は、近年注目されている野外活動における冒険教育や緊急・災害時への対応力を課題とする防災／安全教育等で得られる学習効果と共通性があろう。たとえば、安全教育の専門家は「大人が見守り、小さな痛みを伴う体験をさせることが危険を察知し、自分で判断できる力を育てる」（『読売新聞』二〇一一年一二月五日付、一面）と述べている。つまり、柔道をはじめ武道による教育は、危険を察知する能力や危機への対応力を高めるための教育という点で、防災／安全教育などと同じカテゴリーに属すると思われるのである。

他者からの攻撃（暴力）を合理的に回避するための技術と精神の学習が武道であると捉え、そのための学習方法を考えるならば、ルールによって安全化され、競技スポーツ的な面白味がある「乱取・試合」だけでは不十分ではないか。より危険な技術（たとえば柔道でいえば当身技、剣道でいえば木刀技）を加えることによって真剣味を味わう体験が必要となるのではないか。その点から「形」の学習が再び見直されてもよいことになる。

江戸期の武士が武術の練習を必修としたのは、今でいうところの安全教育の一環であり、平和な時代における油断や慢心を戒めるためであったとも思われる。そして、その必要性は今も変わらないであろう。

また、二〇〇八（平成二〇）年改訂の学習指導要領（中学校保健体育）において「武道の必修化」がなされたが、その背景には、「伝統と文化の尊重」という教育の基本方針がある。教育基本法の改正で、日本の伝統・文化が戦後の教育においてきちんと位置づけられずに見失われてきたことへの反省がなされたのである。そして、武道のなかでもとりわけ柔道は戦後、「国際スポーツ」として「スポーツ化」を加速させてきた。「柔道は果たして武道なのか」という質問をよく耳にするが、創始者・嘉納が柔道に何を求めたのかをみれば、その枠組みはあくまで「武道」であったといえる。「武術の修練を通した生き方の追究」が「武道」である限り、「武術性」を抜きにして「武道」は存在しない。本章は、「（嘉納が求めた）柔道は果たして武道なのか」に答えるための一作業であったともいえる。

すでに引用したように嘉納は、「国々特有の体育がなければならぬ（中略）国民精神を養う為には、外国の真似をした体育でなく、自国に発生した体育を以てすることを必要とする。日本で日本魂を養はうと思へば、外国から教へて貰った体育を以てすることは不適当である。必ず日本独特の体育を以てせねばならぬ」（嘉納 一九三〇b：一一二）と述べている。IOC委員として欧米スポーツを深く知ったうえで、こう述べているのである。

日本で創られ慣れ親しまれてきた体育の方法によって、日本人としての自覚を育てていくこと、つまり嘉納は、ナショナル・アイデンティティの形成を重視していたといえる。誤解のないように述べておくが、嘉納はもちろん偏狭なナショナリストではなかった。スポーツをはじめとする欧米文化/文明の素晴らしさを知っていたがゆえに、日本/日本人を高めて彼ら(欧米/欧米人)と〝切磋琢磨〟したかったのである。つまり、真のインター・ナショナリズムが世界の進歩発展を促し、平和に結びつくと考えていたのである。そして嘉納は、その理想を大正期後半になって「自他共栄」と表現することになる。

注

(1) 丸島は柔道を三つの側面に分け、次のように説明する。「はじめ柔道は、純粋な格闘技術を体系化した『武術柔道』から出発したが、嘉納は柔道の修業を通じて人間の形成というものを考えるようになった。これが『人間柔道』であり、柔道の最終目的であった。『スポーツ柔道』は、柔道の練習の中から生まれた。それまでの柔術の道場では、技の習得方法は多くの場合『形』によるものだった。これに対し柔道は、一対一で技を掛け合う『乱取』を取り入れた。さらに、これに勝ち負けを競い合う試合を行った。この試合(競技)が目的化していったことが柔道をスポーツ化させていった。これが『スポーツ柔道』である」(丸島 二〇〇六:五―六)。

(2) 筆者は博士論文(二〇〇六)およびそれを若干修正した永木(二〇〇八)のなかで、嘉納による競技化は柔道の一部にすぎなかったこと、また、武術性をかなり重視していたことを指摘した。それらを執筆した時点では不本意ながら二〇〇六年に刊行された丸島文献の存在を知らなかった。当文献の存在を知ったのは二〇一一年になってからである。本章の執筆に際しては当文献における数々の指摘をかなり参考にさせていただいた。

(3) ただし、「体育法、勝負法、修心法」に、「娯楽を享受する」という「慰心法」が加わることがある。たとえば、次の文献を参照。嘉納治五郎(一九一三)「柔道概説」『柔道概要』大日本武徳会修養団本部発行、『大系』三:一〇四頁。なお、引用文はすべて現代かな漢字に改めている。

(4) 永木が行った「内容分析」の手続きの概要は、『大系』における嘉納の柔道に対する言説・メッセージを、あらかじめ用意した分析枠組み(具体的には価値カテゴリーの設定)によって解釈・分類し、その結果を量的にカウントしたものである。詳しくは、永木(一九九九)を参照。なお、一テーマ(演題)内における平均出現数を示したのは、嘉納の発表テーマ数は各年間における諸事情（たとえば彼の外遊期間にあっては発表は空白となり、『国士』『柔道』といった定期刊行誌の発行期間では増加するなど）によって異なるからである。

（5）なお、近年、柔術あるいは柔道の海外普及の実態に関する研究は徐々に進んできている。（吉田 二〇〇四、藪 二〇〇九、坂上 二〇一〇、村田 二〇一一bなど）しかし、「なぜ、柔術／柔道が海外に受け容れられていったのか、またその普及における課題や限界は何だったのか」という問いに答えるためには、一次資料の発掘あるいは現地調査による情報をさらに収集する必要があると思われる。

（6）嘉納は、たとえば、明治二一（一八八八）年に"Jujutsu: The Old Samurai Art of Fighting Without Weapons"（Transactions of the Asiatic Society of Japan）と題する本をイギリス人（Rev. T. Lindsay）とともに発表し、その翌年に「柔術およびその起原《ママ》」（『日本文学7』日本文学発行所）を書いている。

（7）ハワイにおける調査は、「科学研究費・基盤研究B一般（20300209：嘉納治五郎の体育思想の海外における評価と受容）」による補助を受けたものであり、成果の一部を「嘉納治五郎による柔道の海外普及――アメリカ・ハワイ州の事例」と題し、第六二回日本体育学会・スポーツ人類学専門分科会（二〇一一年九月、鹿屋体育大学）において発表した。また、調査に際し、東海大学望星学塾の山口輝義氏に多大なご協力を願った。現地ではインタビューさせていただいたA氏、L・ミギタ氏をはじめ、Ed.ハナシロ氏、N・ノハラ氏など、さまざまな人々にお世話になった。この場をお借りして感謝申し上げる。

（8）L・ミギタ氏は尚武館館長（二〇一〇年現在）。氏は後述の北山弥次郎の優れた弟子の一人であった右田直の孫である。

（9）大正期における日本人移民の間では「野球」が盛んであったことなど、ハワイの全般的なスポーツ活動については梶（二〇〇七）が明らかにしている。

（10）岡部は、たとえば昭和二〇年代後半に、「力は則ち体重である」といい、「精密に体重を測って、一人宛綱引きをやらせて見ると三キログラム体重に差がある場合、百人やらせて九十五人までは体重の重い方が勝つ」と述べて、体重制の導入に賛成している。（岡部 一九五二）。一方、嘉納は体重制について、「軽量の者から希望があれば、体重制の試合をしてもよいが案外軽量の者が強く、希望する者がいないからやらないのだ」（小谷 一九六一）と述べており、柔道の強弱は体重によって決定づけられるものではない、と考えていたことがわかる。

(11) 丸島文献では直接示されていないが、アントワープ大会へ向かう途中については、嘉納が一九二〇年九月に記した「米国ロッキー山中の人となって」(嘉納 一九二〇b、『大系』九：二五二―二五三)により、そして帰途については、一九二一年三月に記した「国際オリンピック大会を終えて」(嘉納 一九二一b、『大系』八：三四九)により、西海岸に居た伊藤徳五郎と親しく面談した様子がわかる。

(12) 嘉納は、「初めから一種の約束を定めておいてごく危険な手だけは省きまた打ったり突いたりするときは手袋のようなものでも嵌《は》めて致しますれば勝負法の乱取もずいぶん出来ぬこともございませぬ」(嘉納 一八八九、渡辺 一九七一：九一)と、当身技の乱取による練習法の開発を示唆している。こう述べた一八八九年五月の時点では、嘉納は未だ海外渡航の経験はなかったが、この「手袋のようなものでも嵌《は》めて」というのは、当時すでにイギリスを中心に行われていたグローブ着用のボクシングのことをイメージしていたかのようである。

引用・参考文献

『布哇報知新聞』(一九一六年九月二三日付五面、一九二二年三月一四日付四面・四月一〇日付・五月八日付四面・九月二一日付五面)。

梶孝之(二〇〇七)「『布哇報知』にみるハワイ日系移民のスポーツ活動に関する研究(一九一四―一九二四)」『体育史研究』二四、四三―五六頁。

梶孝之(二〇〇八)「ハワイ日系移民のスポーツ活動に関する研究」筑波大学人間総合科学研究科博士論文。

嘉納治五郎(一八八九)「柔道一班幷ニ其教育上ノ價値。大日本教育会講演記録」渡辺一郎編(一九七一)『史料明治武道史』新人物往来社。

嘉納治五郎(一八九九)「第三回柔道聯合勝負の前後における講話」『国士』二(一〇)。

嘉納治五郎(一九一三)「欧米巡遊所感―我が国普通教育の五大方針　第三・国民の海外発展策および我が国文明の前途について」『教育時論』一〇〇八、開発社。

嘉納治五郎(一九一八)「講道館柔道修行者の進級昇段の方針を述べて東京仙台両高等学校柔道試合に関する世評に及ぶ」『柔道』四(六)。

嘉納治五郎（一九二〇ａ）「柔道家に是非持ってもらいたい精神」『有効の活動』六（五）。

嘉納治五郎（一九二〇ｂ）「米国ロッキー山中の人となって」『有効の活動』六（九）。

嘉納治五郎（一九二一ａ）「嘉納館長の弁明」『読売新聞』読売新聞社、一九二一年三月一日付。

嘉納治五郎（一九二一ｂ）「サンテル事件の結末」『有効の活動』七（五）。

嘉納治五郎（一九二二ａ）「講道館柔道の文化的精神の発揮」『有効の活動』八（二）。

嘉納治五郎（一九二二ｂ）「国際オリンピック大会を終えて」『有効の活動』八（三）。

嘉納治五郎（一九二五）「柔道試合審判規程の改正について」講道館文化会。

嘉納治五郎（一九二六）「講道館柔道と講道館の使命及び事業に就いて」『作興』五（三）。

嘉納治五郎（一九二七ａ）「柔道家としての嘉納治五郎」『作興』六（三）。

嘉納治五郎（一九二七ｂ）「講道館の使命に就いて」『作興』六（一）。

嘉納治五郎（一九三〇ａ）「道場に於ける形乱取練習の目的を論ず（其の二）」『柔道』一（三）。

嘉納治五郎（一九三〇ｂ）「国民精神の作興と国民身体の訓練との方法に就て」『中等教育』六八。

嘉納治五郎（一九三一ａ）「全日本柔道選士権大会の経過と全日本中等学校柔道選士権大会の豫想」『柔道』二（一一）。

嘉納治五郎（一九三一ｂ）「講道館の進展」『柔道』二（二）。

嘉納治五郎（一九三一ｃ）『柔道教本』三省堂。

嘉納治五郎（一九三五）「講道館が有志に棒術を練習せしむるに至った理由」『柔道』六（四）、二―五頁。

嘉納治五郎（一九三六）「道場における修行者に告ぐ」『柔道』七（六）。

嘉納治五郎（一九三七）「柔道の修行者は形の練習に今一層の力を用ひよ」『柔道』八（四）。

木原隆吉（一九三五）『布哇日本人史』文成社。

講道館監修（一九八八）『嘉納治五郎大系』本の友社。

小谷澄之（一九六一）『柔道新聞』日本柔道新聞社、一九六一年一月一日付、六面。

神山典士（一九九七）『ライオンの夢――コンデ・コマ＝前田光世伝』小学館。
L. K. Migita eds.（2008）“Shobunkan Judo Club, Celebrating 100 Years”（尚武館創立一〇〇周年記念資料、非売品）。

丸島隆雄（二〇〇六）『講道館柔道対プロレス初対決――大正十年サンテル事件』島津書房。

丸山三造（一九五〇）「永田礼次郎手記」『柔道世界をいく』日本柔道研究会。

増田俊也（二〇一一）『木村政彦はなぜ力道山を殺さなかったのか』新潮社。

望月稔（一九七三）「柔道と古武道の話――嘉納治五郎先生の考え方」『柔道新聞』日本柔道新聞社。

村田直樹ほか（二〇一一a）「嘉納治五郎が夢見た〝完全なる武道体系〟――形に秘められた実戦柔道」『月刊・秘伝』BABジャパン、一二月号、八―三四頁。

村田直樹（二〇一一b）『柔道の国際化――その歴史と課題』ベースボール・マガジン社。

永木耕介（一九九九）「嘉納治五郎の柔道観の力点と構造――言説分析によるアプローチから」武道学研究三二（一）、四二―六九頁。

永木耕介（二〇〇六）「嘉納柔道思想の継承と変容――国際化に伴う『教育的価値』と『競技化促進』の相克」筑波大学人間総合科学研究科博士論文。

永木耕介（二〇〇八）『嘉納柔道思想の継承と変容』風間書房。

永木耕介（二〇〇九）「嘉納治五郎が求めた『武術としての柔道』――柔術との連続性と海外普及」『スポーツ人類学研究』一〇・一一合併号、一―一七頁。

永木耕介（二〇一一）「ヨーロッパにおける柔道普及と『柔道世界連盟』構想」生誕一五〇周年記念出版委員会編『気概と行動の教育者―嘉納治五郎』筑波大学出版会、一八八―二〇一頁。

永木耕介（二〇一二）「嘉納による柔術のスタンダード化と海外普及」菊幸一編『平成二三年度日本体育協会スポーツ医・科学研究報告Ⅲ 日本体育協会創成期における体育・スポーツと今日的課題―嘉納治五郎の成果と今日的課題―第二報』公益財団法人日本体育協会、七―一三頁。

岡部平太（一九五二）『柔道新聞』日本柔道新聞社、一九五二年八月二〇日付、三面。

岡部平太（一九五七）『スポーツと禅の話』不昧堂出版。

坂上康博編著（二〇一〇）『海を渡った柔術と柔道――日本武道のダイナミズム』青弓社。

浦田不二夫（一九六四）「スポーツ界回顧」ハワイ日本人移民史刊行会編『ハワイ日本人移民史』日本出版貿易。

綿谷雪・山田忠史編（一九七八）『武芸流派大事典』東京コピイ出版。

藪耕太郎（二〇〇九）「二〇世紀初頭のアメリカにおける柔術の受容とH・I・ハンコックの柔術観――ハンコックの柔術教本と"The New York Times"を手がかりに」『体育史研究』二六、一三―二六頁。

『読売新聞』「学び　再出発――生き抜く①」読売新聞社、二〇一一年一二月五日付、一面。

吉田郁子（二〇〇四）『世界にかけた七色の帯――フランス柔道の父・川石酒造之助伝』駿河台出版社。

第7章　嘉納治五郎と女子柔道

山口　香

一　女子体育の転換期と嘉納治五郎

明治二〇年代後半から三〇年代前半は女子教育、女子体育の転換期ともいえる時代である。主な出来事をあげると表7-1の年表のようになる。この時代は、師範学校、中学校、小学校の男子生徒には兵式体操と呼ばれた軍事教練を導入し、心身の強化を求めた。これに対して女子教育は、欧米の婦人論や教育論が翻訳、出版されたこともあり、理念や教育制度に議論が起こったものの、女性は男性社会を支え、強い日本人を産み育てる良妻賢母教育が根底となった。女子体育は、井口あくり、二階堂トクヨなどの女子体育の草分け的な人物の活躍で体操、ダンスを中心に進められた。

嘉納治五郎が講道館柔道を創始したのが一八八二（明治一五）年であり、およそ一〇年後の一八九三（明治二六）年には女子への指導を開始している。前述の井口あくりがアメリカに留学したのが一八九九（明治三二）年、二階堂トクヨがイギリスに留学したのが一九一二（大正元）年であることを考えると、いかに早い時期に嘉納が女子への柔道教授に踏み切ったかがわかる。この時期に嘉納が女子柔道を始めた目的や意味は何であったのか。女子柔道の先にある女子教育、女子体育をどのように考えていたのだろうか。

表7-1　女子体育の主な出来事（明治を中心に）

	主な出来事
1895（明治28）年	文部省，高等女学校規定「精神ヲ爽快ニシ身体ヲ健康ナラシメ」るために「普通体操若しくは遊戯」を週2～3時間必修正課として認める
1899（明治32）年	文部省の派遣で井口あくりがアメリカに留学
1900（明治33）年	文部省が女子の師範学校・高等女学校の月経時における体操科の取り扱いに関して注意を行う
1902（明治35）年	東京女子音楽体操学校設立（後の東京女子体育大学）
1903（明治36）年	日本体育会（明治24年）の体操学校（明治33年）が女子部を設けて臨時講習会を開く
1904（明治37）年	文部大臣（久保田譲）が女子の体育振興を強調
1905（明治38）年	女子のスポーツが発達すると女性らしさが失われ品位を下げるのではないか，とする批判記事が掲載される（『東京朝日新聞』） 日本初の婦人ゴルフ競技界が神戸六甲山上コースで開催される
1908（明治41）年	文部大臣（小松原英太郎）が女子体育の鍛錬主義を主張
1910（明治43）年	師範学校長会議で女子生徒に奨励すべきスポーツとして，なぎなた・水泳・弓・スケート・テニス・羽根つきがあげられる
1922（大正11）年	第1回全日本女子陸上競技大会開催 第1回全国女子競泳大会開催

今日の日本では、女子スポーツは男子スポーツに引けをとらないほどの普及発展がみられる。とくに競技スポーツにおける競技力向上は当時と比べると隔世の感がある。しかしながら、ＦＡＴ[1]と呼ばれる女性特有の生理学的な諸問題、セクシャルハラスメント、ジェンダーバイアスなどの問題を抱えていることも見逃せない。この章では嘉納の女子柔道への取組みを紐解きながら、女子教育、女子体育のあり方と今日的な課題について検討する。

二　女子柔道の始まり

（1）明治期の女子柔道

女子柔道の起こりについて、嘉納は「その起りは、柔道は女子も大いにやるがいい、併し女子は女子だけで別にやるがいいといふ考へから、はじめたもので、講道館女子柔道のはじめは講道館とはなれて、自分の家庭に於て自身で教へた。しかし自分も多忙なからだであるので、いつも自分で教へるという暇もなかった。また来る方もいつもきちんときまった時間などに来るといふやうな都合にも行かなくて、十分に教えるといふわけにも行かなかった」（鵜沢 一九三五：五）と述べている。実際に、はじめて稽古を許された女性は、芦谷スエ子であるといわれている。一八九三（明治二六）年、芦谷は嘉納に直接入門を願い出たのではなく、高弟の富田常次郎に指導を受けたい旨を申し出た。富田が嘉納に許可を得て、五番町の嘉納の自宅の後庭に研究用に設けられた十畳敷位の小道場において指導が行われた。その後、下田歌子[2]などに加えて嘉納の妻・須磨子とその友人も加わって富田が渡米する一九〇四年頃まで稽古が続いたという（富田 一九三四：一三）。嘉納は新しい技を思いつくと夜中であっても門人や夫人を起こして練習相手をさせていたとの息女の証言もあることから、須磨子夫人が女子で最初の門弟的存在であった可能性も少なくないが真意は不明である[3]（乗富 一九七二：九）。

嘉納が正式に門弟として入門を許可したのは、一九〇一（明治三四）年、大場久子[4]である。当時、大場は女子高等師範学校の学生であり、申し出を受けた嘉納は、即答は避けたものの、後日、稽古を許している。

欧米の婦人論や教育論が入ってきた時代であり、女子体育についても、その必要性が論じられはじめたが依然として良妻賢母を善とした時代であった。こういった時代にあって、なぜ嘉納は女子の指導を試みたのであろうか。前述した富田によれば、芦谷は講道館の門を叩く以前に、何人かの指導者について天神真楊流の形などを練習していたということである。つまり、講道館が女子を受け入れる以前から柔術もしくは柔道関係者がすでに女子に門戸を開いていたことになる。嘉納の先見の明によって講道館が女子に道を開いたように伝わっているが、明治期の武術には嘉納以外にもその受け皿が少数でも存在したと考えられ、そのことが講道館においても女子を受け入れる垣根を低くした可能性が考えられる。

嘉納が本格的に女子の指導に力を入れたのは、一九〇四（明治三七）年に入門を許した安田勤子からといえる。それまでは多忙もあって信頼のおける弟子に指導を任せることが多かったが、安田に対しては強い思い入れをもって指導にあたったことがうかがえる。入門の際に嘉納は「女子の柔道についてはわしは経験も少ないし、果して女子の柔道がその効果を認められるや否やということは、今のところではまだ研究中だから、あなたもそういうように熱心であるならば、共に研究して見るというつもりで来るように。あなたは体が弱そうだが、非常な決心を持っておるから、あなたはわしの云う通りに、少しも疑わず、少しも背かずということをして貰いたい、それからもう一つは、結局嘉納の家の土になるという覚悟をしてもらいたい」（安田　一九五四：二三）と安田に対して相当の覚悟を求めている。入門後は私邸に住まわせて食事、生活に至るまで管理・指導を行った。入門後直ちに柔道の指導は行わず、数週間に及ぶダンベル等の器具を用いての基礎体力作り、柔の形、受身へと進め、その後、大学病院にて健康診断を行い、本格的な柔道指導を行ううえでの最終判断として富士山登山を課している。嘉納は、自身が指導方法を体系化したことによって柔道が体育として安全に老若男女に行わせることが可能であると信じていただろうが、とくに女子の指導に関しては細心の注意を払って段階を踏んだ実験的指導を行い、徐々に成果を得ていったようである。安田と宮川には、女子の昇段制度がなかった時代であったが、後年になって「女子柔道有段者待遇」の資格を与えている。

（2）指導者養成

女子柔道は当初、講道館においての指導ではなく、嘉納の私邸で行われた。その後も入門者は出自にもこだわり、嘉納自らが面接を行い、男性入門者に比べて狭き門であった。当時の入門者をみると、華族女学校の教授や学生などが多く、女性エリート集団であったことがわかる。

一九二六（大正一五）年に講道館女子部を発足させるが、入門に際しては男子に比べて厳しい条件が課せられていた（表7－2）。規定の入門書式、健康診断書、戸籍謄本を添付し、嘉納との面接の後、入門が許された。女子体育が広がりつつあったとしても、女子が柔道をするということに対する世間の風当たりも考え、出自にこだわり、

表７-２　講道館女子部入門規定（1926年）

〈講道館女子部入門規定〉

一　入門を請う者は，毎日（休日を除き）午前九時より，午後三時迄本館に出頭し，入門申し込み書に履歴書を添え受付に差出すべし。

二　入門を許可する際には，左の五ヶ条の誓文に記名，調印せしむ。

　第一条　この度，御門に入り柔道の御教授相願候上は，猥に修行中止間敷候事

　第二条　御道場の面目汚し候様の事一切仕間敷候事

　第三条　御許可なくして秘事を他言し，或は他見為仕間敷候事

　第四条　御許可なく柔道の教授仕間敷候事

　第五条　修行中，諸規則堅く相守可申は勿論，御免許後と雖も教導に従事仕候ときは必ず御成規に相背き申間敷候事

三　入門の許可を得たる者は入門料（参円）及び其月の道場費（金壱円五拾銭）を納むべし。

四　入門当日は印を持参し，袴又は洋服着用の事。

五　稽古時間は左の如し。

　平日　　午後三時より六時まで

　土曜日　午後二時より五時まで

　日曜日　大祭日は休日とす

六　外国其他，遠隔の地にあり入門請う者は，講道館有段者の紹介を持って，入門申込書，履歴書，身元引受証書及び，五ヶ条の誓文を記したものに記名，調印し，入門料を添え送附する時は，詮議の上之を許可すべし。

七　外国其他，地方の道場に於ては，特に本書の許可を得て此の規則を取捨する事を得。

　＊　一年後，以下の二項目が追加された。

八　講道館女子部は，当分の内少数の人数を限り，入門せしむ。

九　入門許可せられたる者は，身元引受証書を提出すべし。

高い教育を受けた女子に限り，将来の女子柔道発展を支える指導者を養成することを考えての条件であったようである。そのことは，雑誌に掲載されたインタビュー記事（嘉納　一九〇五：四九－五四）からもうかがえる。聞き手の「近頃は女子で柔道の修練をする人が段々できるようですが，女子にも柔道は必要なものですか」という問いに，「世人の所謂必要には二種類の意味がある。即ち食物は生活を保つに必要であると云う意味の必要と，音楽詩歌を学ぶは女子の為に有益であると云う様な軽い意味の必要という二種がある。柔道は人世に於けるは，食物が生活に於けるやうな意味の必要では無論ないけれども，柔道の修行は女子の体育上並びに心育上有益である，即ち必要であると云うことを信じるのである。（中略）また今日の進歩した教授法を知らず，昔流の稽古の方式のみを見て，柔道は危険なものであるとか，荒っぽすぎるとか思う人があるかも知れぬ。乍併《しかしながら》柔道と云う

ものは、本来素人の考へるような荒っぽい事をするものではない。一般の女子に対しては、女子に適するやうな方法を以て教授することができる。又特殊な目的を有する女子には、男性と同じような修練をさせても支障あるまいと思う」と答えている。また「女子で柔道の修行をなし居る者は多数ありますか」という問いには「いや、たんとはない、男子と比較すると誠に僅少である。自分の所へも以前からしばしば志願者があったけれど、女子を男子と同一道場で教へることは教育上好ましからぬ事であるし、女子だけを特別道場を設けて教授せしむることにしても、適當《てきとう》な教師を得ることは余程困難である。故にやむを得ず少数の女子に限りて、ある時は自分で自ら教授の任に當《あた》り、又或時は門弟中より適任者と読むる人物を選び、余暇に来て貰って間に合わせて居るような次第である。併《しか》し現在修行して居る女子の中で、一通り他人に教授し得る技量を備へたものが出来るようになったならば、女子の柔道も一層拡張し普及さるように進むであろう」と述べている。当時、講道館は女人禁制の男の世界であり、先の発言にはそのなかに女性が入ってくることによって男女関係の風紀の乱れなどから講道館の社会的信頼が低下することを懸念し、敢えて垣根をつくるという、嘉納なりのリスク・マネジメントがあったのかもしれない。

また、複数の女子修行者の証言から嘉納は「女子の柔道も今後とも世界的に発展するのであるから英語をしっかり勉強しなさい」と述べていることがわかる（福田敬子談[(5)]、二星温子談〈柳澤 一九八五：二八〉）。嘉納は、女子の試合を当面禁止するとし、競技柔道としての発展には否定的であったようにみえるが、女子体育のひとつとして世界に普及していくことを望んでいたようであった。普及の条件として、時代背景から考えるに女子を指導するのは女子の指導者が適切であると考えていたようで、女子には強くなることよりも指導者としての知識と技能を養ってもらいたいと考えていたと思われる。

嘉納が柔術の手習いを始めた天神真楊流柔術師範である福田八之助の孫・福田敬子は、嘉納の没後アメリカに渡り、柔道を広めた（山口 二〇〇九）。福田に代表されるように、少数精鋭で徹底した指導から育った女子柔道草創期の弟子たちは嘉納の理想とした柔道の理念を十分に理解し、使命をもって修行に励み、後世に受け継いでいく任を全うしたものが多かった。しかも、安田勤子、乗富政子、福田敬子、二星温子など多くの者が生涯独身を通し、生涯を柔道に捧げている。女子教育、体育の目的が良妻賢母を育てるためにと考えていた嘉納からみれば、生涯を柔道修行に捧げることを彼女たちに望んだわけではなかったであろうが、まさに嘉納のいう「特殊な目的を有する女子には、男性と同じような修練をさせても支障あるまい」という存在であったのかもしれない。

三　嘉納の理想と女子柔道

(1) 精力善用国民体育

嘉納は、一九〇九（明治四二）年に近代オリンピックの創設者であるピエール・ド・クーベルタン（フランス）から要請を受けてアジア初の国際オリンピック委員に就任し、一九一一（明治四四）年には大日本体育協会を創設した。こうした流れのなかから嘉納は国民体育への思いを強めていったのだろうか。大正に入ってからは新たな柔道の理論を展開していくことになる。

嘉納の柔道理論として後世に受け継がれている「精力善用・自他共栄」を発表したのは一九二二（大正一一）年であり、精力善用理論にもとづき「精力善用国民体育」が創られたのは一九二七（昭和二）年である。当時の日本は、日清、日露の戦争後、重工業への転換を図り、経済が豊かになっていく一方で戦勝国としての驕り、勤勉勤労が薄れていく社会情勢にあった。一九一五（大正四）年に発行された機関誌『柔道』の「講道館柔道概説」には次のように記されている。

元来柔術或は柔道なる名称は、柔よく剛を制すなる言葉から出たものと一般的に考へられている。よって講道館にてもこの理即ち之は柔の理と言われているが、この柔の理について万般の事を説いていた。しかしながら、次第に研究を積むに随い、これのみにてすべてを説明することは、無理なる点のあることが明らかになってきた。（中略）元来柔術とか柔道とかいふ柔の字の起こりは何からであるかといふことは確かにはわからぬが、柔の理の柔の意味にもとづいて起こったといふことはほとんど疑ひをさしはさむ余地はないと思ふ。さうすると攻撃防御の方法として、柔の理の応用が大切な部分を占めているところから外の理にもとづいてする場合のあるにかかはらず、総体のことを或ひは柔術といひ亦柔道といったのである。その名称を一層押し広げて予は柔道といふ言葉を攻撃防御の場合に応用すべき心身の力の最も有効たる使用法に止めず、広く如何なる事柄に応用しても苟も心身の力を最も有効に使用する途の存する所にこの柔道といふ名称を用いることにしたのである。

（嘉納　一九一五）

嘉納が講道館創設当初には、柔道の原理を「柔よく剛を制す」の柔の理で説いたが、これだけで万般の事を説くには無理があるとの考えに至り、その後、「心身の力を最も有効に活用する」という新しい原理を生み出したことになる。そうすることによって、柔道の範囲を社会生活全般にまで拡大していったのである。

柔道界には、この定義に対して批判的な考えの者もいた。愛弟子であった岡部平太は「柔道が心身の力を最も有効に使用する道だということは立派な修心、養心の道であることに間違いはない。しかしそうなると、これは一人の人生観であり、一人の哲学観となってこれを以って直ちに柔道が数多くの他のスポーツや体育の方法と区別し、独立した地位を与えられる種差にはならないのである」（岡部　一九六〇：三七六）と述べ、この定義は嘉納の哲学観にすぎず、柔道の原理とはいえないと批評した。嘉納は大正に入って、柔道の「柔」の思想を追求し、社会生活に応用できる理論を示し、国民に普及していく理想があったが、勝負に重きを置き、ある面でスポーツとして柔道を捉えていた男子修行者には受け入れられない部分もあったようである。

（2）女子柔道と体育

一九二六（大正一五）年に嘉納は「従来世に流布されておる形の他、目下考案中の柔道単独練習や家庭柔道の形の類が世に発表せらるるに至れば、普通の座敷において平服のままで練習できるわけである、柔道は広く各家庭で行われることであろう」と述べ、翌一九二七（昭和二）年二月に文部省で「精力善用国民体育」という形を発表することになった。国民体育について嘉納は、誰もが行える、広い場所や器具を必要としない、どんな服装でもできるなどが重要であると述べ、当時、国民体育として女性にも広がりつつあった体操に関しては、一つひとつの運動に意味がなく、面白みがないと指摘している。「精力善用国民体育の形」は、体操の欠点を補い、体育的な効果をあげるに理想的であると考え、精力的に広めていく。この形は単独練習と称した当て身中心の二八の動作と二人で攻防できる一〇の技で成り立っているもので、国内はもとより海外にまで赴き、指導や講演を行っている。

柔道の初心者には、「精力善用国民体育の形」を行うことで基礎的な体力を養い、受身、乱取へと進んでいくことが修行の形として望ましいと考えていたようである。女子の場合、基礎体力が十分でない者が多かったこと、師範や指導陣の教えには疑いをもたずに従順的であったこと、競技（試合）が認められていなかったことなどから、徹底して行われた。また当時は、柔道衣に着替えることを恥ずかしがる女子もあったようで、そういった場合には平服において形を学ぶことも認めていたようである。どんな場所でもどんな服装でも可能な運動という嘉納の目指した体操にかわる身体運動としての役割を体現していくのに、女子修行者は最適であった。このような事情から一九七八（昭和五三）年に女子の試合が始まるまで、女子講習会などでは「精力善用国民体育の形」をはじめとして「柔の形」などの指導が中心に行われた。

講道館柔道にはいくつかの形があるが、嘉納は初めに取り組む形として「柔の形」の有用性をあげている。その理由を、動作がゆっくりしていて、柔軟性を高め、体操としての役割をもちながらも、柔道の攻防や理合いが学べるとしている。さらに柔道衣を握らなくても行えることから、平服においても稽古することが可能であるという特徴があった。嘉納は「柔の形」の効用を重視しており、海外において実演することも多かった。しかし、その一方で、男子修行者には「精力善用国民体育の形」も「柔の形」も嘉納の思いほどに受け入れられなかった節がある。もともと体力のある男子にとって、ゆっくりとした攻防は面白みに欠けたとも考えられる。現在では形の世界大会などが実施され、若く体力が十分にあるものでも熱心に取り組む姿がみられるようになったが、大会が行われる前までは若者は競技中心に行い、体力の衰えてきた中高年者が形の稽古に移行していく傾向が否めなかった。おそらく当時も同様の傾向がみられたのかもしれない。

嘉納は学校などで柔道の体育としての価値、活用を説くために、百聞は一見に如かずで、演武を行わせることが多かったが、女子修行者が演舞する場合には柔道衣、体操服、制服などさまざまな格好で同時に実演させている。柔道が国民体育として適していることを見せるためには、筋骨隆々の男子修行者をもって示すより、体力のない女子であっても実施可能で、どんな格好でも行えることなどを示すことが説得力をもったのであろう。

（3）女子柔道に託した理想

嘉納の「体育・勝負・修心」の三つからなる講道館柔道の修行における理想は、男女の別なく一貫していたに違いない。しかし、理論としては正しくとも、体格、体力のある男性修行者の多くは、体育と勝負を意識せず同様のものとして取組み、勝負に魅力を感じ、勝負にのみ重きをおいてしまう傾向があったようである。また、嘉納自身、老年となり、自らの衰えを自覚していくことで考え方に変化が起きていった可能性もある。そのうえで、老若男女に適した形や指導法の重要性を再認識し、勝負ではなく体育としての柔道の価値を示していきたかったのかもしれない。

晩年、自らの理想とする柔道と競技中心の男子柔道との間に違和感が生じたのか、女子柔道こそが自らの理想を体現してくれるといった主旨の発言もみられるようになる。女子柔道先駆者である乗富政子は「各地の大会を巡回され御講演の時、師範は常に『女子の柔道はわしの柔道の理想に最も近い』」（乗富 一九七二：一）と述べていたと語っている。また、ハワイでの指導後、女子部の指導に携わった鵜沢孝は「女子部の道場は館長室に接近して位置していたので、師範は館長室お出入りの際よく御入来、従って来場の数は大道場よりもむしろ頻繁であった。師範は常に『俺の乱取の俤《おもかげ》は唯女子にのみ残っておる、女子でやっている乱取が、ほんとの乱取だ』『女子修行者にくれぐれも望むところは、あくまで合理的で決して無理せぬことである。無理は怪我と病気のもと、女子柔道に試合とか勝負とかを禁じておるのは、勝負や試合になると、勝ちたい、負けたくないの一心から、とかく無理をするようになり、その結果、思わぬ怪我をしたり又はそれが原因で病気を引起したり、最悪の場合は一生を台なしにするような不幸を招くようなこともないには限らない、そういうことを慮るからである』と語られていた」（鵜沢 一九五三：四四）と振り返っている。

女子修行者にも葛藤はあったようだ。前述の乗富は「当時の女子柔道は稽古相手になる相手が少なく、少数（五〜六名）の人達がお嬢様稽古で、少しでも強く当れば『ごめんあそばせ』という調子であったと記憶している」（乗富 一九七二：一〇）と述べている。さらに「師範は女子部規定を作る際に、事前に『乗富、女子の段・級について何が良いと思うか』との質問があり、その時周囲の人々は、女性らしく花の名等を考えたようであったが、私は男子と同様の段級制を希望しました。それは柔道の修行において、男女の区別等あってはならないと信じ、男子と同じ扱いをして戴くべきと思ったからです」とも語っている。

嘉納の没後も女子への指導、稽古のやり方は変わらなかったようで、雑誌柔道の対談やインタビューで女子修行者の多くが「もっと稽古相手が欲しい」「試合があってもよいのでは」などの発言も少なからず見られる。しかしながら、そういった発言の多くは強い要望ではなく、あくまで嘉納の理想とした女子柔道のあり方を保ちながらの変化を望むものであった。このように、嘉納の没後も嘉納の理想とした柔道や求めたものが女子修行者に受け継がれていった理由は何であったのか。その要因として考えられるのは、女子の修行者が男子修行者に比べて圧倒的に少なかったことから、一人ひとりと接する時間が多かったこと、入門の際には出自にこだわり、いわばエリート女性のみを集めていたことなど、嘉納の教えを徹底することを可能にした背景があったことである。

四　嘉納の女子柔道思想が示す今日的意味

文部科学省が実施している全国体力・運動能力、運動習慣等調査結果（二〇一二）をみると、一週間の総運動時間では、女子については小学生で二三・九パーセント、中学生で三〇・九パーセントが六〇分未満であった。オリンピックなどで活躍する競技スポーツにおける女子の活躍は近年めざましいものがあるのに対し、小・中学生女子のスポーツや運動に親しむ時間や機会は減少傾向にある。男子に比べて女子はスポーツへの興味関心が比較的低く、体を動かすことや競い合うことに欲求や魅力を感じない傾向は、明治の時代から大きく変わっていないのかもしれない。さらに、競技スポーツが高度化、専門化したことによって運動をするものとしないものとの二極化が進んでいる点も指摘されている。こういった状況のなかで、体育の意味や価値をいかにして教育し、生涯にわたって自らの身体と向き合い、実践していくかは今日的な課題でもある。また、女子がスポーツをすることで体型的に女性らしさが失われるのではないかという偏見も未だにある。スポーツにおける女子に対するジェンダーバイアスは、今日も消えていない。

二〇一二（平成二四）年から中学校において武道必修化が実施されたことに伴い、さまざまな準備が現場で行われてきた。実施に向けての懸念は、武道を専門としない教員が授業を行わなければならないことであった。これについては女性の教員であっても例外ではなく、男子生徒は武道、女子生徒はダンスという選択制授業が行われていた時代に教育を受けた女子教員は、武道に触れた経験さえもない可能性が高く危惧された。しかしながら、必修化がスタートし、筆者自身いくつかの学校の女子教員による柔道授業の研究発表を見てきたが、体育専門の教育を受けてきた教員の資質は高く、質の高い授業が展開されている。また、身体接触を伴う柔道は思春期の多感な時期であることもあって、授業を受ける女子生徒にとっても女性教員に指導してもらうことは、抵抗感を軽減するのではないかとも考えられる。

学校における授業に問題がないとしても、嘉納が明治の時代から女子柔道に取り組み、「女子の指導は女子で」と指導者の養成に取り組んだにもかかわらず、未だ十分な女性指導者を輩出するに至っていないことは残念である。学校体育以外のスポーツにおいても男性指導者に比べて女性指導者の割合はまだまだ低い。嘉納が女子柔道を発展させるために、女性指導者を多く輩出することを考えていたことは、現代においても未だ解決できていない重要な課題である。男性指導者が女子を指導できないわけではないが、競技スポーツに限らず日常的に女性の多くがスポーツに親しんでいくためには、女性指導者が増え、女子が体育やスポーツをもっと身近に感じられるようになることが必要であろう。

競技スポーツと体育とのバランスも難しい。嘉納が柔道の理想とした「勝負にのみこだわるのではなく、体育、修心にも重きをおく」という考え方を競技スポーツ、トップスポーツにどのように求めていくのか。当時の男子柔道家が勝負にこだわり、「強さ」を求めたことは、ごく自然なことである。柔道においては絶対的な存在であった嘉納であっても、この部分をコントロールすることが難しかったようにもみえる。柔道がオリンピック種目に採用されることに積極的でなかったのも、競技偏重に向かっていくことを予感していたからかもしれない。

オリンピックやワールドカップなどのスポーツイベントへの注目度が上がり、競技力がより重要視される今日、スポーツのもつ意味や価値をどのように教育していくかは重要な課題である。柔道を例にしても、競技力の高い選手が人間的にも優れているとはいえないのではないかという議論がある。競技に専心して高い競技力を獲得していく過程のなかで人間的な素養や教養も身についていくであろうといった根拠の薄い幻想のようなものを私たちはもっているが、おそらく競技力と人間教育の両面を獲得するには競技力向上プログラムとは違ったアプローチが必要なのかもしれない。

二〇二〇年東京オリンピック・パラリンピックの開催が決定したことで日本中が歓喜に沸いた。一方、青少年のスポーツにおいては、さらに競技力向上、勝利至上主義に傾倒するのではないかという懸念を口にする人も少なくない。二〇一三（平成二五）年、柔道女子ナショナルチームにおけるコーチの暴力問題や桜宮高校バスケットボール部員の自殺問題などによってこれまで黙認されてきたともいえるスポーツ界における暴力や体罰の問題が一気に表面化し、社会問題に発展した。これを機にスポーツ界が一丸となって暴力撲滅に向けて舵を切る決意を表明する一方で、体罰を容認するべきという指導者、選手、保護者も少なくない。体罰を容認する心理の裏側には、優れた選手を育成するには厳しい指導は必須であり、そのためには手段を選ばないという考えがある。

嘉納治五郎というカリスマ的な指導者であっても男子柔道の競技偏重を止めることはできなかったことを考えれば、スポーツにおける競技性とそれ以外の部分を上手くバランスをとることによってスポーツの意味や価値を生かしていくという課題は、現在の私たちに課された宿題のようなものかもしれない。嘉納は柔道がオリンピック競技となることには積極的ではなかったというが、オリンピック招致に関しては命を懸けて闘ったともいえる。二〇二〇年の東京オリンピック・パラリンピックは、私たちが嘉納の残した宿題と向き合う良い機会なのかもしれない。

注

（1）　FAT: Female Athlete Triad 1992, America College of Sports Medicine（ACSM）の女性スポーツ医学的諸問題についてのワークショップにおいて、anorexia（運動性無月経）、eating disorders（摂食障害）、osteoporosis（骨粗鬆症）の関連性が指摘され、現在ではこれをFAT（Female Athlete Triad）と呼ぶようになった。

（2）　下田歌子（一八五四―一九三六）は女子教育の先駆者、歌人、華族女学校教授、私立実践女学校創立。

（3）　嘉納は一八九一年に結婚。

（4）　後の宮川久子、桜陰女学校校長（一九三一―四八、桜陰学園沿革には宮川ヒサで記載）。
（5）　福田敬子氏より筆者聞き取り（アメリカ・サンフランシスコ自宅、二〇〇九年二月九日）。

参考文献

井谷恵子・田原淳子・来田享子（二〇〇一）『目でみる女性スポーツ白書』大修館書店。

藤堂良明（二〇〇七）『柔道の歴史と文化』不昧堂出版。

嘉納治五郎（一九〇五）『女学世界』五―七、博文館、四九―五四頁。

嘉納治五郎（一九一五）「立攻の基礎と柔道の修行」『柔道』一―三、柔道會、二三頁。

文部科学省全国体力・運動能力、運動習慣等調査結果（http://www.mext.go.jp/a_menu/sports/kodomo/zencyo/1332448.htm）

名久井孝義（二〇〇六）「近代日本におけるスポーツにみる性差の想像と変革に関する基礎的研究5-5講道館女子柔道の展開――多様な身体運動としての女子柔道」平成15年度～平成17年度科学研究補助金研究成果報告書、講道館。

西村絢子（一九八三）『体育に生涯をかけた女性』杏林書院。

乗富政子（一九六八）「嘉納師範と女子柔道」『柔道』三九―五、講道館文化会、七頁。

乗富政子（一九七二）『女子柔道教本』潤泉荘。

岡部平太（一九六〇）『コーチ五〇年』大修館書店。

老松信一（一九七六）『柔道百年』時事通信社。

富田常次郎（一九三四）「講道館創立時代を語る其の十」『柔道』五―九、講道館文化会、一三頁。

上村八郎（一九六七）『近代日本女子体育史序説』財団法人私学研修福祉会。

鵜沢孝（一九三五）「女子柔道座談會」『柔道』六―六、講道館文化会、五頁。

鵜沢孝（一九五三）「嘉納師範と女子柔道」『柔道』二四―七、講道館文化会、四四頁。

山口香（二〇〇九）「女子柔道の歴史と課題」『月刊武道』日本武道館。

柳澤久（一九八五）「全日本女子柔道体重別選手権大会」『柔道』三九―五、講道館文化会、二八頁。

安田勤子（一九五四）「女子柔道思い出話」『柔道』二五―九、講道館文化会、一三頁。

第8章　嘉納治五郎が理想とした柔道
——女子柔道に託したもの——

山口　香・溝口　紀子

一　嘉納にとっての女子柔道

二〇一二年、第三〇回ロンドンオリンピックは、奇しくも嘉納が日本選手団を率いて初めてオリンピックに参加（第五回ストックホルム大会〈一九一二〉）してから一〇〇年という記念すべき年であった。オリンピックは世界二〇〇カ国以上に映像配信され大きな成功を収めている一方で、ドーピング問題などの暗い影も落としている。国際オリンピック委員会（以下、「ＩＯＣ」と略す）は、勝利至上主義、競技化ばかりが先行し、過剰にその結果のみがクローズアップされることを憂慮し、競技のみならず教育という視点を加えたユースオリンピックを新たに導入して、二〇一〇年にはシンガポールで夏季大会、二〇一二年にはインスブルックで冬期大会が開催された。

ところで、一〇〇年前に初めて日本選手団を率いてオリンピックに参加した嘉納は、日本のスポーツ・体育の将来とオリンピックをどのように結びつけて考えていたのだろうか。アジア初のＩＯＣ委員である嘉納は、講道館柔道創始者でもある。生前、嘉納は柔道が国際的に普及することに力を尽くす一方で、オリンピック競技となることには必ずしも積極的ではなかったという。また、嘉納は女子の柔道については試合を一切禁止した。スポーツには競技としての一面もあるが、心身の健康の保持増進、コミュニティの醸成など多様な面が存在する。嘉納はスポーツの競技という側面の効用について認識し、だからこそクーベルタンからのＩＯＣ委員要請を快諾したものと思われる。しかし一方では、オリンピックや競技スポーツが隆盛することによって、スポーツのもつ競技以外の側面が薄れてしまうという危惧もあったのではないだろうか。実際に、近年のスポーツは競技ばかりが強調される傾向が否めず、このことは教育的スポーツを謳っている柔道においても同様である。

明治初期、嘉納治五郎は女性の身体運動に取り組み、講道館女子部を設けて女子体育の振興を図った。しかし、「女子柔道の試合について嘉納師範は、勝負になると勝ちたい、負けたくない一心から、とかく無理をするようになるなどの理由から当分の間禁止した」（柳澤・山口 一九九二：九）ように男性とは異なる段位規定および試合の禁止を女子部に設けた。なぜ嘉納は、女子柔道に対し男性とは異なる段位規定を設定し、試合を禁止したのであろうか。

本章では、女子柔道が誕生した当時の社会における柔術・柔道の言説分析を行い、嘉納が女子柔道に対してどのような価値を見出したかったのかについて検証し、嘉納の柔道論および競技論についての考えを探っていきたい。

二　講道館女子部の誕生

（1）女子部誕生の契機

講道館では、一八九三（明治二六）年頃から女子の希望者の要望に応え、女子柔道の指導が始まった。講道館に女子が正式に入門を申し込んだのは、当時女子高等師範の学生であった宮川ヒサ（大場久子）が最初だったという（一九〇一、第７章参照）。後に、宮川は桜蔭高等女学校の校長を勤めた。宮川は「教育者には学問ばかりでなく、身体の鍛練、とくに精神的な修養が必要である」（松下 一九七八）との理由から嘉納に入門を願い出ていた。

第７章でも述べたように、明治期の講道館女子柔道は、嘉納が身近な女性たちを対象に、自宅道場や弘文学院の道場を拠点として、本田存や富田常次郎らを指導者にすえ、一九〇四（明治三七）年頃から本格的に開始したとされている（乗富 一九七二：一〇）。また嘉納は、女子柔道の指導体系として、男子と同様に乱取、形、講義、問答の四つの方法を用いたが、女子の精神的、身体的特性や将来母親になることなどを考慮し、

①男子以上に基本を正しく守らせること。

②形と乱取とを併行的に指導すること。

③試合は勝とうとすると基本を崩す恐れがあるから当分取り入れないこと。

といった以上三点についてとくに留意し、指導を行っていた（松下 一九七八）。さらに嘉納は、一九二三年頃になると「住込み女子書生」として堀歌子、乗富政子を受け入れ、本田存を女子指導者として本格的に教授させている（乗富 一九七二：一〇）。一九二六年には八月四日より二週間、嘉納の家庭道場において講習会を開催した。

そこでは、全国から一二名の参加者を対象に嘉納自らが指導にあった。同年一一月九日、柴愛子《しばあいこ》を道場取締、本田存を助教として開運坂道場に女子部を開設し、本格的に女子柔道の指導が始まった（老松 一九六六：一六四）。女子部道場は、「嘉納の執務する館長室に近い室を充てられ、館長室に出入りする際、女子部道場からの稽古の音が聞こえてくると、ちょっとでも立ち寄ってその指導ぶり、稽古ぶりをみるという風であった。指導者も特に技や稽古のよい者を選んで充て、高段者といえども嘉納の許可なしで女子部道場に入り、稽古することを認めなかった」（村田 一九九三：一四五）といわれるように、拡大化する男子柔道に対して講道館女子部は、昭和初期において嘉納治五郎の直轄のもと閉鎖的な空間の中で展開された。

一九三一（昭和六）年九月一一日、女子部にも誓文帳（入門帳）が作成され、五か《ママ》条の誓文が明記された。女子部の開設当初、入門に際しては男子よりもその条件が厳しかった。たとえば、嘉納は女子に関して家柄や出自などを考慮し、入門書式（申請書）のほか、健康診断と戸籍謄本の提出を求めたため、稽古に来るのは嘉納の孫や高等師範学校長の子女など上流社会の子女ばかりだったという（山口 二〇〇九：八五）。とりわけ嘉納は、前述したように

女子の試合を禁止した。嘉納は、女子柔道の教授法について次のように述べている。

女子修行者に対してくれぐれも望むところは、あくまでも合理的で決して無理せぬことである。無理は怪我と病気の基、女子柔道に試合とか勝負とか禁じておるのは、勝負や試合になると勝ちたい、負けたくないの一心からとにかく無理をするようになり、又それが原因で病気を引き起こしたり、最悪の場合は一生を台無しにするような不幸を招くこともないとは限らない、そういうことを慮るからである。

（嘉納先生伝記編纂会　一九六四：四六四―四六五）

（2）日米における女性柔道[1]の扱いの違い

それではなぜ、嘉納は男女との試合だけでなく、女子同士の試合も禁止したのだろうか。

当時の講道館女子部の活動について一九三五（昭和一〇）年八月二五日の『東京朝日新聞』によると、品川女子（東京）、西華女子（大阪）、高坂高女（高知）では正課として行われ、さらに同年八月一一日から講道館（小石川）で嘉納師範の講義に加え、半田七段、松岡六段、乗富政子弐段が講師となり二〇名ほどの女学校の女性教員に研修会を行ったと記述している。嘉納は、ほかの女子体育と同様に、「形」と「乱取」を中心に「女子向けの柔道」としてこれを工夫し、女学校への普及活動を展開した。

明治初期、アメリカでは講道館が普及活動を積極的に行っていた。とくにホワイトハウスにて山下義韶《やましたよしあき》はセオドア・ルーズベルト大統領夫妻に柔道を教授していた（図8-1）。一九〇四年四月二六日付の『読売新聞』によると「女豪傑山下夫人」の見出しで、山下義韶夫人の筆子《ふでこ》を紹介している。誇張された記事だとは考えられるが、筆子は実力柔道参段であり、拳闘家二、三人を投げ飛ばしているとの記事が掲載されていた。

記事にみられるように山下たちは、アメリカでは男女一緒に柔道の活動をしていた。すなわち嘉納は、アメリカでは男女組み合うことを黙認していたのである。山下と筆子は、マーサ・ブロー・ワッズワース、ホリー・エルキンズ、グレース・デーヴィス・リーなどの名家の夫人とその子どもたちに柔道を教えた。とくに、ワシントン社交界の花形であったワッズワースは、自らの屋敷内に稽古場を提供した。そのワッズワース夫人の紹介によって、山下はセオドア・ルーズベルト大統領の知遇を得ることができた。

図８－１　ホワイトハウスにおける山下義韶夫婦ら（右二人）

出所：Brousse 氏提供。

図８－２　「女豪傑山下夫人」の記事

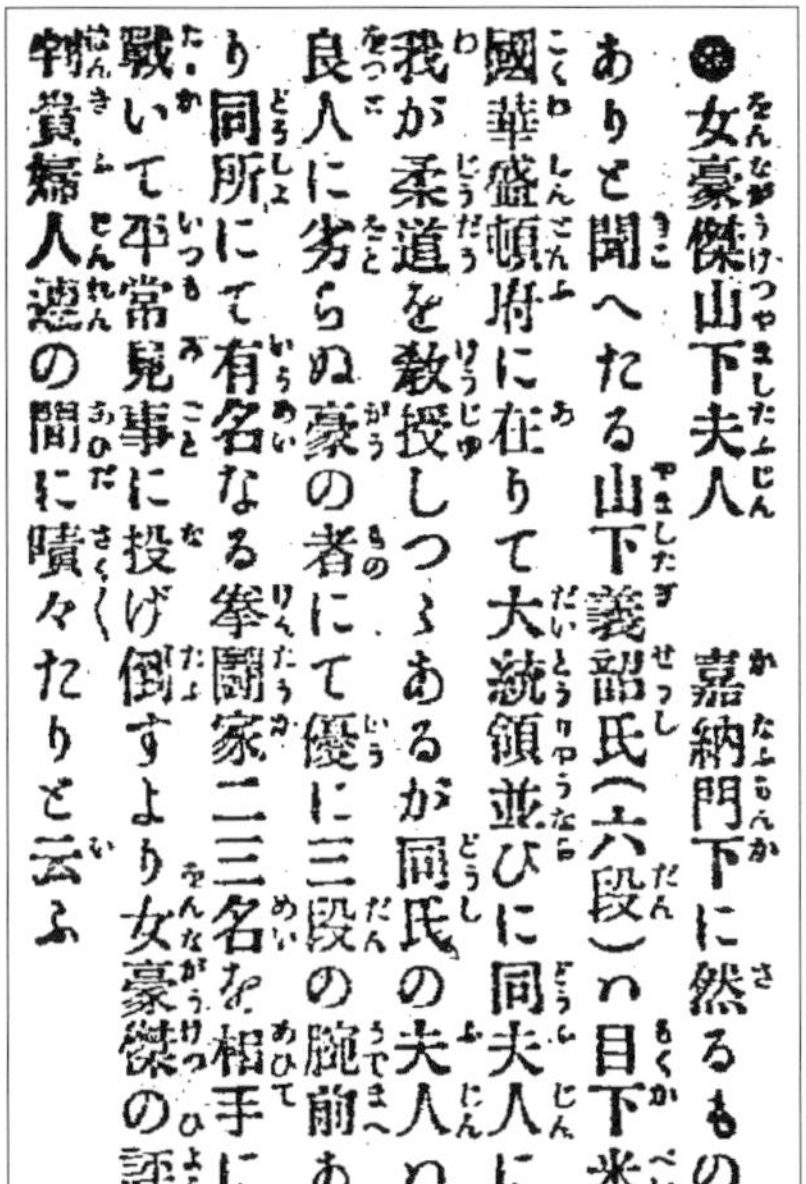

●女豪傑山下夫人《をんながうけつやましたふじん》　嘉納門下《かなふもんか》に然《さ》るものありと聞《きこ》へたる山下義韶氏《やましたぎせうし》（六段《だん》）ハ目下《もくか》米《べい》國華盛頓府《こくわしんとんふ》に在《あ》りて大統領《だいとうりやう》並《なら》びに同夫人《どうふじん》に我《わ》が柔道《じうだう》を教授《けうじゆ》しつゝあるが同氏《どうし》の夫人《ふじん》ハ良人《をつと》に劣《おと》らぬ豪《がう》の者《もの》にて優《いう》に三段《だん》の腕前《うでまへ》あり同所《どうしよ》にて有名《いうめい》なる拳闘家《けんたうか》二三名《めい》を相手《あひて》に戰《たゝか》いて平常《いつも》見事《みごと》に投《な》げ倒《たほ》すより女豪傑《をんながうけつ》の評《ひやう》判貴婦人連《はんきふじんれん》の間《あひだ》に嘖々《さく\/》たりと云《い》ふ

出所：『読売新聞』1904年４月26日朝刊，３面。

図８－３　フィラデルフィア警察の柔術教授，岸愛子の活躍

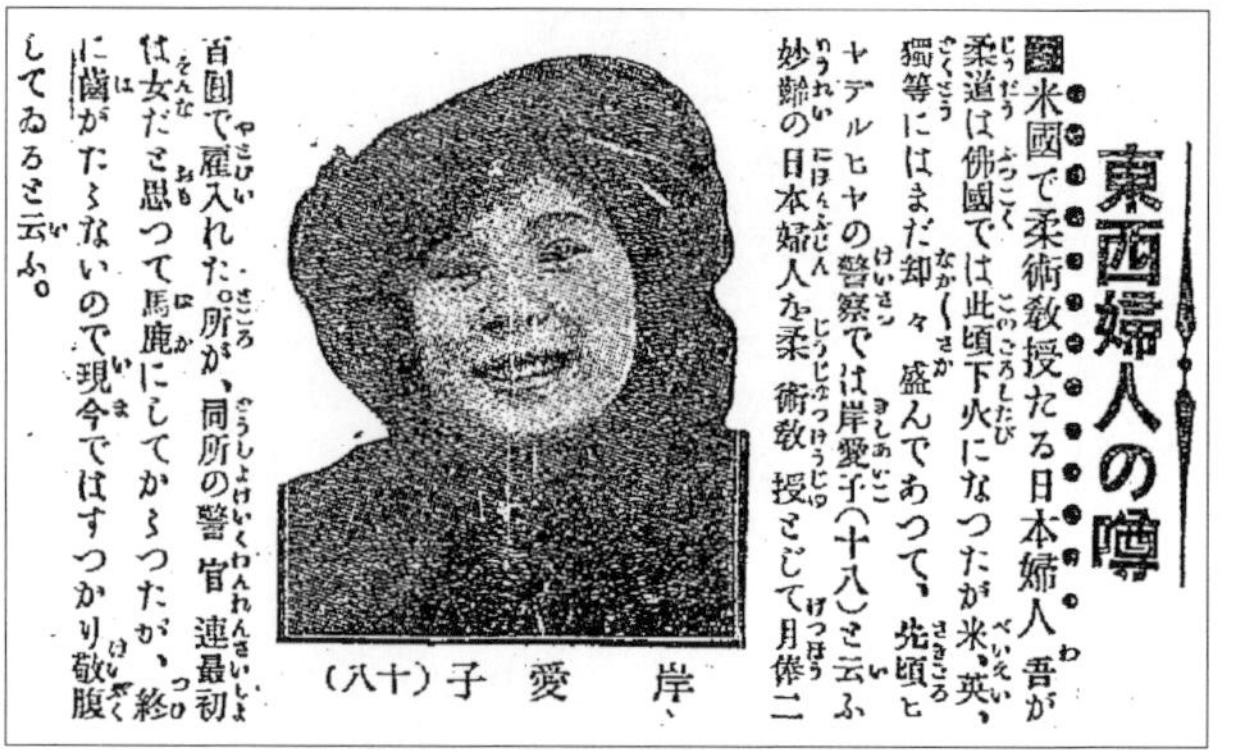
東西婦人の噂

■米國で柔術教授たる日本婦人 吾《わ》が柔道《じうだう》は佛國《ふつこく》では此頃《このごろ》下火《したび》になつたが米《べい》、英《えい》、獨等《どくとう》にはまだ卸々《なか／＼》盛《さか》んであつて、先頃《さきごろ》ヒヤデルヒヤの警察《けいさつ》では岸愛子《きしあいこ》（十八）と云《い》ふ妙齢《めうれい》の日本婦人《にほんふじん》を柔術教授《じうじゆつけうじゆ》として月俸《げつぽう》二百圓で雇入《やとひい》れた所《ところ》が、同所の警官連《どうしよけいくわんれん》最初《さいしよ》は女《をんな》だと思《おも》つて馬鹿《ばか》にしてかゝつたが、終《つひ》に齒《は》がたゝないので現今《いま》ではすつかり敬服《けいふく》してゐると云《い》ふ。

岸愛子（十八）

出所：『読売新聞』1914年７月５日付。

さらに、一九〇四年五月のニューヨーク紙によると、山下や筆子の弟子であるキャサリン・エルキンスらが柔術をしているという記述がなされていた。加えて一九一四年三月八日の『ニューヨークタイムズ』紙によると、シカゴ市警では、女性警官に柔術を教授していたことが掲載されていた（Svinth 2001）。このようにアメリカでは、上流社会の女性たちや女性警官を中心に柔術が普及していったのである。

三　講道館女子部の昇段

一九三三（昭和八）年一月一八日に小崎甲子が初の女子初段となる。そして一九三四（昭和九）年一月一四日、挙行された恒例の鏡開式において、初めて女子の昇段式が行われた。昇段式では試合は行わず、女子部の乗富政子、芥川綾子、森岡康、大磯の四人が「乱取」を行い、乗富、森岡が「精力善用国民体育、極式」、森岡、芥川が「柔の形」の演武を行った。その後昇段式が行われ、嘉納は、森岡、芥川らに女子柔道初段、乗富には初段を飛び越し女子弐段を授与した。同日、講道館女子部規定、講道館女子部入門規定、講道館女子部段級規則を発表した。その段級規則では「段級の昇進及び編入は講道館師範の認定により行うことができる」（丸山 一九三六：三二八―三二九）とのみ記されており、乗富の弐段の編入昇段の経緯についてはこれまで明らかにされていない。さらに、嘉納は講道館女子部段級規則のなかで、「閲歴・功労その他の事由により、講道館師範が適当と認めたるものは、女子柔道有段者として待遇することある

べし、その待遇を受けくるものを女子柔道有段者待遇と称す」として明文化し、一九三六年二月二二日、嘉納の長女綿貫範子、嘉納の五女鷹崎篤子、私立桜蔭女学校の校長である宮川ヒサ、岡田農子、安田勤子、三好ウタノには段位ではなく、女子柔道有段者待遇の地位を与えた。

このように嘉納は、女性に試合を禁止したため昇段試合に代替するシステムとして形や乱取、推薦をもって昇段できるシステムを設けた。その理由は、嘉納自身が生前「女子の柔道はわしの柔道の理想に最も近い」（乗富 一九七二：二）、「女子柔道は講道館柔道の真の継承である」（乗富 一九七二：一五八）と述べていたように、試合でなくとも昇段できる講道館女子部に理想的な柔道の姿を描いたからではないだろうか。嘉納の女子柔道へのまなざしは、従来（男性）の柔道とは異なっていた。その講道館女子部の活動は、確かに決して男女の枠組みを超えようとするものではなかった。白線入りの黒帯を女子に与えたのも、その一証左であろう。

しかし、嘉納は日本で男女が組み合うことを禁止する一方で、アメリカにおける講道館の活動では男女が組み合うことを黙認していた。それは、なぜだろうか。日本国内では、あくまで「女子向けの体育」が構築され、男女の性差を超えるものではなかった活動を展開してきた。これに対して、講道館がアメリカで展開してきた女子柔道の概念は、護身術として男性を投げるという男女の性差を超える前衛的で、かつ上流社会の婦人の嗜み、社交としての活動であった。もちろん当時のアメリカと日本の社会的背景は異なる。とくに、一九二五年に治安維持法が制定されていた当時の日本社会は家父長制であり、アメリカで展開してきたような自由な女子柔道の活動では、対社会的な緊張感をもたらすものとなっていたに違いない。実際、講道館女子部の会員は、身元審査を行い嘉納の知人などの上流社会の子女に限定していた。

それでは、なぜ嘉納は、女子柔道に上流社会婦人の嗜みとしての活動を展開したかったのであろうか。そこで次節では、講道館女子部以外の当時の女子柔道の活動について検証することで、嘉納が描いた講道館女子部の概念をいっそう明らかにしていきたい。

四　明治から昭和初期にかけての婦人柔道

（1）明治期における女性柔術家

一八七五（明治八）年八月改印、『郵便報知新聞』五五一号に、大蘇芳年画、三遊亭円朝誌の浮世絵が掲載されている。ここでは、

大阪で骨接（ほねつぎ）業を営む松本ないという女性は、美貌であったが、柔術の達人でもあった。ある夕暮時、隣家の娘と長柄川沿いを歩いていた所を四人組の暴漢に襲われたが、見事得意の技で斥けたというもの。きれいな花には力もあった

と記されている。松本ないは、大阪で女性柔術家として骨接業で生計をたてていた。女性が骨接業を営んでいたことは希有なケースであると思われるが、当時の柔術家は、打撲や骨折の治療を主とし応急救護を医師に代わり行っていた（野口 一九九〇：三八七）。これらは整法と呼称され、道場経営する傍ら副業として社会に認知されていた。松本ないも、女性ではあるが柔術家として骨接を開業し生計を立てており、「柔術家」という職業を通して自立していたといえる。

一八七三（明治六）年五月二七日付の『東京日日新聞』によると五月下旬、東京元御成街道五軒町酒井邸跡にて柔術会が開催されていたという記述がある。当時、撃剣会という興行が行われていたことが知られているが、柔術会はいわば、その柔術版である。

浮世絵には「官許」「諸流派飛入試合御勝手次第」と書かれており、行政府が認可した他流試合であったことが

うかがえる。この絵には嘉納治五郎の恩師、天神真楊流柔術の福田八之助《ふくだはちのすけ》、磯正智《いそまさとも》（磯又右衛門《いそまたうえもん》）らが描かれている。柔術会とは彼らが結成したものであり、諸流派の女性柔術家も集まって興行試合（見せ物）を挙行していたことが示されている。

この浮世絵から、明治初期には女性柔術の試合が行われていたことが明らかになった。「女呼上宝集家全の助」と書かれているように、呼上を担当しているのは、女流音曲師、女道楽師の宝集家全の助である。

一九〇三（明治三六）年一一月二〇日付の『東京朝日新聞』には、「婦人柔道指南家殺害せらる」という見出しで女性柔道家の殺人事件が報告されている。殺害された宮本お花は、前述した柔術会の興行にも登場している。

これらの記事により、次のような点が明らかになった。まず、当時の女性柔術家は「柔術家」という名称を用いて道場を経営したり骨接業を開業したりして生計を立てていたということ。そして女性の指導者が存在し、男性に指導していたということである。また、講道館以外の流派では、明治初期から女性の試合を行っていたということ。それらは興行（見せ物）として挙行されていた。さらに、講道館柔道女子部創設以前には、すでに「婦人柔道」なる用語が登場していたということ。そして、この女性柔道家の殺人事件を契機に、女性の護身術としての柔術が注目されるようになったともいえることである。

図8-4　三遊亭円朝誌の浮世絵（大蘇芳年画）

出所：『郵便報知新聞』551号，1875（明治8）年8月改印。

（2）学校体育における柔術採用の機運と婦人柔道

当時は、学校体育に柔術が採用されるような機運があった。一九〇四（明治三七）年二月一六日に第二一回通常議会衆議院にて、中学程度以上の諸学校に体育正課として剣道・柔道を加える内容を含んだ「体育に関する建議案」が提出された。翌一九〇五（明治三八）年四月六日付『読売新聞』朝刊によると、日露戦争の勝利によってますます尚武の空気が高まるなかで、東京女子師範学校に柔術採用が検討されている。当時は、男子だけでなく女子にも学校体育の正課に柔術を採用することを望む声があったようだ。

一九〇六（明治三九）年三月八日には、第二二回通常議会衆議院に「中学程度の諸学校に体育正課として剣術形の体操、すなわち練胆総術または柔術形の体操のいずれかその一を教習せしむべし」という内容の「体育に関する建議案」が提出され、同月一三日に可決された。これにより柔術の形は学校体育における体操としての「柔術形」が採用され、さらに女子にもその導入の動きが加速した。一九一二（明治四五）年になると、ますます婦人柔道の熱は東北を中心に高まっていた。同年二月一五日付『朝日新聞』朝刊の記事によると、前述した一九〇五年の婦人柔道家指南役殺害事件を引き合いに、護身を目的とした「婦人柔道」の必要性が論じられ、前年の一九一一（明治四四）年には講習会が開催されており、女性一〇〇名の参加を得て内二五名が皆勤賞であったという。さらに、その二五名の女性たちのほとんどが女性師範や高等女学校の教員たちであり、わざわざ上京して講道館での講習を受けていたというのである。

このことから、この時期には女子体育としての婦人柔道の導入にむけて盛り上がりをみせていたことがうかがえる。とくに東北地方では、当時の森秋田県知事が中心となって、山下（講道館）七段を講師に「婦人柔道」の研修を行っていた。明治の体育学者で、高等女子師範学校、東京女子体操音楽学校の教員を歴任した坪井《つぼい》玄道《げんどう》と可児《かに》徳《いさお》は、一九〇三（明治三六）年に共著抄訳『女子運動法』を発刊し、女子向けの「体操」を考案した。嘉納も含め当時の柔道家も、坪井たちが再構築した「女子体操」と同じように、柔道の「形」を女子向けの護身術の「形」に再構築することで女子体育のなかに採用されることを願った。さらに嘉納の死後、二代目講道館館長の南郷の時代に戦争色が強くなっていくと、女子柔道は良妻賢母主義のもと、日本精神や武道精神の修養、女性美や作法、精神修養に役立つという意味で奨励され、試合などの競技スポーツは重視されなかった。南郷は、嘉納が展開してきた従来の「柔の形」や「精力善用国民体育」の普及推進を継承しただけでなく、護身術を目的とした女子向けの「形」として一九四三（昭和一八）年に「女子護身法」を制定した。

五　嘉納の柔道論と女子柔道

（1）嘉納の理想から遠ざかる柔道

嘉納は、講道館柔道創始にあたり、何を考え、何を目的としていたのだろうか。創始当時の資料によれば、「この機会に自分が講道館柔道を開いた当初から、殊に明治二十年前後、本当に講道館柔道を完成したときからの方針についてさっくり説いておこう。当初から自分は柔道を錬体法、勝負法、修心法に別けて説いていた。錬体法は言い換えれば、体育としての柔道であり、勝負法は武術としての柔道である。修心法は知徳の修養並びに柔道の原理を実生活に応用する研究と実行とである。それ故に、自分の説くところの柔道とはそれによって身体をば理想的に発達せしめ、勝負の法にもすぐれしめ、また知徳を進め、柔道の精神を自分の行いに実現せしめ得ることを期していたのである」（村田 二〇〇一：七七）とある。要約するならば、柔道修行の目的は「体育・勝負・修心」のバランスのうえに人間形成を図り、努力していくことであるということだろう。

このような理念を掲げてスタートした講道館柔道だが、現実には嘉納の思うようには進まなかったようである。「講道館柔道の起こった初めの頃は、毎日自分自ら道場に出てこの意味を以て指導したのだ。もとより自分は当時まだ若年でもあり、精神は今と違ったところはないが、方法等についてはなお未熟であったから、効果の徹底にはあるいは違和感があったであろうが、乱取の指導の仕方は余程その理想に近いもので、今日一般に行われている講道館柔道の仕方とは余程違ったものであった」（村田 二〇〇一：七八）という。この言葉が述べられたのは一九二七（昭和二）年のことである。

さらに稽古の仕方が崩れた理由について「急に柔道が普及して多数の人が稽古するようになったが為、善い正しい方法で乱取を教える資格を有するものが欠乏したということを挙げ得る。この指導者欠乏のため、結局、修行者中、本当の方法を習わず、互いに捩じくり合いをする場合が生じ、講道館創設当初の乱取の仕方が十分に伝わらずに、力と力の捩じ合い、本当の方法にかなわない乱取がふえて来たのである」（村田 二〇〇一：八〇）と述懐している。一九二六年秋の紅白勝負においては「強い者の数が多くなり、殊に抑技と関節技は大分進歩したように思うが、姿勢の悪くなったのと、冴えた技が希にしか見られなくなったことは、退歩したと言わねばならない」（村田 二〇〇一：八〇）と厳しく述べている。

理論として、学問として正しくても、そのことを実践していくには、それぞれの者の理解力、力量が必要となる。講道館柔道はある時期から一気に普及し、大衆化し、多くの門下生を抱えるようになる。嘉納自身も学習院、高等師範などの激職にあり、多忙を極め、自ら多くを伝え、導くことは難しかったと思われる。柔道が普及していくことで、理想と現実とが乖離していくことを嘉納が予見していたかどうかはわからない。

（2）嘉納の女子柔道に対する思い

女子柔道に男子とは別のやり方で取り組んだことは意図的であったのではないかと思われる。まず、女子の入門に関しては家柄や出自にこだわり、嘉納自身が面接をして受け入れている。女子の柔道普及には女子の指導者が必須であることから、指導者になり得る資質のあるものを厳選したともいえるが、さらに男子では難しかった人数を極端に制限し、自身が目の届く範囲の中で英才教育を施し、柔道の理想を受け継がせたかったのではないだろうか。

女子の試合を禁止したことも、女子の身体的能力、技術の未熟さを慮ったばかりではなく、試合をしない修行の形を示したかったとも考えられる。

身体能力や技術の心配であれば、女子同士の乱取を許したように女子同士の試合に関しても許可しただろう。前述したように「女子の柔道はわしの柔道の理想に最も近い」（乗富 一九七二：一）、「女子柔道は講道館柔道の真の継承である」（乗富 一九七二：一五八）と嘉納は述べている。女子の試合を禁止した理由を「女子修行者に対してくれぐれも望むところは、あくまでも合理的で決して無理せぬことである。無理は怪我と病気の基、女子柔道に試合とか勝負とか禁じておるのは、勝負や試合になると勝ちたい、負けたくないの一心からとにかく無理をするようになり、又それが原因で病気を引き起こしたり、最悪の場合は一生を台無しにするような不幸を招くこともないとは限らない、そういうことを慮るからである」（嘉納先生伝記編纂会 一九六四：四六四―四六五）としているが、このことは男子柔道や学校体育に置き換えたとしても通じる考え方である。

二〇一二（平成二四）年度から始まった中学校武道必修化において、柔道の安全性を疑問視する議論が少なくない。報告されている事故の多くは課外活動（部活動）におけるものが多く、つまりは競技を目指す環境のなかで起こっている。柔道が武術としての側面をもつことから、その目的の一つを「勝負」としているが、女子柔道において危惧した「試合になると勝ちたい、負けたくないの一心から」が現在の柔道に現実の問題として起きていることは、嘉納の示した柔道の修行のあり方から外れてきている可能性を受け止め、変えていく姿勢が必要だろう。

（3）柔道における試合の意味や考え方

嘉納の発案により一九三〇（昭和五）年に柔道初の全国規模の大会である全日本柔道選士権大会が開かれるが、この際の審判法について「勝負の審判法は、本来一定の法のあるべきものではない。取り決めしだいでどうにでも定められるものである。真剣の勝負ならば実際に殺すか殺されるかして勝負が決するのであるが、柔道の乱取はひとつには真剣勝負の稽古であるが、本当の真剣勝負ではないから危険のないように注意しなければならない。又ひとつには体育の為にするのであるからなるたけ異なった技を用いさせるようにして、身体の各部を練るように仕向けてゆかなければならない。そして又修心の一助ともならなければならないから、勝負をするそうほうの心事如何を一々の場合において斟酌し、技の巧妙拙劣の度合を参考にしてその優劣、即ち勝負の判定をしなければならない」（村田 一九九〇：一〇一一二）としている。

試合とは「真剣勝負の稽古」であり、「体育」と「修心」の視点から行い、修行の程度を見届け、反省の機会とすることとしている。また、勝負させるうえでの妥当な条件は「力のつり合い」であるとも考え、専門家と一般の部をそれぞれ年齢で分け、八つの区分を設けた。嘉納の考える試合とは、相手を選ばず如何なる相手をも想定したうえで臨もうとする「真剣勝負」の視点ではなく、試合を技の競い合いとしたために、同一条件上でのことが前提となった。

同一条件上という視点から考えれば一九六四年東京オリンピックから国際柔道連盟が採用した体重別の規定も同じ発想といえる。日本柔道は「柔道は無差別が原点」が嘉納の考え方であるとの認識を示しているが、稽古においては無差別であっても競技においては「力のつり合い」を考えた区分を設けるというのが、本来嘉納が示した道であったともいえる。精力善用・自他共栄、正しい柔道、一本を目指す柔道、これらは日本柔道において嘉納の目指す柔道を端的に表現する代表的なものである。また、海外の柔道をjudoと表現し、日本柔道との違いを指摘する者もいる。

（4）女子柔道にみる嘉納の理想

しかしながら、日本柔道にあっても、嘉納の言質を真に読み解き、その理論を正しく継承してきているのだろうか。嘉納が女子柔道に男子とは違う形で指導し、試合を禁止した裏には女子柔道に初心があり、そこに戻る機会を残したのかもしれない。前述したように、嘉納は講道館女子部では女性が男性と組むことや試合を禁止する一方で、講道館女子部以外の地方における武徳会の婦人柔道、さらにアメリカなどでは、女性と男性が組み合うことを黙認していたことが明らかになった。

すなわち嘉納は、女性指導者の育成、女性体育の普及、護身術などを目的とした講道館女子部を展開する一方で、武徳会の小崎を講道館初の女性有段者にし、武徳会や地方、海外で展開されていた男女区別がない柔道に対して理解も示していたと読み取れる。一見すると一貫性がないようにも映るが、嘉納の説いた「精力善用」の善とは目的と言い換えて考えるならば、それぞれの目的が十分に果たされるための方法論の違いであると考えることができる。女子体育としての柔道、その指導者を養成することを主たる目的とした講道館女子部と、地方や海外の女子柔道とは目指す先が違っていたといえるだろう。とくに海外においては国際親善、社交として柔道を活用していたとも考えられる。

嘉納は「試合は真剣勝負の乱取」と考えていた。すなわち試合といえども乱取の延長線上にあるもので、現在私たちが考えるような試合とは違ったイメージをもっていたと推察され、女子に対しても乱取は認めていたことから、必ずしも試合を禁止したという意図ではなく、将来的には「真剣勝負の乱取」である試合を女子にも描いていたかもしれない。

一方で、嘉納の理想とする柔道理論の実践において、その理想と現実の乖離から、勝負以外に価値をおく女子柔道を意図的に残した可能性が考えられた。嘉納が女子柔道に残したかったものは、試合のない修行のあり方であり、その先には国民体育の考え方を含んでいたのかもしれない。女子柔道は一九七八（昭和五三）年から日本でも試合が解禁され、一気に競技化が進み、普及した。他方、生涯スポーツという観点からはどうであろうか。講道館女子部には試合が解禁される前から修行している女性の指導者が残っており、かなりの高齢であっても「形」「乱取」をこなしている。翻って競技経験者をみると、引退後、指導はしても自身が形や乱取を行うものは少ない。

嘉納が危惧したように、柔道に限らず競技を追求していけば身体への負担は大きく、年を重ねてその後遺症ともいうべき身体の不具合も少なくない。競技化することは、普及には大きな役割を果たす一方で、競技が国民体育や生涯スポーツにつながるとは一概にはいえないということだろう。競技化が加速していくスポーツの先行きに対して嘉納の先見性が、男子柔道に対して試合のない女子柔道を対比させたのかもしれない。嘉納の女子柔術・柔道に対する概念が、嘉納の柔道理論とどのようにつながっていたのかについては、未だに不明な点も多い。さらに研究を進めていく必要があろう。

注

（1）「女子柔道」と「女性柔道」の表記の違いについて、本章では、女子柔道＝講道館女子部、女性柔道は講道館女子部以外の「婦人柔道」を含んだ広義の意味で用いた。

参考文献

Arokinson, Linda（1983）*Women in The Martial Arts*, Dodd. Mead & Company.

Brousse, Michel（2005）*Les racines du judo français. Histoire d'une culture sportive*, Presses Universitaires de Bordeaux.

飯田貴子・井谷恵子（二〇〇四）『スポーツ・ジェンダー学への招待』明石書店。

川村禎三・貝瀬輝夫・二星温子（一九七八）「女子柔道の実態」『講道館柔道科学研究会紀要』第Ⅴ輯、講道館、四五―五四頁。

井谷恵子・田原淳子・來田享子編著（二〇〇一）『目で見る女性スポーツ白書』大修館書店。

嘉納先生伝記編纂会（一九六四）『嘉納治五郎』講道館。

松本芳三（一九七〇）『図説解説　柔道百年の歴史』講談社。

松下三郎（一九七八）「戦後の女子柔道」『日本大学文理学人文科学研究所研究紀要』。

丸山三造（一九三六）『大日本柔道史』講道館。

宮下充正監修／山田ゆかり編（二〇〇四）『女性アスリート・コーチングブック』大月書店。

溝口紀子（二〇〇九）「欧州における女子柔道の歴史」『柔道』六月号、講道館文化会。

溝口紀子（二〇一三）『性と柔』河出書房新社。

村田直樹（一九九三）「開会した女子柔道」佐々木武人・柏崎克彦・藤堂良明編『現代柔道論』大修館書店。

村田直樹（二〇〇一）『嘉納治五郎師範に学ぶ』日本武道館。

乗富政子（一九七二）『女子柔道教本』潤泉荘。

野口潜龍軒（一九九〇）『柔術教授書――龍之巻・虎之巻・特科虎之巻合本』帝國尚武會編纂。

野瀬清喜（二〇〇八）『柔道学のみかた――若き武道家・指導者たちのために』文化工房。

老松信一（一九六六）『柔道百年』時事通信社。

小倉孝保（二〇一二）『柔の恩人』小学館。

Svinth, J. R.（2001）*The Evolution of Women's Judo, 1900–1945*, Journal of Alternative Perspectives.

山口香（二〇〇九）「女子柔道の歴史と課題」日本武道館『武道』五一〇、八四―九一頁。

山口香（二〇一二）『女子柔道の歴史と課題』日本武道館。

柳澤久・山口香（一九九二）『女子柔道』大修館書店。

『朝日新聞』一九一二（明治四五）年二月一五日付。

『東京朝日新聞』一九〇三（明治三六）年一一月三〇日付。

『東京朝日新聞』一九三五（昭和一〇）年八月二五日付。

『東京日日新聞』一八七三（明治六）年五月二七日付。

『読売新聞』一九〇四（明治三五）年四月二六日付。

『読売新聞』一九〇五（明治三八）年四月六日付。

『読売新聞』一九一四（明治四七）年七月五日付。

『郵便報知新聞』一八七五（明治八）年八月改印、五五一号。

第Ⅳ部　現代スポーツと嘉納治五郎

第9章　現代における「自他共栄」主義の実践的啓発
――その可能性と課題――

永木　耕介

一　「自他共栄」主義の現代的実践を目指して

（1）現代における「自他共栄」主義の認知の現状

「精力善用・自他共栄」は、嘉納によって打ち立てられた柔道主義であり、なかでも「自他共栄」は、社会存続発展のために相助け相譲り共に向上していくことを目指し、「柔道の根本義」として修行上、究極の目的に置かれたものである（嘉納 一九三六、講道館監修 一九八八『嘉納治五郎大系』一：七一。以下、『嘉納治五郎大系』を『大系』と略記）。

「自他共栄」の成り立ちと性格については後述するが、「自他共栄主義の実践化」に関する研究を行う意義は、端的にいえば、嘉納が求めた「道徳性の涵養」という側面が、昨今では柔道修行の成果として明らかに低下しているとみられることにある。筆者は、嘉納が柔道において求めた「教育的価値」の戦後における継承について体系的に分析した結果、戦後の柔道指導者が憂慮し続けてきた「教育的価値の低下」とは、具体的には「大衆性と道徳性の低下」であると結論づけ（永木 二〇〇八：四二四）、さらに「道徳性の低下」は「精力善用・自他共栄」の忘却とも結びつくものであるとしている（永木 二〇〇八：二七二―二七三）。

藪根らは、一九九七（平成九）年に日本人大学生柔道部員が「精力善用・自他共栄」というフレーズをどの程度理解しているかについてのアンケート調査を行っているが、(1)「精力善用とはどういう意味か」について「わからない」と回答した者が約五〇パーセント（六三／一二六名）、「自他共栄とはどういう意味か」について「わからない」と回答した者が約四〇パーセント（五〇／一二六名）を占めた。さらに、「自他共栄」について何らかの回答をした者の記述では、「自他共に幸福になる」や「共に栄えるような社会的貢献」など、「善」ないしは「善行」という観点が含まれた内容はわずか約八パーセント（六／七六名）であった（藪根ほか 一九九七：九一―一一六）。この調査結果は、近年の若い柔道練習者の「精力善用・自他共栄」に対する理解の不十分さ、そして、一応の理解を示す者であっても、それらを「善」という道徳的次元において捉えることの弱さを示している。また海外でも、たとえばニーハウス（Niehaus, A.）は、ドイツ・ケルン大学の柔道練習者は「誰も嘉納の柔道哲学の中心概念である『精力善用、自他共栄』の意味を知らなかった」という興味深い報告を行っている（ニーハウス 二〇〇五：四四）。

これらの報告は、近年の柔道教育・指導における〝理念の欠落〟を示唆しており、それがもはや世界的傾向となりつつある姿を浮上させている。さらに述べれば、「道徳性の低下」は、柔道に限ったことではなくスポーツ界全般に及ぶ問題でもある。たとえば、日本体育協会は現在、「フェアプレイで日本を元気に」というキャンペーン活動を展開しており、「フェアプレイ」の概念普及によってスポーツの社会正義としての位置づけを取り戻そうとしている。しかしながら、どうすればフェアプレイ概念が真に普及・浸透するのかという方法論について、およびどこまで普及・浸透したのかという成果の検証については、未だこれからの課題であるとみられる。

（2）「自他共栄」主義の実践に向けた方法論的課題

筆者らが着手している「自他共栄主義の実践的啓発」という課題も、方法論の模索から始めなければならない現状にある。

「机上のペダンチックな議論を嫌い、どこまでもプラグマチックな生き方を貫いた嘉納」（友添 二〇一一：四七）と評されているように、ひと言でいえば嘉納は実践主義者であった。しかし、「自他共栄」については、それをどのようにすれば実践を通して感得できるのか、柔道という行為や活動の視点から嘉納が具体的に示す箇所は管見の限り見当たらない。もっとも、嘉納が自他共栄主義を世に公表するのは、一九二二（大正一一）年の講道館文化会の設立時であり、「かの道場の柔道だけでは十分にその目的を達し難い」（嘉納 一九二八b、『大系』一〇：一七二。傍点は筆者）がゆえに当会を組織したとしている。すなわち「自他共栄」は柔道実践を通してのみ学ぶものではなく万事を通して学ぶものであり、また万事に通じるものでもあるということがあらかじめ示されている。このように、「自他共栄」は実に普遍的主義であるのだが、それゆえに実践から遊離する危険性ももち合わせていることになる。果たして「自他共栄」主義は理想にすぎず、実践の世界を超えたものなのであろうか。

しかし、たとえば、イギリス柔道界の父といわれ、嘉納の薫陶を受けた小泉軍治の、次のエピソードはどうであろうか。イギリス出身で日本在住の作家C・W・ニコルが、七〇歳近い小泉軍治から一度だけ柔道を習った時の印象について、次のように語っている。「柔道とはやさしい、みち、ということなのです。（中略）小泉先生は、私の考えを根本から覆した。日本人に対する見方ばかりではなく、強さということの、その本当の意味についての私の考え方は、この日から一変したのである。先生のような人がもっとたくさんこの世にいたならば、おそらく戦争などというものも起こらないですんだだろう」（ニコル 一九九三：六二）。ニコル氏は当時（一九五四年頃）少年であり、また、イギリスの田舎でまともな柔道を習っていなかったと記しているので、「自他共栄」などという高邁な理念をあらかじめ知っていたとは思われない。しかし、この文章を見る限り、道場で小泉と交わったことで一瞬にして「自他共栄」を感得した、といえる。嘉納が唱えていた融和の精神というものを小泉が血肉化していた、それを例証しているように思われる。

また、A・ヘーシンク（東京オリンピック・無差別級優勝）を指導した一人で、一九五三年からフランスを拠点に柔道指導を続けた道上伯（戦前の一九三八年に武徳会・武道専門学校卒業）は、「とかく欧州には試合に勝つと、有頂天になってガッツポーズをしたりする者がいます。私はそういう人間を弟子と認めない」（道上 二〇〇二）と明言している。道上はさらに、「来日の折に全日本選手権などを見ても、これが柔道家の態度なのかと目を覆いたくなる者がいる。非常に残念なことです。昔は試合に勝っても、『次は君が活躍するだろう』と相手に敬意を示していました」（道上 二〇〇二）と述べている。

そして、イギリスでの指導経験がある川村禎三（東京高等師範学校柔道部、一九四五年卒業）は、「特に柔道の様に、相手との相互関係で成立する種目では、その相手を前にしてのガッツポーズなどは、これほど不礼、失礼なことはないのであって、相助相譲、自他共栄に反することである」（川村 一九九四：七）と述べている。

以上のような先達の柔道家に鑑みれば、畳上での柔道実践を通して「自他共栄」の感得に至ることは可能なのではないか（いや、可能なはずだ）と思われる。だが、そのためにはどのように取り組めばよいのか、方法論は不在のままである。われわれは嘉納が直接に明らかにしなかったその点を探り、柔道実践（実際の行為・活動）を通した「自他共栄」主義の積極的な啓発と普及を図っていく必要があると思われる。

二　「自他共栄」とは

（1）「精力善用」

はじめに、「自他共栄」と一対の概念である「精力善用」についてみておきたい。「精力善用」とは、「心身の力を最も有効に使用する」という意味であり、それは、江戸期の柔術が有した戦いのための方法原理である「柔よく剛を制す／柔の理」を源にしている。嘉納は柔術の修業時代からいち早くその方法原理に着目していた。「柔よく剛を制す」とは、平易にいえば「相手の力を利用して相手を制する」ことである。この「力の用い方」を合理主義に則ってより普遍化したものが「心身の力を最も有効に使用する」であり、おおよそ大正期以降に「精力善用」と表現されるようになる。ただし、「精力善用」は次の点で、単なる力の用い方／戦いのための方法原理という次元を超えたものであった。

その点とは、「精力善用」の「善」にある。嘉納は、「柔道の根本義は、精力の最善活用である。いい換えれば、善を目的として、精力を最有効に働かせることであ」り、「それでは、善は何かというに、団体生活の存続発展を助くるものは善で、これを妨ぐるものは悪である」（嘉納 一九三六、『大系』一：七一）と述べている。すなわち嘉納のいう「善」とは、「社会」が十分に意識されたうえでの道徳的な価値基準なのであり、そのような道徳的価値づけは、勝負に勝つための原理論である「柔よく剛を制す／柔の理」に見出すことはできない。

そして、このような社会における道徳的な価値基準としての「善」という捉え方、および個人はその善を追求すべきであるとする嘉納の理念には、すでに長谷川（一九八一：一二〇―一二二）や友添（一九九五：一三九―一四四）が指摘しているように、「最大多数の最大幸福を善」とする西洋流の「功利主義（utilitarianism）」が影響していると思われる。しかしながら、嘉納自身はその影響について明言しておらず、また一方で、嘉納は東洋的な道徳思想にも精通していたためはっきりとはしない。たとえば亘理は、[2]「（嘉納）先生の言行事業には痕跡がある様なものでも、その実多くは痕跡がない。人が種々の想像を廻らして批評をしていることでも、先生の心事は更に更に深いところに存し、何等の痕跡を現さないことがある。故に先生を深く知る者でなければ容易に先生のことを評することはできない」（亘理 一九二〇：七八）としており、そうした評価も踏まえれば、結論的には、嘉納が「精力善用」に求めた道徳性は、東西の道徳主義や思想の共通性を鋭く洞察したうえで導出したものであると捉えられる。

（2）「自他共栄」の成り立ち

一方、「精力善用」と同様、「自他共栄」の発想自体はかなり早い時期からあり、すでに一八八九（明治二二）年

図9-1　嘉納直筆の「精力善用」「自他共栄」

出所：『大系』第12巻，106頁。

の「柔道一斑並ニ其教育上ノ価値」講演で嘉納が示した「勝負の理論を世の百般の事に応用する」のなかの「自他の関係を見るべし」にみえている。「自他の関係を見るべし」とは、「勝負に際して、まず相手の体格、力量、得意業、気質など周囲の事情と自分との関係を明らかにしておかなければならず、この自他の関係の理論は、商業、政治、教育など社会のあらゆる場面で応用できる」（嘉納 一八八九：九五）というものであり、勝負において不可欠な「自他の関係の理論」が、社会生活全般へ「応用」可能であるとされたものである。

そして、この「自他の関係の理論」とは、やはり柔術の「柔よく剛を制す／柔の理」に立脚したものであった。たとえば真之神道流の伝書『柔術秘学抄』では、「柔よく剛を制するの理わきまえ《ママ》べし。強からんと思えば、かへって弱きにおとれり。我強ければ敵又つよし。是柔術の根本なり」（老松・植芝 一九八二：四三〇）と記されており、相手に融和的に対応することで、相手に強い力を生み出させずに制御することができるとしている。そして、複数の柔術伝書を分析した前林は、このような自他関係における「融和的技術観」こそが他の武術に比した柔術の特徴であると指摘しており（前林 一九九五：三八〇―四〇六）、確認しておけば、嘉納も「たとえば対手が満身の力を込めて押しかけてきたりし時この方が反対に押返すという事になればここに激烈の衝突起らざるを得ず（中略）、もし対手に押し返さずしてそれを柔らかに受けてかえってその力を利用することあだか《ママ》も白砂細々なる磯辺に寄する波のなんらの衝突なくしてよせては返す漣波のごとくなる時はその間に毫も激烈の衝突を見る必要なきにあらずや」（嘉納 一九〇六、『大系』二：一三七）と述べて、まったく柔術の「融和的技術観」を柔道に受け継いでいる。

「柔よく剛を制す／柔の理」の淵源をさらに探るなら、中国の兵法書『三略』からとったものであるというのが定説である。その『三略』に影響を与えたとされる老子の「柔の思想」自体が、「私心なく、謙虚で、他と争わず、むしろ他を利することが、かえって己を活かし、勝利を得ることになる」という自他の融和的関係性から発想されている（籔根ほか 一九九九：一四―二五）。

しかし、いずれにしても当初の「自他の関係の理論」は未だ、自己を中心として相手をどうコントロールするかという「制御術」としてのレベルにある。それは「柔よく剛を制す／柔の理」がもつ「融和的関係性」に着眼したものではあるものの、後年に嘉納が唱える「共存共栄・融和協調」としてのレベル、つまり、「社会生活を営みながら精力を最善に活用しようと思えば、相助け相譲り自他共栄するということが必要になってくる。そうして道徳の根本原理はここから生じてくるのである」（嘉納 一九二六、『大系』二：三〇）と述べるような、道徳としての自他共栄主義に到達したものではなかった。

（3）自他共栄の確立

自他共栄主義の公表は、一九二二（大正一一）年の、広く国民の思想善導と生活改善という課題を示した「講道館文化会」の設立時である。「大正十年末頃に至って、いよいよ自分のこの主義（自他共栄主義――筆者注）を発表し、国民道徳の根本をこれによらしめて国民道徳の統一をはかろうとしたのである」（嘉納 一九二八a、『大系』一〇：一四四）と述べているように、自他共栄は、嘉納が当世の「思想の混乱」や「道徳の退廃」を憂えた結果、確立されていく。

「自他共栄」は、嘉納が「自他共栄という善行のために精力を最有効に用いること」（嘉納一九三六、『大系』一：七一）が理想であると述べているように、精力善用が含みもつ「善行」そのものが目的化されたものである。つまり、（精力善用の）「善ということは、自他共栄の裁判を受けて始めてこれを決定することが出来る」（嘉納 一九二九、『大系』九：八六―八七）のであり、「精力善用と自他共栄」の関係は、「善行」という道徳的次元において一致したものとされるのである。

また嘉納は、精力善用と自他共栄を「区別してみる時は」、精力善用は「自己充実の原理であり」、自他共栄は「融和の原理である」（嘉納 一九二九、『大系』九：八六―八七）とする。つまり、精力善用は「個人」のレベルにおいて発揮されるものであり、自他共栄はあくまで「社会」のレベルにおける理想として区別される。「人が社会生活をしている以上は、一人がおのれの栄を得んと努力する場合、他の人の同様の努力と衝突することがある、そういう場合に、双方が自分の考え通りに行動すれば、双方の力が協同することが出来ず、互いに破壊し合うことになる。（中略）それゆえに、衝突を避けて、協調を求めなければならぬ。この協調は自他共栄主義でなければ達せられぬのである。それゆえに自他共栄主義は理想である」（嘉納 一九二五a、『大系』九：二二三）というわけである。

（4）自他共栄の国際性

「自他共栄」に関する嘉納の著述は、大正の初期までは皆無であった「国際的融和協調」という側面が、大正の中期以降に強調されていく（永木 二〇〇八：一二三―一二四）。

自他共栄に、嘉納の国際感覚にもとづく平和主義的発想が加味されていくことについては、やはり一九〇九（明治四二）年以降の嘉納の国際オリンピック委員としての経験を見逃すことはできないであろう。嘉納はオリンピックへの参加経験を通して、近代オリンピックの主導者で平和主義者であったといわれるクーベルタン（Pierre de Coubertin, 1863-1937）とも交わっており、競技スポーツの国際交流がもたらす国家間融和の価値を感得していたとみられる。

そして、注目されるのは、嘉納の「自他共栄」は、クーベルタンによって示された「相互敬愛（respect mutuel）」という観念とかなりの親近性をもっていることである。「相互敬愛」とは、クーベルタンが『二十世紀の青年教育・第三部』で示した道徳的な観念である。彼は、「共通の信念」がない現代の世界において、「相互敬愛の感情と習慣の普及のみが道徳教育を活気づけると考えられる。道徳教育は、信仰の多様さや身分の不平等では統一を許さないし、単なる寛容の実践では恐るべき無気力を導く」（Coubertin 1915 : 16-17）[3]とし、「信念と寛容」を調整する観念として「相互敬愛」を必要とした。そして彼はオリンピック精神においてもこの「相互敬愛」を騎士道精神に由来させつつ、「努力と友情」の調和を説いて、「スポーツ教育学」に結合させようとしていた（小石原 一九九五：六三―六四、清水 一九九九：七七四―七七五）。

このような「相互敬愛」には、「他者との融和協調」を目指す道徳としての「自他共栄」との共通性を認めることができる。もちろん、すでに述べたように、嘉納の「自他共栄」は柔術がもつ「融和性」にもとづくものであり、騎士道精神に立脚したクーベルタンの「相互敬愛」とは、出自は異なる。だが、「自他共栄」と「相互敬愛」はいずれも、武術もしくは競技スポーツによる教育を道徳教育の視座から捉えたものという点で同じ性格をもっているといえる。

また、クーベルタンとの関係だけではなく、嘉納は、実はＩＯＣ委員となるよりかなり以前の初の訪仏時（一八八九）に、パリで著名な道徳家らとも交わっていた（吉谷 二〇〇〇：一二一―一二三）。そのような背景があって、嘉納はクーベルタンが主張する「スポーツの道徳的価値」についても、さしたる疑問もなく同意したように推察される。たとえば、嘉納が交わった道徳家の一人に、当時のフランス文部省の初等教育局長であったビュイッソン（Ferdinand Buisson, 1814-1932）がいたが、彼は一八八八年にフランス文相のもとで結成された「全国体育同盟」に名を連ねており、クーベルタンの指導的立場にあったことが判明している（清水 一九八六：一九九）。そして、このビュイッソンと嘉納は、とくに「道徳」という問題について見解を一致させていた。つまり嘉納は、フランスの著名な道徳家であったビュイッソンの道徳論に大いなる刺激を受け、その後、ビュイッソンの影響を受けたクーベルタンやその周辺の人物に触れることによって、さらに柔道が有する道徳的価値の側面に、洋の東西を問わない普遍性を確認したのではないかと思われる。

嘉納が講道館文化会を組織し、「融和協調」を旨とする道徳としての自他共栄主義を発表した一九二二年という時点は、第一次世界大戦終結の直後という社会状況でもあった。そのようなことから、自他共栄主義にみる高邁な平和思想ともいえる側面には、第一次世界大戦をはじめとしてますます悪化していく国際情勢への憂慮が背景にあったことは疑いないであろう。嘉納は一九二五（大正一四）年、自らの打ち立てた精力善用・自他共栄主義を説明する際に、「国家興隆の方策」という観点から、「今日は、世界の諸国と親善関係を結び、自家の欠陥を補うて、その隆昌を図るよりほかに方法はなかろうと思います」（嘉納 一九二五b、『大系』九：三六）とも述べている。

また、精力善用・自他共栄主義を当時の「思想善導論」に乗せて論じる嘉納の教育上の立場は[4]、基本的には教育勅語を重んじ、天皇制教育体制を維持する流れに棹さしていた（永木 二〇〇八：一一四―一一五）。しかしながら、以上のような嘉納の自他共栄における「国際性」をみれば、少々違った面がみえてくる。嘉納は「教育勅語は明治大帝の下し賜ったお言葉であるというほかに、世界の共通原理にも一致しているということを明らかにすることが、出来れば、万民の尊崇することが一段深くなってくるわけである」（嘉納 一九三三、『大系』一：三一一。傍点は筆者）と述べており、教育勅語に対しても国際的な普遍性を求めていた。

そして、このような嘉納の「教育勅語」観は、同じく教育勅語に国際性の欠落をみた新渡戸稲造のそれにかなり近い。新渡戸は、一八九九（明治三二）年、アメリカにおいて*"BUSHIDO, THE SOUL OF JAPAN"*を出版し、日本では翌年の一九〇〇年に翻訳され、その著作は国民に武士道についての再認識を促した。そして新渡戸は、一九〇五年に文部省からの依頼を受けて教育勅語を英訳しており、後の一九一一―一九一二年に日米交換教授としてアメリカで教育勅語に関する講義を行っている。

すでに副田が、その時の講義ノートにもとづいた新渡戸の「教育勅語」観を検討しており、「新渡戸は、『教育勅語』を日本の民族文化に属する日常生活の道徳規範を包括したものとして評価しつつ、それとは区別される民主主義やインタナショナリズムに属する道徳規範があって、それらは『教育勅語』では欠落しているとみたのだった」（副田 一九九七：一七七）と結論づけている。副田も引用しているように、確かに新渡戸は、「この勅語は、現在、学校での道徳教育一切の基礎をなしている」（新渡戸 一九一二：一八七―一八八）と評価しつつ一方で、「われわれの忠は、われわれの主人に対する関係で終わってはならぬ。われわれの誠実は、われわれの隣人との対応に限られてはならぬ。われわれの仁慈に地理的境界があってはならぬ。われわれは単に臣民たるに留まらない、市民でもある。しかも、単に日本の市民であるばかりでなく、世界共同体の市民でもある」（新渡戸 一九一二：一八八―一八九）と述べて、教育勅語における国際性の欠落に言及している。そして新渡戸と嘉納は、たとえば大日本武徳会発行『武徳誌』第三～七巻（一九〇七―一九〇九）の編集顧問として名を連ねているように、知己の間柄であった。

ともかくも、嘉納の自他共栄主義には、多分にインター・ナショナリズムが備わっていると考えられる。

三　「自他共栄」主義の今日的実践活動

さて、以上のような成り立ちと性格をもつ嘉納の「自他共栄」主義であるが、今日において、実践（実際の行為・活動）を通して「自他共栄」主義を啓発し普及することは可能なのか。以下では、実践活動例を検討することによって探ってみたい。

活動例には、(1)大学生の柔道大会で、「自他共栄」主義の普及を目指し、独自の「自他共栄賞」を設けている「ＫＯＢＥ自他共栄ＣＵＰ――学生柔道大会」と、(2)筆者らが二〇一二（平成二四）年八月に体験したフランスと兵庫県の柔道交流、の二つを取りあげる。

（1）活動例その一：ＫＯＢＥ自他共栄ＣＵＰ——学生柔道大会

①　当大会の背景と状況

「ＫＯＢＥ自他共栄ＣＵＰ——学生柔道大会」は、二〇〇五（平成一七）年三月に、それまで行われていた神戸市学生柔道大会を発展的に解消して第一回が開催された。大会名に「自他共栄」を謳ったのは、嘉納の生誕地である神戸に因み、また、阪神淡路大震災（一九九五年一月一七日）からちょうど一〇年を経た復興記念として、他府県からの多くの支援に対して感謝の意を表したいという神戸市・兵庫県学生柔道連盟の意図があったからである。東京の講道館をはじめ、兵庫県柔道連盟、神戸新聞社、神戸市・兵庫県教育委員会等による後援を得て、県外からの参加大学も年々増加し、表９‐１に示すように第三回以降は比較的大きな大会規模となっている。なお、筆者らは第一回から大会実行委員として参加してきた。

表９‐１　「KOBE 自他共栄 CUP」参加大学数

2005年３月	第１回	12大学
2006年３月	第２回	8大学
2007年３月	第３回	24大学
2008年３月	第４回	30大学
2009年３月	第５回	29大学
2010年３月	第６回	28大学
2011年３月	第７回	29大学
2012年３月	第８回	23大学
2013年３月	第９回	36大学

試合競技は、男子七人制一部・二部、男子五人制、女子三人制（いずれも三階級による体重別）で行い、できるだけ部員数や実力にかかわらず参加できるように配慮している。また、かなり遠方からの出場大学もあるため、一回戦はリーグ戦とし、一大学につき最低二度は試合できるように計らっている。もともと、一九八〇年代後半から部員数の少ない国立大学を含む関西の約一〇大学が年二回ほど集まって合同合宿を行っていたが、その時の指導者らが当大会に参画しているという背景がある。そのため、「絶対に勝たなければいけない試合」というより「練習試合の延長」という雰囲気も部分的に継承されている。

そして、単に柔道の技量を競うだけでなく、大会を通して「自他共栄」という理念の啓発・普及を目指した「自他共栄賞」なるものを設けている。受賞者には毎年、講道館から寄贈される記念品が授与されている。「自他共栄賞」の評価手続きは、以下による。

参加大学は、団体あるいは個人として、「自他共栄精神に適う日頃の実践や目標」について記述し、そのレポートを大会実行委員会の「自他共栄賞・選考委員会」へ事前に提出する（提出は義務づけ）。数名の選考委員が名前を伏せた提出レポートを評価し、点数化する。選考委員会において合計点の高いものについて最終選考し、受賞団体／受賞者を決定する。

② 自他共栄賞

図9－2　自他共栄CUP大会

出所：自他共栄CUP大会実行委員会撮影（2012年3月）。

実際の受賞団体／受賞者の記述レポートについて三点を以下に示しておく（名前は不記）。なお、大会当日は提出されたすべての記述レポートを冊子にして各大学および来賓、役員、審判員等へ配布している。

テーマ：「今までの私とこれからの私」（個人賞受賞、二〇〇七）

いよいよ大学生活の四年間が終わり、私は数学教師になる。長年抱き続けてきた夢を今春かなえることができそうである。これも大学生活での柔道部の活動を通し、様々な人と出会い、柔道の技術や楽しさ、厳しさ、人生や社会について多くのことを学ぶことができたおかげである。

柔道の教授を受ける場合、受け取る側の姿勢というものが大切になってくる。稽古時には指導者から的確な指示を与えてもらう場合もあれば、先輩や仲間、後輩など他人の姿を見て、その技術を学ぶ場合もあった。そのためあらゆる場面で、あらゆる人からできるだけ多くの自らのプラスになる要素を吸収できるよう、常に向上心と柔軟な姿勢を持って観察する必要があった。そうすることで客観的な意見に加え、主体的に自らを分析し、自らの未完成な部分を認識しそれを補うための稽古を行うことができた。

私は今春、これまでの主として学ぶ立場から、教える立場に立つことになる。その責任や生徒に対する影響力の大きさに不安を感じることもある。しかしその重圧に臆することなく、これまで柔道の鍛錬で得た向上心を活かし理想の教師に近づいていきたい。そして生徒が自分の魅力を知り、その将来性や可能性を見出し、磨いていけるような指導を行っていきたい。そのためにも生徒が柔軟な姿勢で指導を受けることができるよう生徒と自分自身に対し、嘘偽りのない誠意ある姿勢で接していきたいと思う。己が未完成であることを忘れず、柔道で培った自他共栄の精神を活かし成長し続けると共に、これから出会う生徒たちに私が柔道を通じて培った生き方を未熟ながら伝えていきたいと思う。

テーマ：「東日本大震災に思う」（団体賞受賞、二〇一二）

「この携帯番号は消去できないよ。」携帯電話の番号を見ながら、顧問の先生がつぶやきました。それは、岩手県出身の柔道部員であるK君のお父様の携帯電話番号でした。K君のお父様は、東日本大震災の津波による溺死で、他界されました。お祖父様も同じく、津波により亡くなられました。お母様と弟さんは、恐怖を体験しましたが無事でありました。その当時、K君は家族の安否が分からない状況の中、自他共栄カップ学生柔道大会に参加しておりました。K君のそばに誰か居てあげないといけないと考え、柔道部の活動に一緒に参加するようにしました。K君は一人になると、泣いていました。悲しい限りです。部員一同、彼の助けになれることを心掛けて、生活するようになりました。

時が経ち、今ではK君は学業と柔道の稽古に日々努力しています。学費も全学免除になり、大学生活を継続できる状況になりました。K君は今回の自他共栄カップ学生柔道大会を一周忌法要事業の合同参加の為、欠場しています。K君が大会参加できないのは残念ですが、部員全員で人と人との絆や助け合うことの大切さを知ることが出来ました。相手の心情を考えて行動し、やさしい気持ちと節度を持って、丁寧に生活しようと思います。

先生の携帯電話には、K君のお父様との最終通話履歴の表示が、二〇一一年三月十日木曜日午前九時二〇分になっています。最初の先生の言葉の続きがあります。「お父さんから、一日、一日を感謝しながら大切に生きることを教えてもらった。」

テーマ：「国際交流に思う」（団体賞受賞、二〇一三）

私たちを取り巻く世界は絶えず変化し続けていますが、柔道のあらゆる価値は、そのどれもが同じように不可欠であり、世界中の柔道家にとって人生の指針であり続けるでしょう。「自他共栄」は、柔道家が世界各地で出会う関係の芯となるものです。ひとたび柔道の練習が終わり、道場を後にし、柔道衣を片付けた後も、自他共栄の精神は常に日常の中にあり続けるのです。嘉納治五郎師範によって確立された柔道の根本原理は、時を経てなお、普遍的な価値を探し求める現代において、よりいっそう明白な原理として生きています。世界中で行われている柔道は、国籍、信条、言語の違いを越え、ひとつの同じ目的の中に自分自身を見出させてくれます。私たちを夢中にするこの共通の情熱は、国境を越えて、柔道というひとつの大家族の一員であることを私たちに教えてくれるのです。

国際交流を通して共に柔道に励むことは、私たちに「相手」の存在を意識させ、越えなければならないハンディとしてではなく、共に分かちあう豊かさとして、両者の違いを認め合うことにつながります。困難なことが起こったときには、当然助け合いの連帯感を感じられるでしょう。しかしそれはまた、日常生活の些細な行動の中にこそ見出されなくてはなりません。

「自他共栄」は、たとえそれが受け取る側にとってはいかに大きなことであるにせよ、ある一時の教えとして与えるだけのものではありません。日々の行いの積み重ねや、練習を通して交流する中で、また柔道の将来について共に思考し、年配者から若者へ経験が継承される中で、あるいは人権が守られていない世界各地においても、柔道という普遍性の中で生かされるべきものです。私たちの先生は「人は皆異なり、体格も技も違う。しかし精神は常に同じである」と。国が違えば、体形や技、指導の仕方などが異なり、その違いが交流を豊かなものにするでしょう。しかし、目指す精神はただひとつだということです。共通の大きな目標のための小さな行い。世界中の柔道家はこのことを常に謙虚に心がけなければなりません。自他共栄杯への参加は、私たちのチームにとって名誉であると同時に、相手への敬意と共にわかちあう意志によって築かれた連帯精神を示す絶好の機会でもあります。


以上に紹介した受賞レポートでは、自他共栄主義の「他者との協調」という主旨はよく表されている。「ＫＯＢＥ自他共栄ＣＵＰ――学生柔道大会」は二〇一三年三月で第九回大会を終えたが、記述レポートの内容は、全体的には年々、質が高まっていく感があり、「他者との協調」という次元への理解は深まってきていると思われる（この点については、筆者らだけでなく選考委員・数名の共通見解である）。学生も、自分たちが日頃修行している柔道にはどんな理想があるのか、勝利とか鍛えるとかいう現実的で目に見える目標だけでなく、もっと大きな、求道的な目標があるならば、その存在を知りたいと思っていたのではないか、そのように感じている。

ただし、第七回目あたりから記述内容にややマンネリ化がみられたため、より具体的なテーマを提示することとした。そして第八回大会では、東日本大震災からちょうど一年が経過したことがあり、また、先述のようにこの大会のスタートは阪神淡路大震災の復興記念を含意したものであったことから、テーマを「東日本大震災に思う」とした。テーマに対して、各大学からのレポートが例年よりも早く選考委員会へ提出された。やはり震災に対する学生の関心も高かったからであり、復興は自他共栄の理念とも基本的に合致する面があったからであろう。ちなみに毎回、嘉納の言を学生に提示しており、第八回では嘉納が関東大震災の直後に述べた次の言を提示した。

最近の震火災のため、百六億円を失ったとせられている。これは何といっても我が国にとっては大打撃である。さりながら、毎々私がいう通り、かくのごとき災害に出逢ってみれば、我が国民は、かえって奮発心を起し、この禍を転じて福とせんとの意気をもっているものと信ずる。従来は、順境に慣れて気が緩み、油断をしていたのである。今回ほどの大打撃を受けてこそ、民心はかえって緊張してくるべきであると思う。この時こそ、日本魂を発揮すべきである。

（嘉納　一九二四、『大系』六：三三四）

第九回大会では、海外チーム（フランス・女子）が初参加したため、テーマを「国際交流に思う」とし、嘉納が「我が国の現在に最も必要な主義」として「自他共栄を主義とすれば、国際の関係もさらに円満になり、人類全体の福祉も増進することと確信する」（嘉納　一九二五c、『大系』九：六九）と述べたことを提示した。

③　「自他共栄主義」と「競技」の乖離

一方で、「自他共栄」という理想と、これまで行ってきた大会試合・競技内容との関係をみれば、懸念すべき点が浮かんでくる。それは、いったん試合がはじまると、やはり試合偏重・勝負中心でまわりがみえない、という学生大会お決まりの現象に覆われることである。「勝負事だから勝負にこだわって何が悪い」とはいうものの、勝利時のガッツポーズ、学生間の野次や歓声の応酬、会場におけるテーピングやペットボトルの散らかしなどは他の大会試合と同様に起こる（ただし、引率の監督・コーチの先生方は、さすがに本大会の趣旨を理解し、大声や大げさなジェスチャーは控えられている。そして、二〇一三年の第九回では学生は全体的にかなり礼儀正しくなったように感じられた）。

やはり、勝ち負けを争うという場にあって、「相助け相譲り自他共に満足を得て共存共栄を図る」という理念は、頭では判っていたとしても相当に実践化し難いものなのであろうか。

この点について、次のような興味深い記述レポートがある。

テーマ：本来目指すべきもの（第四回大会、二〇〇八年二月受理）

近頃、柔道をするに当たって指導者・生徒ともに勝利至上主義にこだわりを持ちすぎてしまっているように感じる。勝つことに勝ることはないけれども、それだけでは本来の柔道の意に反すると考える。柔道は相手がいてからこそ出来る競技であって、相手がいないと成立しないのである。相手を敬う気持ちを忘れてしまっているから、勝ち負けだけに目を向けてしまい、審判に文句をつけたり軽率な行動をとってしまうのではないだろうか。相手がいるから出来るということを忘れずに日々稽古に励むべきである。そして、相手に対して感謝の気持ちを持つことで、体力面だけでなく精神面においても、ともに成長していくことが最大の目標であると考える。このように自他共栄の精神を忘れずに柔道の本質を深く見直すべきであると考える。

この記述者（学生）は、勝利至上主義に陥ると「他者との協調」が不能になり、結果的に「自他共栄」を忘れてしまうと述べている。理想と現実の乖離を指摘した率直な〝現場〟からの意見だといえる。しかし、そのような現実をどうすれば乗り越えられ、理想に近づくことができるのか、その方策を打ち出すのがわれわれ指導者・体制側に与えられた課題であろう。

当初から本大会について、「試合」と「自他共栄」主義の啓発は同時には難しい、試合ではなく「技」や「形」などの講習会とセットにしてはどうか、という意見もあった。しかし、より多くの人（学生）を集めるには、やはり「試合」でなければ魅力がない、という意見が勝った。この点については、「柔道奨励のためには勝負を争わしめるが便法であるがゆえに、月次勝負あるいは紅白勝負等を行うて、修行者をはげましたということをあげねばならぬ」（嘉納 一九二七、『大系』一〇：五〇）という嘉納の意見をみるまでもなく、今日の柔道実践者の多くは「試合」に関心をもっているということになる。では、「試合」と「自他共栄」の関係は取り結べるものなのか否か、これが大きな論点になる。

④　試合観の多様化――勝利至上主義の抑制という課題

一つ、ヒントとして浮かんでいるのは、試合観の多様化ということである。今日では、とくに若者は、「試合」といえばオリンピックに象徴されるような「懸命な勝負事」という、固定化された試合観しかもっていないのではないか。本来の「試合」は「試し合う」であり、その〝試し〟によって己の現状を知り、勝っても負けても次へと向かう反省材料を得ることが目標であった。そのような「長く、柔らかな目」でみた試合観をもつことも必要なのではないか。別言すれば、「何のために自分はその試合をするのか」という目的を、（指導者ではなく）試合者本人が確かにもつべきであり、その目的は個人によって、また試合に応じて多様であってよい、というものである。さらにいえば、個人の試合観を多様化させるような「種々の試合」が仕組まれてもよいのではないかと考えられる。

たとえば山崎正和は、「目的至上主義的」な態度・価値観をもつ「近代の個人主義」を批判的に検討し（山崎 一九九〇：一二二―一三九）、「柔らかい個人主義」への転換の必要性を指摘している。そのためには、「行動の目的と過程」の「両極のあいだのなだらかな移行」が重視されるべきであり、「目的至上主義的な態度」が「抑制されたときには、主体は個人であっても他人との協調が可能になり、ひいては社会全体の調和の道が開かれることになる」としている。この指摘を「柔道」に引き寄せていえば、まさに、なだらかな連続性のある修行過程を重視し、単にその場での結果を追い求める「勝利至上主義」を抑制することが、実践者に自他の関係を考える余裕をもたせることにつながる、ということではないだろうか。

嘉納は確かに、学生間の試合が盛んとなった大正期において、「目の前の勝敗ということより柔道修行の終極の目的を考えて、あくまでも柔道の修行が人格の養成、精神の修養に資するようにしたいものである」（嘉納 一九一八、『大系』二：二一〇—二一一。傍点は筆者）と警鐘を鳴らしている。また、試合競技という方式だけでなく、勝利至上主義に陥って柔道の「終極の目的」から離れてしまうことを避けるために「形」という方式も重視していたと考えられる。

以上の活動例から、試合を通して他者との協調性を引き出し養成するためには、勝利至上主義を抑制し、試合の目的・価値の多様化を図ることが一つの方策であると考えられる。

（2）活動例その二——フランスと兵庫県の柔道交流

二〇一二年八月二三日—三〇日の期間、兵庫県の準姉妹都市であるフランス南部のアヴェロン県において、兵庫県との柔道交流会が催された（兵庫県と兵庫県柔道連盟の共催）。アヴェロン県からは当地の柔道協会会長をはじめ多くの役員・指導者と一五—一七歳（cadets・カデと呼ばれる）の柔道練習者が参加し、兵庫県からは柔道連盟会長、理事長、兵庫県高体連柔道部の教員、兵庫県学生柔道連盟会長ら指導者計八名と、高校一年生の柔道練習者（男子七名、女子五名）が参加した。

なお、第一回目の交流事業ということで、「出会い」を大切にし、これからも互いの発展向上を目指そうという意味で「自他共栄」という冠名称が付けられた。

主なプログラムは、アヴェロン県のカデ選手と兵庫県のジュニア選手の練習会、および親善試合であったが、まずそれについて気づいた点を述べたい。

練習会は、複数の指導者（日本人指導者も参加）による「技の講習」とその練習に多くの時間が割かれ（たとえば三時間のうち二時間までが講習といった具合）、いわば「技の面白み」を味わうことが目標とされていた。日本における若い世代の練習（主に学校運動部活動）といえば、乱取練習／試合練習が中心であり、その点でかなりの違いがあったฺ。フランス人指導者によれば、相手の動きを利用したり崩したりする技術が柔道の面白さであり、それを子どもにわかってもらうように指導している、ということであった。また、放っておけば力任せの柔道になり、ケガの危険が増す、とも言っていた。柔道技術の基本と興味・関心の継続を重視しているように思われた。

次に、八月二五日に行われた「自他共栄」親善試合である。訪仏した兵庫県のジュニア選手は、男女とも県内のトップクラスであり、技術レベルは高い。対戦したアヴェロン県の選手達も、指導者や保護者／観客も、日本人選手の技に対して惜しみない賞賛を与えた。結果にとらわれたり、敵対心というものは感じられず、終始なごやかな雰囲気であった。また、当初アヴェロン側は、各階級のリーグ戦とし、勝敗の「順位は付けない」ことを提案していた。子どもの試合ではしばしばその方法を用いるようである（が、日本人選手を賞賛する意味か、結果的には順位を付けた表彰式が行われた）。このように、勝利至上主義ではない、という点は明らかであった。

図9-3　仏・アヴェロン県と兵庫県の柔道交流会パンフレット（表紙）

また、帯同した日本人指導者による「形」のデモンストレーションも行われたが、現地の人達は「形」も「試合」と等価であるとみなしているように思われた。嘉納が「形」を大切にし、海外で多くのデモンストレーションを行ったこともイメージ的に結びついた。

八月二七日には、「柔道の歴史」についての講義も行われた。トゥールーズ（Toulouse）大学のイブ・カドー（Yves CADOT）准教授が「嘉納治五郎による柔道創造の歴史」について話し、筆者が「自他共栄主義について」、とく

表 9-2　交流会の日程・プログラム

時間	8月23日（木）	8月24日（金）	8月25日（土）	8月26日（日）	8月27日（月）	8月28日（火）	8月29日（水）	8月30日（木）
責任者	*受け入れ* Pierre CAVRE-RO/ 実行委員	実行委員 /Edga VITAL/Fabien NOEL	CTF/ スポーツ委員会 / 実行委員会	CTF/André ALLARD				*CAVRERO*
日本人招待客		片西，平野						
7h00		朝食	朝食	朝食	朝食	朝食	朝食	朝食
8h00/9h00						départ 8h15		
9h00/10h00		受付／資料配布	自他共栄大会 8H30　チーム紹介 09h00/13h30　試合 13h30/14h30　休憩 14h30/15h00　形 15h00/17h30　日本人，デモンストレーション（約束稽古） 17h30　親善交流	先生方 練習についての会議 *日本選手* *自由，他の選手は練習*	一般公開／合宿	見学 PONT DE MILLAU（ミロ橋） 9h30/9h45 高架橋見学 11h30 レセプション／ミロ市役所 12h30 ピクニック vallée du Tarn（タルンの谷） 15h00 サン ジェニエに戻る *他の選手は練習*	一般公開／合宿	出発 10h00
10h15/11h00		9h00 練習／ロデ 10h30					10h30 11h30 障害者の柔道家 との交流 (Rosy/Rémi)	
		ガル庁舎訪問？			柔道についての意見交換		柔道についての意見交換	
12h00/13h00		昼食／ロデ		昼食	昼食	ピクニック	昼食	
13h30/15h00		*ガル庁舎訪問？*		審判講習 (Marc DELVINGT)	柔道の歴史について （Yves CADOT/ Kosuke NAGAKI）		先生方 反省会	
15h30/18h30	ロデ空港到着 17h35	16h00/18h00 練習／ロデ		市長の挨拶，合宿開始 (15h30)		16h30/19h00	選手 自由行動	
19h00	高校寮に到着，入居	18h15 大会についての 打ち合わせ		レセプション／市役所	柔道についての意見交換	柔道についての意見交換		
19h30			*サン ジェニエ到着，入居*	夕食	夕食	夕食	打ち上げ『自他共栄会』全てのボランティアの方々と，各チーム	
20h30	宿舎：モントゥイ ロデ高校			夜	夕食	夕食		

日曜の朝：会議にてどの指導者が，どの練習を指揮するかを決めます。また，先生方に技の講習をお願いしたいと思っています。

にクーベルタンを取りあげてフランス道徳主義との関係に言及した。キャンプ地のホテル会場において選手、関係者を含めた一〇〇名ほどの人達が熱心に聴き、終了後には質問や感想も出された。筆者の話に対して、「嘉納師範とフランスとの関係を聴き、自他共栄の名の下、今ここに我々が集っているのは必然だと思った」という印象深い感想も出された。

そして、最終日前日の二九日には、「障害者の柔道練習者」との交流会が行われた。二〇名ほどの知的障害者が集まり、選手や指導者と交わった。筆者はパラリンピック柔道種目の存在や、日本においても障害者柔道が行われていることを知ってはいたものの、（恥ずかしながら）間近で障害者の行う柔道をみるのは初めてであった。彼・彼女らはもちろんノーマルな柔道練習を行うことはできないが、選手や指導者と触れ合うことで嬉々としていた。アヴェロン県の選手や子どもたちも障害者の扱いに慣れており、普段から定期的に交流している様子であった。まさに「自他共栄」主義の実践として印象づけられた。

図９-４　障害者柔道の一コマ

出所：筆者撮影（2012年８月29日）。

なお、ヨーロッパではすべての公式スポーツ団体において「女子部門」と「障害者部門」を設けることが義務づけされていると聞いたが、平等主義によってスポーツの多様なあり方を認めるという点は優れていると感じた。

ともかく、この一定期間のキャンプ・交流会において、柔道というものがもつ多様な価値をプログラミングできるアヴェロン県の指導者たちは、「自他共栄」ということの意味を彼らなりに十分理解していると感じられた。そして、多様な価値を組み込んだプログラミングは、自他共栄主義の実践的啓発という点で、一つの参考モデルになると思われた。

四　実践的啓発の可能性と課題

本章の前半では自他共栄主義の成り立ちと性格を概観し、後半では自他共栄主義の啓発と普及を目指した国内外の二つの実践活動をみた。

結果、国内の柔道大会における活動では、大学生は「他者との協調」という自他共栄主義の主旨について着実に理解を深めていく様子がうかがわれた。だが一方では、試合における「勝負へのこだわり」と「他者との協調」の関係に矛盾を感じている様子もうかがわれた。その点をどう超越していくのか、とくに指導者・体制側の課題として、試合の目的や価値（すなわち試合観）の多様化を図ることに一つの解決策があるのではないかと考察された。

そして、国外の柔道交流（日本とフランス）による活動では、勝利至上主義に陥らずに「試し合いによって技を楽しむ（test match)」という趣旨による試合が可能であることが実感された。また、試合だけでなく「形」のデモンストレーション、技の講習、柔道講義（＋問答）、さらに障害者柔道との触れ合いといった、〝イベント〟的な柔道への取り組みがみられた。その取り組みは先に指摘した試合観の多様化にも通じるものであり、かって嘉納が望んだ「豊かな文化としての柔道」と結びつくものではないかと考えられる。

現在および将来に自他共栄主義を活かすべく、互いを学び合いによって高めていこうという姿勢や態度の育成へ向けて、さらに具体的なプログラム開発と実践モデルの構築を進めていくことが今後の課題である。

注

（1）当調査は、平成九年三月に広島において、関西地方を中心とした一〇大学を集めて行われた合同練習の際に実施したものである。質問紙はその場で配布・回収。有効回答者は男子一〇二名・女子二四名の計一二六名で、柔道経験年数は六・七±三・七年、取得段位は二段を中心とする初段〜三段である。

（2）なお、亘理は嘉納によって採用された高等師範学校の「道徳科」の教授であった。

（3）"la diffusion des sentiments et des habitudes de respect mutuel pourra vivifier l'éducation morale que la diversité des croyances et l'inégalité des conditions ne permettent point d'unifer et que la pratique de la simple tolérance conduirait à une redoutable léthargie." Coubertin, P. de（1915）Respect mutuel. Education des adolescents au 20e siécle, 3e partie: Education morale, Paris, Alcan, pp. 16-17. なお、本文中の邦訳は清水重勇（http://www.shgshmz.gn.to/shgmax/public html/coubertin, 2006）によった。

（4）なお、「文化会」は日常・社会生活の改善という具体的な「実践」を目指したものであるが、「思想善導」という側面にはやはり当時の天皇制国家主義に則った嘉納の教育イデオロギーを看取できる。というのは、大正期に入ってデモクラシーの高揚と結びついた新教育運動が盛んとなる一方、天皇制国家を維持し、共産・社会主義（マルキシズム）を排除するための教育政策が活発化して広く「思想善導」論が唱えられはじめていくからである（久木 一九九一）。

参考文献

Coubertin, P. de（1915）Respect mutuel. Education des adolescents au 20e siécle, 3e partie: Education morale, Paris, Alcan.

長谷川純三（一九八一）『嘉納治五郎の教育と思想』明治書院。

嘉納治五郎（一八八九）「柔道一斑並ニ其教育上ノ価値」大日本教育会講演記録、講道館監修（一九八八）『嘉納治五郎大系』二、本の友社、一二八―一二九頁（以下、『嘉納治五郎大系』を『大系』と略記）。

嘉納治五郎（一九〇六）「体育として見たる柔道」『武徳誌』一（三）、武徳誌発行所、『大系』二、一三七頁。

嘉納治五郎（一九一八）「柔道の修行者に告ぐ」『柔道』四（二）、『大系』二、二一〇―二一一頁。

嘉納治五郎（一九二四）「大正一三年を迎えて我が国民の覚悟を促す」『作興』三（一）、『大系』六、三三四頁。

嘉納治五郎（一九二五ａ）「自他共栄に対する種々の質問について」『作興』四（五）、『大系』九、一二三頁。

嘉納治五郎（一九二五ｂ）「精力最善活用自他共栄」『精力善用』愛日教育会発行、『大系』九、三六頁。

嘉納治五郎（一九二五ｃ）「なにゆえに精力最善活用・自他共栄の主張を必要とするか」『作興』四（一二）、『大系』九、六九頁。

嘉納治五郎（一九二六）「柔道の発達」『新日本史四』万朝報社発行、『大系』二、三〇頁。

嘉納治五郎（一九二七）「柔道家としての嘉納治五郎」『作興』六（六）、『大系』一〇、五〇頁。

嘉納治五郎（一九二八ａ）「柔道家としての嘉納治五郎」『作興』七（四）、『大系』一〇、一四四頁。

嘉納治五郎（一九二八ｂ）「柔道家としての嘉納治五郎」『作興』七（一一）、『大系』一〇、一七二頁。

嘉納治五郎（一九二九）「精力善用と自他共栄との関係について」『作興』八（九）、『大系』九、八六―八七頁。

嘉納治五郎（一九三三）「柔道の真意義を天下に宣伝する必要を論ず」『柔道』四（二）、『大系』一、三一一頁。

嘉納治五郎（一九三六）「柔術と柔道との区別を明確に認識せよ」『柔道』七（二）、『大系』一、七一頁。

川村禎三（一九九四）「茗柏第十号発刊に寄せて」『茗柏会同窓会誌』第十号。

久木幸男（一九九一）「『思想善導論』解説」大日本学術協会編（一九二八）『思想善導論』日本教育史基本文献・史料叢書七。

小石原美保（一九九五）『クーベルタンとモンテルラン――二〇世紀初頭におけるフランスのスポーツ思想』不昧堂出版。

前林清和（一九九五）「近世武芸における技術観」渡邉一郎先生古稀記念論集刊行会編『武道文化の研究』第一書房。

道上伯（二〇〇二）「ボルドーの古武士⑤」『日本経済新聞』日本経済新聞社、二〇〇二年七月二六日付夕刊三面。

永木耕介（二〇〇八）『嘉納柔道思想の継承と変容』風間書房。

ニーハウス、Ａ／楠戸一彦訳（二〇〇五）「見失われた嘉納治五郎――ドイツにおける柔道の同化の観点から（日本体育学会第五五回大会・体育史専門分科会シンポジウム報告）」『体育史研究』二二。

ニコル、Ｃ・Ｗ／竹内和世訳（一九九三）『Ｃ・Ｗ・ニコルと二一人の男たち』講談社。

新渡戸稲造／佐藤全弘訳（一九一二）「日本国民――その国土、民衆、生活／合衆国との関係をとくに考慮して」新渡戸稲造全集編集委員会編（一九八五）『新渡戸稲造全集一七』第七章、教文館。

老松信一・植芝吉祥丸（一九八二）「柔術・合気術」今村嘉雄編『日本武道大系六』同朋社。

清水重勇（一九八六）『フランス近代体育史研究序説』不昧堂出版。

清水重勇（一九九九）『スポーツと近代教育――フランス体育思想史』紫峰図書。

副田義也（一九九七）『教育勅語の社会史――ナショナリズムの創出と挫折』有信堂高文社。

友添秀則（一九九五）「失われたものを求めて――レゲットの柔道理解が意味するもの」中村敏雄編『外来スポーツの理解と普及』スポーツ文化論シリーズ五、創文企画。

友添秀則（二〇一二）「嘉納治五郎の『体育』概念に関する覚え書き」『日本体育協会スポーツ医・科学研究報告Ⅲ』。

亘理章三郎（一九二〇）「勝海舟と先生」『東京師範学校交友会雑誌嘉納先生記念号』。

山崎正和（一九九〇）『日本文化と個人主義』中央公論社。

籔根敏和ほか（一九九七）「柔道の原理に関する研究――『精力善用・自他共栄』の意味と修行者の理解度について」『武道学研究』三〇（二）。

藪根敏和ほか（一九九九）「「柔の理」の意味に関する研究」『武道学研究』三一（三）。

吉谷修（二〇〇〇）「フランス第三共和制下、嘉納治五郎と〝教育における身体訓練振興のための国際大会〟委員との交流に関する研究」『身体運動文化研究』七（一）。

第10章　女性スポーツの競技化とその課題
――女子柔道競技の歴史と強化を例として――

山口　香・溝口　紀子

一　女性スポーツの現代的課題へのまなざし

ロンドンオリンピック（二〇一二）においては、女性のボクシングが採用されたことによって二六競技すべてに女性選手が参加した歴史的な大会となった。オリンピックに女性がはじめて参加したのは一九〇〇（明治三三）年の第二回パリオリンピックであり、一九カ国一〇六六人の参加のうち、女性はわずか一二名、種目はゴルフとテニスの二競技のみであった。当時の『東京新聞』（一九〇四）には「女子スポーツが発達すると女子らしさが失われ、品位が下がるのではないか」（岸野ほか編 一九九九）と掲載されるなど女性のスポーツに対しての偏見や誤った認識がなされていたことがわかる。日本では一九二〇年代（大正末）頃から高等女学校の生徒達を中心にスポーツが行われるようになっていった。一九二六（昭和元）年には国際大会に日本の女子代表選手を送るための組織として「日本女子スポーツ連盟」が設置され、その後、第九回アムステルダムオリンピック（一九二八）において人見絹枝が陸上八〇〇メートルで日本女性初の銀メダルを獲得した。

日本女性の活躍がメダル数において注目されるようになったのは、第二八回アテネオリンピック大会（二〇〇四）頃からである。この大会は日本選手団として過去最多となる三七個のメダルを獲得したが、女子は金九、銀四、銅四という活躍を見せた。

北京大会（二〇〇八）、ロンドン大会（二〇一二）ともに金メダル数（北京五／九、ロンドン四／七）では女子が男子を上回っている。女子の金メダル獲得種目をみてみると、マラソン（一九八四年ロサンゼルス大会から）、柔道（一九九二年バルセロナ大会から）、レスリング（二〇〇四年アテネ大会から）など後発的に採用されたもので活躍している傾向がみられる。オリンピック以外の大会においても女子選手の活躍は顕著であり、東日本大震災が起きた二〇一一年にはサッカー女子日本代表（なでしこ）がワールドカップで優勝し、被災した日本に大きな勇気を与え、日本中になでしこブームを引き起こした。

通常、国際競技力が向上するためには、恒常的な強化費の確保、強化や指導者養成システムの確立などを整えることが必要とされるが、女性スポーツの場合にはサッカーに象徴されるように強化費、システムが十分でないにもかかわらず結果を出しているケースが少なくない。結果が出てしまっているために、これ以上の支援は必要ないのではないかという議論になってしまうことが懸念される。確かに世界の女性スポーツ事情をみると、先進国を除けばまだまだ女性スポーツへの支援が十分でない国は多く、さまざまな理由で未だに女性がスポーツを自由に行い、楽しむことすらできない国もある。女子スポーツは国際的にはもちろん国内においても男子スポーツの歴史から見れば始まったばかりであり、抱えている課題や解決していく必要のある問題も少なくない。

しかしながら、結果が先行していることによって、依然としてある問題に真摯に向き合ったり、解決策を講じていこうとしたりする意識がスポーツ界においても共有されていないことは否めない。女性のスポーツを考えることは、女性のみならずスポーツ界全体の発展に寄与するものであることも認識すべき点である。

本章では、女子柔道競技を例として競技化、強化の歴史をひも解きながら女子柔道が抱えている課題や今後のあり方について検討し、女性スポーツの抱える課題や問題点への取組みに向けた示唆を得てみたい。

二　女子柔道の競技化への軌跡

(1) 戦後日本の女子柔道

敗戦後の日本では、連合国総司令部（GHQ）により大日本武徳会が解散させられ、そのうえ学校柔道が禁止されていたが、社会体育の柔道は禁止されなかったため、町道場の講道館を中心に柔道が行われていた。とはいえ講道館女子部では試合を禁止し、さらに男女が組み合うことを禁じていた。

後に女子柔道の母と呼ばれるアメリカのラスティ・カノコギは、一九六二（昭和三七）年六月に講道館へ修行のため来日している。当時の講道館で女子部指導員であった乗富政子に稽古をつけてもらった際に違和感を覚えたという。最初に組んだとき、私は相手を〝殺し〟にかかった。すると日本人のみんなは、「あなたがやっているのは女子柔道ではない。男子柔道だ」と言ってきた。柔道に男子も女子もあるの？　何が違うの？　私にはわかりませんでした（小倉 二〇一二：九一）と当時の様子を述べている。

このように当時の講道館の女子柔道と、カノコギの柔道（海外の柔道）では相当の乖離があった。当時、女性は講道館大道場で練習することは許されていなかった。カノコギはその実力を認められ、大道場で男性と乱取をすることが許可されたが、もっとも当時の講道館では女子柔道の試合が禁止されていた時期でもあり、戦後国内の女性は試合を行わず、乱取稽古、形などを中心に修行を続けていた。

表10－1は一九七三（昭和四八）年当時の女子柔道の実態調査である。川村（一九七八）らは一九七三年三月から五月にかけて、講道館女子部を中心に一七六名（講道館女子部八九名、その他八七名）の女性にアンケート調査（回収率五八・六パーセント）を実施した。この調査結果で興味深いのは、対象者のカテゴリーを「講道館女子部」と「その他」に分けてクロス集計していたことである。この区分方法から、当時、講道館女子部とそれ以外の地方の女子

表10－1　1973年女子柔道の実態調査――段位取得者の現状

段位と地域	講道館女子部	その他	合　計
無　段	45	17	62
初　段	23	59	82
二　段	13	8	21
三　段	8	3	11
合　計	89	87	176

出所：川村・貝瀬・二星（1978：45-54）。

柔道家とでは、試合に対する意識に違いがあったのではないかと考えられる（溝口二〇一三：一五六―一五八）。

また女子柔道の試合参加についての賛否については、賛成一一〇名（六二・五パーセント）、反対四五名（二五・五パーセント）、無回答（現在の状態では即断できない、よくわからないなども含む）二一名（一一・九パーセント）であった。このように試合を希望する女性が過半数を超えていたうえ、講道館女子部より地方の方がややその傾向が強いという結果が得られたというのである。

（2）国際柔道連盟（ＩＪＦ）における女子柔道の競技化

一九七二（昭和四七）年八月、ミュンヘン五輪の際に行われた国際柔道連盟総会で、女子大会についてイタリアから提案がなされ、議題となった。それをうけて一九七五（昭和五〇）年一〇月、国際柔道連盟総会のスポーツ委員会において「五大陸のうち三大陸以上で女子柔道選手権が実施された場合、世界女子柔道選手権大会を開催する」と条件付きで承認された。その前後の一九七四（昭和四九）年にオセアニア女子柔道選手権、一九七五（昭和五〇）年にヨーロッパ女子柔道選手権大会、一九七七（昭和五二）年にパンアメリカン女子柔道選手権大会が開催された。

さらに、一九七六（昭和五一）年に国際柔道連盟（ＩＪＦ）特別総会において、女子柔道の試合審判規定について審議され、日本案とヨーロッパ案が提出されたが、最終的にはヨーロッパ案が採択された。

ＩＪＦの決定をうけて一九七七年一月、全日本柔道連盟の理事会では、女子柔道の試合実施を決定し、同年一一月に講道館柔道試合審判規定・女子規定を制定した。この規定の内容は、先のＩＪＦ特別総会で不採択となった日本案を踏襲するものである。これにより日本の女子柔道は、男性と異なる試合規定であっただけでなく、国内と国外の女子柔道の試合規定までも二重規定が設定される事態になった。

一九七八（昭和五三）年七月二八日には、日本女子柔道の最初の大会となった第一回全日本女子柔道選手権大会が講道館大道場で開催された。階級は四階級（五〇kg級、五八kg級、六五kg級、六五kg超級）で行われ、三七名が出場した。これにより欧州に出遅れていた日本であったが、世界選手権開催に向けて最初の一歩を踏み出すことになった。

（3）世界女子柔道選手権大会開催と五輪種目への採用

一九七八（昭和五三）年一二月のIJF総会（ロンドン）にて、翌年の一九七九（昭和五四）年一二月のパリ世界選手権に男子との共催で女子世界選手権を実施する案がオーストラリアから提案された。しかし、開催国のフランスからは何も発言がなく、当時のパーマー議長が女子世界選手権を開催することのみを議題にかけ、承認された。しかし、当時の五輪憲章三二条には「五輪夏期競技大会のプログラムに加えるには三大陸の少なくとも四〇ヶ国において広く行われている競技に限る」と規定されていた。

この条件は当時の女子柔道の現状では難しい数字であった。そこで、女子柔道についてはすでに五輪種目になっている柔道（男子）に相乗りし、男子が認められているのだから女性も認められるべきであるという理論武装を展開する必要があった。

IOC会長のキラニンは、すでに正式種目になっている男子柔道の五輪参加対象を女子にも広げる場合、五輪憲章の規定にどこまで援用されるか議論の余地があり、まず最低でも二五カ国・地域が出場した形で世界選手権を開くことを条件として提案した。つまり、新規種目ではないから「三大陸の四〇ヶ国以上」までなくてもいいのではないかという見解である（小倉 二〇一二：一二九）。

前述した女子柔道の母と呼ばれることになったカノコギは、ニューヨークで有志を集めて大会組織委員会を結成したものの、資金面に問題があった。後ろ盾のないカノコギは、資金的に世界選手権の開催能力があることをＩＪＦに証明するため、アメリカ柔道連盟に頼らず自分たちの力だけで資金繰りに奔走した。しかし、このカノコギたちの資金集めは、一九七九年一二月のソ連軍のアフガニスタンへの侵攻が影響し、アメリカのカーター大統領がソ連軍のアフガニスタンの軍事介入の報復措置としてモスクワ五輪のボイコットをＮＡＴＯ（北大西洋条約機構）加盟国を中心に呼びかけたため、難航をきわめた。

このような状況下で、東京五輪重量級金メダリストの猪熊功は、日本のテレビに約五万ドルで大会放映権を売る契約をまとめた。さらに、米テレビのＣＢＳは放映権を約四万五〇〇〇ドルで購入することとなり、これで資金はかなり回収できる見通しとなった。

加えて一九七九（昭和五四）年は、国連総会において女子差別撤廃条約（女子に対するあらゆる形態の差別の撤廃に関する条約）が採択されたときでもあり、このような動きがカノコギにとって追い風となった。

そして翌一九八〇（昭和五五）年、第一回世界女子柔道選手権大会がニューヨーク、マジソン・スクエア・ガーデンで開催されることとなった。女性の参加人数は予想以上の一二五名、参加国は二七カ国であった。

三　女子柔道の競技力向上への取組みとシステム構築

（1）女子柔道強化の萌芽

第一回世界女子柔道選手権における日本チームは、八階級中、七階級に出場するも、五二kg以下級の山口香が二位入賞するだけで、諸外国との競技力の差は明らかであった。また当時、世界代表に選考された全日本女子代表選手たちは、国内審判規定で選考されていた。日本チームの監督であった柳澤久と山口選手は、「出場した日本選手のほとんどが、試合経験が少なく、外国選手と対戦するのもはじめてであり、また審判規定も、国内の女子規定とは少し異なっていたのです」(柳澤・山口 一九九二：一〇)、「国内では禁止されている奥襟を、海外の選手は持ってくる。巧みに足をとってくる朽木倒や双手刈も多い。海外での試合が年に一回ほどしかないうえに、国内ルールは遅れていたため、世界の厳しい状況に適応するのは至難の業であった」(山口 二〇一二：一〇四)と国内試合規定(講道館ルール)と国際試合規定(IJFルール)の二重規定の問題点を吐露し、「わが国が女子柔道の試合の実施においてヨーロッパ各国より約一〇年遅れたことが、選手の競技力やそのあとの国際試合の結果などに大きく影響しました」(柳澤・山口 一九九二：一〇九)と語っている。この大会の各国の金メダル獲得数は、合計三二個のメダルのうち八五パーセントを超える二八個のメダルを欧州七カ国が獲得する結果となった。欧州勢の独壇場であった。

一方、世界大会当時の日本選手は、柔道に集中できる環境ではなかった。たとえば、一九九六年アトランタ五輪女子監督、野瀬清喜は「私が全日本強化コーチを始めた頃は、まだ環境が整っていない時代でした。ナショナルメンバーとはいえ毎日練習している女子選手は少なく、週の半分は道場で練習し、あとは自分でトレーニングをする選手がほとんどでした」(山口 二〇一二：三六五)と懐古している。

そこで、強化の抜本的な取組みとして、大会の設置、練習先の確保(所属/全日本合宿)に重きをおき、強化指定選手制度/全日本強化合宿の開催に加え、福岡国際大会、全日本女子団体大会(岡山)、学生選手権、高校選手権などの国内での大会の開催を行うだけでなく、選手の環境を整えるため大学や企業などの所属先の開拓にも努めた。

強化指定選手制度/全日本強化合宿の開催については、全日本選手権に出場し入賞した選手をAランクBランクに区分した。全日本強化合宿は、年に三回開催されるようになった。この合宿では、ランクによって処遇が異なる強化方針がとられ、Aランクは旅費・合宿費用の免除、Bランクは合宿費用の免除といったように強化の処遇を実力に応じて区分した。国内大会については、一九八三(昭和五八)年に、日本で初めて女子柔道の国際大会を開催した。この大会は、RKB毎日放送が放送開始三二周年を記念して女子柔道のレベル向上を目的として開催したという（山口 二〇一二：一〇九）。そして、同年以来、二〇〇六（平成一八）年の二四回大会まで開催されたのである。

この福岡国際大会は当時、諸外国に比べ圧倒的に競技力の低かった日本にとって、高い渡航費を払い、国際大会のために海外へ渡ることは困難だった時代に、欧米から強豪選手が来日し、試合ができるという点で女子柔道強化にとって重要な機会となった。また、当時の世界的スターであったベルギーのベルグマンズ、イギリスのブリックス、日本の山口香が試合に出場することで、女子選手の戦う表情、女子柔道の華麗な技が映像に映し出され、女子柔道の魅力がテレビを介して日本国民に伝わることとなった。全国ネットのテレビ放送は、視聴者に女子柔道の魅力を伝え、認知度を高めたのである。

そして、一九八四（昭和五九）年に日本人初の世界チャンピオンとなった山口香は、大会開催当時「女姿三四郎」と称された。それは同時に女子柔道が消費化、大衆化されたということを意味し、競技人口のすそ野が広がり競技力も向上した。同年女子柔道は、ＩＯＣ理事会・総会において一九九二年バルセロナ五輪から正式種目となることが決定された。

これらの事象は女子柔道にとって追い風となり、一九八五年以降、男子と同様に国際大会や女子の大会が急速に増える結果をもたらした。また、それまでは女子だけの単独開催であった開催方式が、一九八五（昭和六〇）年全日本学生女子柔道大会を契機に男女共催で行われるようになった。一九八七（昭和六二）年には、ドイツ・エッセンで開催された第五回世界選手権大会が男女共催となったのである。

（2）五輪正式種目への参入と実業団女子柔道部の発生

一九八四年九月二四日のＩＪＦ総会では、女子柔道を一九八八年ソウル五輪の公開種目として開催し、一九九二年バルセロナ五輪より正式種目として実施することが決定された。

一九八五年当時の日本は、男女雇用機会均等法が制定され、まさにバブル絶頂期であった。女子柔道はその時代の波に乗るように、大会数が急増し競技力も向上して、世界大会や国際大会でも入賞者が飛躍的に増えてきた。そしてバブル景気の後押しもあり、一九八九年頃から実業団女子柔道部が設立され始めた。

住友海上火災（現三井住友海上火災）、コマツ、ミキハウス、埼玉銀行（現りそな銀行）は、女子部を次々に創設した。いずれも当時は女性だけの実業団クラブであった。これまで実業団の柔道は男性だけのものであったが、女性だけの組織が存在したことで、女子柔道選手の処遇の保障が確立され、さらに競技力が向上した。

そのなかで代表的な実業団柔道部である住友海上女子柔道部の設立理由には、一九八九（平成元）年、全日本柔道連盟が全日本体重別選手権大会の大会広告を営業している折に、当時日本女子柔道代表監督であった柳澤久と女子柔道への支援の可能性を検討していた当時の住友海上スポーツ振興課長の間で、そのような設立の話が進んだことにあったという（山口 二〇一二：一六六―一六七）。とはいえ、創部当初はいきなり良い結果を出すことはできなかった。なにせ高校を卒業したばかりの選手が主力であり、部員数も少なかったからだ。さらに自前の道場を持たず、講道館で練習し大学や高校へ出稽古しなければならなかった。そういった苦難を超えて、住友海上柔道部二期生の恵本裕子が一九九六年のアトランタ五輪六一kgで、日本人女性としては初めてのオリンピックチャンピオンとなり、住友海上としての悲願が達成されて自社道場を建設する契機となった。

創部当初、経営が苦しくなれば真っ先にスポーツ関連経費が切られるという時代状況のなかで、住友海上は恵本が金メダルを獲得したとき「女子柔道部は永遠に存続させる」と断言したと聞いている。現三井住友海上火災柔道部が、日本女子柔道界に果たした功績は非常に大きいといわざるをえない。

これまでの企業スポーツは、メセナ的役割として、スポーツ強化だけに特化することが多かった。しかし、一九九〇年後半頃から自前道場を設立するようになると、実業団柔道部の活動は、企業の社会貢献の一環として行われていくようになる。これは、日本独自の強化システムともいえよう。

図10－1　男女別全日本柔道連盟登録数の変化

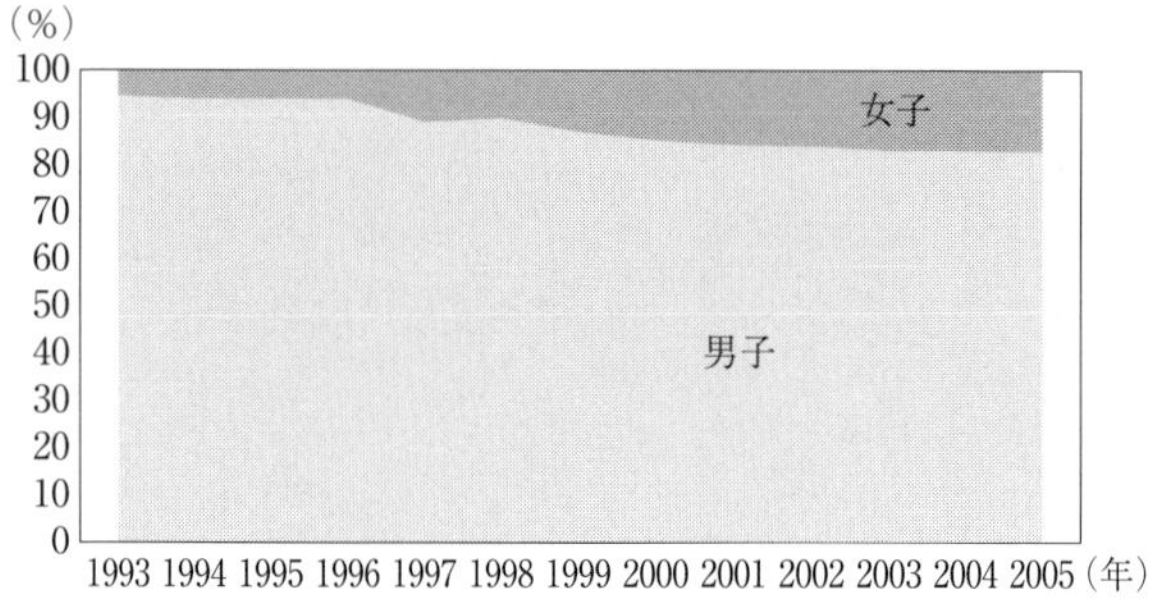

出所：溝口（2013：174-175）。

図10－2　女性指導者数の変化

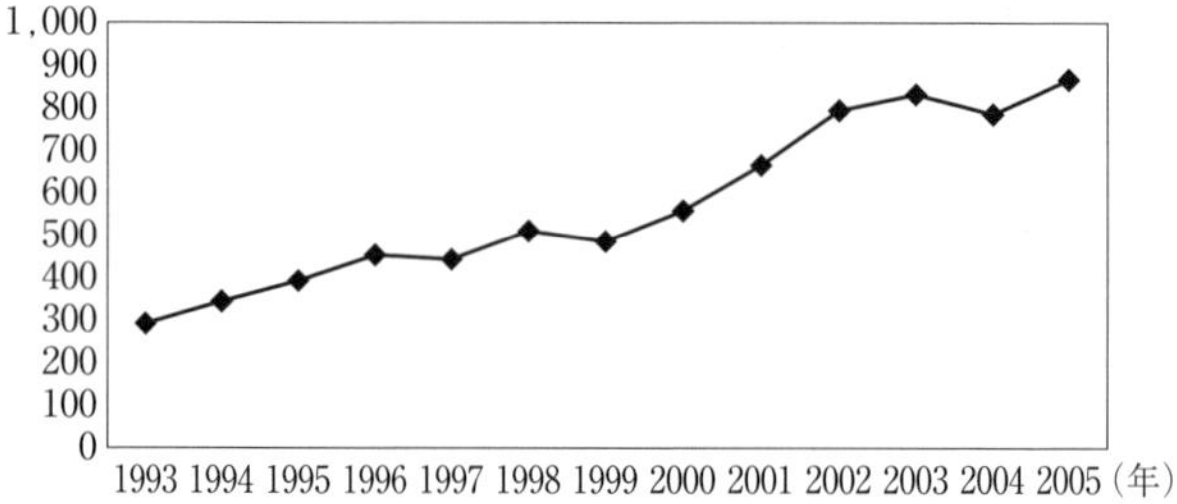

出所：溝口（2013：174-175）。

表10－2　男女共催以降の五輪における柔道のメダル獲得数

年	大　会	女　子	男　子
1988	ソウル（女子公開）	5(1)	4(1)
1992	バルセロナ	5(0)	5(2)
1996	アトランタ	4(1)	4(2)
2000	シドニー	4(1)	4(3)
2004	アテネ	6(5)	4(3)
2008	北京	5(2)	2(2)
2012	ロンドン	3(1)	4(0)

注：（　）は金メダル数。

（3）二〇〇〇年代から現在に至る女子柔道

二〇〇〇年代に入ると、女子柔道の活躍により女性全体の柔道登録者数も著しく増加した。全日本柔道連盟（以下、「全柔連」と略す）が登録制度を開始した一九九三年頃は男性二三万六一一四人（九五パーセント）、女性一万三七二八人（五パーセント）であったものが、二〇〇〇年になると男性は一六万四七一〇人（八六パーセント）と一九九三年と比較して五万人程度（約三割程度）減少している。これに対して女性の方は、一九九三年の約二倍の増加で二万七一七四人（一四パーセント）となった。男女の比率も著しく女性が増えてきた。二〇〇五年では、男性一六万八四三七人（八三パーセント）に対して女性三万四五九四人（一七パーセント）と、一九九三年に比較すると三倍近く女性登録者数が増加しているのである（図10－1）。

また女性の指導者数に関しても、一九九三年では二九一人だったのが、二〇〇〇年では約二倍の五五八人となり、二〇〇五年では八六六人と約三倍の増加を示している（図10－2）。女子柔道の人口増とともに、競技成績も比例するように向上し、二〇〇四年アテネ大会ではお家芸といわれた男子のメダル獲得数を追い越し、七階級中五階級で金メダルを量産するほどの実力を備えるまでに成長した（溝口 二〇一三：一七四―一七五）。

その一方で、男子は二〇〇〇年代に入ると、メダル獲得数が減少し、二〇一二年ロンドン五輪ではメダル数は前回より増えたが、一九六四年東京大会以降史上初めて金メダルを獲得することができないという結果となった（表10－2）。

四　女子柔道が抱える特有の問題

（1）女子強化選手一五名に対するパワハラ問題

女子柔道が競技化され、ソウルオリンピック（一九八八）において公開競技、バルセロナオリンピック（一九九二）において正式種目として採用されたことが急速な普及につながったとみることができる。女子強化の体制や環境においては、男女の違いなどを考慮に入れながら検討される余裕はなく、体力やトレーニング、コーチングに関しても男性に対して行ってきた方法をそのまま女性に当てはめてきたことも否めない。それでも、日本における女子柔道の競技力は前述したように確実に向上してきた。このことは柔道に限ったことではなく、後発的に競技化された多くの女性スポーツでも同様であると考えられる。

しかしながら、このような競技力の向上とは裏腹に、抱えている課題や問題も少なくない。折しもロンドンオリンピック後の二〇一二（平成二四）年一二月に、全日本柔道連盟女子強化選手一五名が連名で「ナショナルチームにおける暴力及びパワーハラスメント」について、ＪＯＣ（日本オリンピック委員会）に告発した。ナショナルチームという日本における最高峰のレベルにある選手たちがこのような訴えを起こしたことは衝撃的であった。彼女たちが訴えに至った思いや背景について、彼女たち自身が発表したコメントの全文を以下に示す。

この度、私たち一五名の行動により、皆様をお騒がせする結果となっておりますこと、また二〇二〇年東京オリンピック招致活動に少なからず影響を生じさせておりますこと、先ず以（もっ）て、お詫び申し上げます。

私たちが、ＪＯＣに対して園田前監督の暴力行為やハラスメントの被害実態を告発した経過について、述べさせていただきます。

私たちは、これまで全日本柔道連盟（全柔連）の一員として、所属先の学校や企業における指導のもと、全柔連をはじめ柔道関係者の皆様の支援を頂きながら、柔道を続けてきました。このような立場にありながら、私たちが全柔連やＪＯＣに対して訴え出ざるを得なくなったのは、憧れであったナショナルチームの状況への失望と怒りが原因でした。

指導の名の下に、又（また）は指導とは程遠い形で、監督によって行われた暴力行為やハラスメントにより、私たちは心身ともに深く傷つきました。人としての誇りを汚されたことに対し、ある者は涙し、ある者は疲れ果て、又チームメイトが苦しむ姿を見せつけられることで、監督の存在に怯（おび）えながら試合や練習をする自分の存在に気づきました。代表選手・強化選手としての責任を果たさなければという思いと、各所属先などで培ってきた柔道精神からは大きくかけ離れた現実との間で、自問自答を繰り返し、悩み続けてきました。

ロンドン五輪の代表選手発表に象徴されるように、互いにライバルとして切磋琢磨（せっさたくま）し励まし合ってきた選手相互間の敬意と尊厳をあえて踏みにじるような連盟役員や強化体制陣の方針にも、失望し強く憤りを感じました。

今回の行動をとるにあたっても、大きな苦悩と恐怖がありました。私たちが訴え出ることで、お世話になった所属先や恩師、その他関係の皆様方、家族にも多大な影響が出るのではないか、今後、自分たちは柔道選手としての道を奪われてしまうのではないか、私たちが愛し人生を賭けてきた柔道そのものが大きなダメージを受け、壊れてしまうのではないかと、何度も深く悩み続けてきました。

決死の思いで、未来の代表選手・強化選手や、未来の女子柔道のために立ち上がった後、その苦しみは更に深まりました。私たちの声は全柔連の内部では聞き入れられることなく封殺されました。その後、ＪＯＣに駆け込む形で告発するに至りましたが、学校内での体罰問題が社会問題となる中、依然、私たちの声は十分には拾い上げられることはありませんでした。一連の報道で、ようやく皆様にご理解を頂き事態が動くに至ったのです。

このような経過を経て、前監督は責任を取って辞任されました。

前監督による暴力行為やハラスメントは、決して許されるものではありません。私たちは、柔道をはじめとする全てのスポーツにおいて、暴力やハラスメントが入り込むことに、断固として反対します。

しかし、一連の前監督の行為を含め、なぜ指導を受ける私たち選手が傷付き、苦悩する状況が続いたのか、なぜ指導者側に選手の声が届かなかったのか、選手、監督・コーチ、役員間でのコミュニケーションや信頼関係が決定的に崩壊していた原因と責任が問われなければならないと考えています。前強化委員会委員長をはじめとする強化体制やその他連盟の組織体制の問題点が明らかにされないまま、ひとり前監督の責任という形を以て、今回の問題解決が図られることは、決して私たちの真意ではありません。

今後行われる調査では、私たち選手のみならず、コーチ陣の先生方の苦悩の声も丁寧に聞き取って頂きたいと思います。暴力や体罰の防止は勿論（もちろん）のこと、世界の頂点を目指す競技者にとって、またスポーツを楽しみ、愛する者にとって、苦しみや悩みの声を安心して届けられる体制や仕組み作りに活かして頂けることを心から強く望んでいます。

競技者が、安心して競技に打ち込める環境が整備されてこそ、真の意味でスポーツ精神が社会に理解され、二〇二〇年のオリンピックを開くに相応しいスポーツ文化が根付いた日本になるものと信じています。

(2) パワハラ問題の背後にあるもの

この問題が起きた本質はどこにあったのか。これはジェンダー論だけではなく、日本のスポーツ界に根付いている先生と生徒、先輩後輩といった上意下達という日本の文化にあるのかもしれないが、男性主導で始まったスポーツは長い歴史のなかで積み上げられてきた伝統もあり、許容できるものやできないものが男性同士のなかでは自然と共有できている部分も多くあるように思われる。しかしながら、後発的に始まった女子スポーツにおいては、男性の価値観とは大きく乖離している部分が埋められぬまま今日に至っているのかもしれない。

女子柔道の試合や本格的な強化は一九七〇年代後半からスタートし、現在においては強化の基盤も固まりつつあり、安定期に入っていると見ることができるにもかかわらず、なぜこの時期にこのような問題が起きたのかは興味深い。女子スポーツにおけるパイオニアの多くは、恵まれない環境のなかでも自らの欲求に従って競技に邁進した。女子スポーツを後押しする世論もなく、恵まれない環境であることは前提として覚悟していた背景がある。彼女たちが我慢強かったというよりは、より自立した女性であった可能性がある。

東京オリンピック、女子体操で銅メダルを獲得した池田敬子、小野清子は育児をしながらのオリンピック出場だった。今頃になって結婚、出産、育児とスポーツの両立という話題が出てくるが、五〇年近く前の女性アスリートのなかにすでにロールモデルがあったのである。もちろん、当時と比べて女子の競技力は飛躍的に高度化しており、世界で戦うためには強化に専任することが求められることはいうまでもない。もちろん十分とはいえない部分も多いが、当時と比べれば環境面が整ってきていることは間違いない。弊害もあるが、何よりもメディアの注目度が高く、これが女子スポーツの後押しとなっている。しかしながら、これらの背景が逆に女性アスリートの自立を弱めてはいないだろうか。システムが整備されていくことで画一的な強化、育成に陥っていく可能性も否めない。

二〇一二年一二月、柔道五輪金メダリストが指導する大学の女子柔道部員に乱暴したとして、その後準強姦罪(懲役五年)という判決が下されるというショッキングな事件が起きた。

柔道に限らず、セクシャルハラスメントの問題は女子スポーツの陰の部分であり、今日大きく問題視されている。前述したハラスメントとも重なるが、柔道の場合には徒手格闘技という身体接触を有する競技特性により、ハラスメントに対するハードル（ガイドライン）を下げてしまっているようにも考えられる。

さらに女子柔道選手の場合、他の競技の女性アスリートに比べ厳しい指導や身体接触を伴う指導を概ね許容してしまう傾向もある。もちろん、これは指導者の倫理観に照らして一線を越えない範囲であることは当然だが、強化のレベルが高くなるに従って、指導者も選手も一線がどこに置かれるべきであるのかを見失ってしまう傾向が少なからずみられる。

嘉納は講道館に女子部を創設した際に、女子入門者には厳しい規定を設け、指導者も厳選して慎重に指導を行った。当時、女性が組んづ解れつの柔道を男性指導者と行った際の誹謗中傷が少なからずあることを予測し、女子部指導には細心の注意を払ったに違いない。時代は変わっても男性が女性を指導する場合には、つねに危険因子が存在しているということを指導者と選手の双方が認識し合い、不幸な事態が起こらないようにしなければならない。

（3）女性アスリートへの指導の難しさ――FAT問題

ところで、女性の指導については、主観にもとづく理論やイメージも少なくない。「依頼心が高い」「感情の起伏が激しく流されやすい」「女の指導は難しい」などがそれである。ここで考えなければならないことは、男性と女性は生物学的、生理学的に違いがあるのは間違いない。けれども、指導という観点で考えれば、年齢やレベルの違い、障害の有無等々、同じスポーツを指導するという前提でも教える対象によって違いが出てくるのは当たり前のことだと思われる。そういった意味では、女性アスリートの指導が男性に比べて特段の違いがあり、難しいとは考えるべきではないが、先入観が大きすぎた場合にはそれが選手とのコミュニケーションを妨げる要因の一つにもなりかねないのだ。

柔道に限らず、女性アスリートの体重および体脂肪と競技成績の相関は高い。女性アスリートにおける三つの兆候（FAT：Female Athlete Triad）とは「摂食障害」「無月経症」「骨粗鬆症」を指す（第7章参照）が、体重別競技である柔道においてもこれらのリスクを抱えている。北京オリンピック以降、国際柔道連盟（ＩＪＦ）がランキング制を導入したことに伴って試合数が急激に増えた。このことが、そのリスクを高めていることは否めない。

さらにロンドンオリンピック後には、大会当日の朝に行われていた計量がボクシングやレスリング同様に前日夜に行われる新ルールが試されている。これは二〇一三年八月のリオ世界選手権まで試験的に導入され、大会後に実施の是非が検討される予定である。このように、体重を管理し、最高のパフォーマンスを発揮するためのコンディショニングが要求される選手にとって、国際連盟のシステム、ルール変更に対応することは簡単ではない。医科学サポートは充実してきているものの、前述したように女性アスリート特有の兆候や生理などに特化した研究、サポートは未だに十分とはいいがたい。

女子柔道の競技における軌跡が示すように、競技化されることで幅広い年齢層への普及が急速に進み、取り組む環境が整っていく一方で、嘉納が慮ったように、競技力向上に邁進するがゆえの行き過ぎた指導や女性特有の疾病、怪我などの課題はむしろ増しているとみるべきであろう。

たとえば、ロンドン五輪出場女性アスリートに対する調査報告(1)（n＝132）によると、七二・七パーセントの選手が、身体的・心理的問題が生じたときに相談できる機関が必要だと思うと回答し、約六五パーセントが女性アスリートへのサポートにおいて男性と異なるサポートが必要であると答えている。女性に特化したアプローチは、今後さらに期待される。国立スポーツ科学センター（ＪＩＳＳ）では、女性アスリート専用の電話相談窓口を開設した。このような試みがあらゆる競技、年齢層、レベルの女性アスリートに向けて広がっていくことが切に望まれる。

五　女子柔道および女性スポーツの未来を探る

（1）女性スポーツを発展させるために何が必要か

女性スポーツの発展は、スポーツに女性の視点が加わったことを意味しているが、現状においては競技場面以外でその効用が十分に生かされていない。マルチサポート事業の女性アスリート戦略的強化支援方策レポート、JOC女性スポーツ専門部会が合同で行った平成二三年度スポーツ組織調査によれば、スポーツ組織における役員などの男女比（n＝980）は男性が約九六パーセント、女性が約四パーセント、役職別でみてもどの役職も男性が九〇パーセントを占めた。

スポーツ組織において役員を選出する際、どのような点を重視するかについては「各組織・委員会等での活躍・実績（八四・六パーセント）」「連盟・協会の推薦（六六・七パーセント）」「人柄（五九パーセント）」となっている。理事会等の役員の男女比に対する考え方では、全体の約八割が「変更すべきで女性をもっと増やすべき」と回答した。意識はあるが、システム等の問題で登用できない背景が見える。

連盟・協会における女性の地位向上の課題を尋ねたところ、「今までの価値観を変えること（三四・一パーセント）」、「男女平等の考え方を政策やシステムに取り入れること（二〇・五パーセント）」「女性がもっと積極的になるべきで、自分たちのために何かすべき（一五・九パーセント）」そして「女性の登用を制度化する一方で女性自身の組織への積極的な働きかけが必要」とのことであった。

スポーツ組織において女性の地位やリーダーの比率が上がらない要因については「女性にリーダーとして経験が十分にないこと（四五・五パーセント）」「女性がリーダーになりたがらないこと（三八・六パーセント）」「女性リーダーを持つという伝統がないこと（三四・一パーセント）」などがあげられた。

この調査からみえてくることは、女性がスポーツ組織において役員などの意思決定を行える地位に就くことについては理解が得られているものの、実際の方法論が確立されていないことや女性自身の意識変革がされていないことなどが障壁となっていることだ。このような状況は、一九九四年のブライトン宣言[2]から大きく変化していない。ある意味では問題の所在は十分に議論され、共有されており、後はどのように実行していくか、連盟や協会、組織の覚悟が問われているといっても過言ではない。

（2）女性スポーツ指導者に活躍の場を与えるために

柔道において起きた女子ナショナルチームにおけるコーチの暴力・ハラスメント問題で注目すべきは、起きた問題以上に、それを適切に処理するガバナンス機能が不全であったことである。スポーツ組織におけるガバナンスの充実はスポーツ基本法にも明記されているが、長い歴史のなかで悪気もなく構築されてきたスポーツ組織の悪しき習慣や曖昧な感覚を変えることは簡単ではない。

女子チームで起きていたことが男子チームでなかったかといえば、推測の域を出ないもののまったくなかったとは言いがたいであろう。つまり、男子では黙殺されてきたことが女子チームでは表面化したということである。女性が男性以上に優れているわけでも、潔癖なわけでもないだろうが、男性とは違った価値観や感性、倫理観を女性はもっている。そういった意味で、女性にかかわらず、当該競技以外の人、障害のある人、外国人など多様な人材を登用することが視野狭窄から離れ、グローバルな社会でも通用する発展的な組織構築に寄与するに違いない。

不祥事が続いた当時の全柔連には理事二六名がいたが女性はいっさい含まれていなかった。そこで不祥事の再発防止策として女性役員や外部有識者を採用する方針を示し、現在では、女性役員は理事四人、監事一人、評議員六人になった。今後は、女性が自らの役割を認識し、自らの考えを発言していくことが重要だろう。

柔道界だけでなくスポーツ界において長い間、女性にリーダーとしての役割を期待されることはなく、養成も行われてこなかった。このことが、右記の「女性がリーダーになりたがらないこと」に示されている。競技同様に機会と役割を与えられることで人は育つ。嘉納が女子柔道を始めたときに目指したことは、女性指導者の養成だった。なぜなら、そのことが女性スポーツ発展の基盤になることを確信していたからだ。およそ一〇〇年のときを経ても、女性スポーツにおける十分な女性指導者が未だ養成されたとはいえない現状がある。

競技を引退した女性アスリートがファーストキャリアを生かしたセカンドキャリアを構築することは、スポーツ界にとって有益であると考えられるが、男性に比べて需要が少なく、活躍の場が十分に与えられているとはいいがたい。ロンドン五輪に出場した女性アスリートの八一・四パーセントが引退後にもスポーツに関わっていきたいと思うと回答している。

しかし、結婚、出産、育児という女性特有のキャリアがトップレベルにおけるコーチなどを行う際の障害となっているケースもみられる。このことは、スポーツ界のみならず一般社会にも通じる女性全体の雇用、労働における課題でもあり、日本の社会全体が女性の労働力や能力を生かしていく環境づくり、サポートシステムの構築が望まれる。女性の指導者を輩出することは、選手たちへのロールモデルにもなる。海外の先進国では、すでに女性に特化した指導者養成システムが構築され、実績をあげつつある国(3)も少なくない。

（3）スポーツ政策にみる女性スポーツの推進

二〇一一年八月に施行された「スポーツ基本法」にもとづいて作成された「スポーツ基本計画」（二〇一二年三月）には、「女性とスポーツ」に関する具体的な振興策が盛り込まれている。たとえば、女子スポーツの競技力が向上する一方で女子中学生の運動離れが深刻な状況（三〇・九パーセントが一週間の運動時間が六〇分未満）にあることに対してや、年齢、性別を問わずライフステージに応じたスポーツ参加を促進する環境を整備するための施策が明記された。スポーツ政策において、国が具体的に女性や少女に配慮した視点で施策を打ち出すのは初めてである。

こういった施策をどのように具現化し、実際の成果をあげていくかが今後の課題である。女子スポーツの問題を女性のみで考えても、解決の糸口は見えてこない。女子スポーツの普及・発展が、女性だけではなくスポーツ界全体に恩恵をもたらすものであるとの意識を共有し、積極的に取り組んでいくことが重要であると考える。

注

（1）日本オリンピック委員会、女性スポーツ専門部会調査（二〇一二）。

（2）女性スポーツの普及を促す国際的な宣言として「ブライトン宣言」をあげることができる。女性とスポーツに関する最初の国際会議は、各国のスポーツ政策の関係者が一堂に会し、一九九四年五月イギリスのブライトンで開催された。この会議はイギリススポーツ委員会が主催し、国際オリンピック委員会の協力によって行われたものである。会議では、とくに女性がスポーツに参加する際、直面する不平等を是正するための変化のプロセスをどのように推進すべきかについて提言がなされた。政府組織、非政府組織、各国オリンピック委員会、国際・国内スポーツ連盟、教育・研究機関を代表する八二カ国、二八〇名の参加者が、この「ブライトン宣言」を支持した。宣言は、スポーツにおけるあらゆる地位、職務、役割への女性の参加を拡大するための行動計画を指導する原則を述べている。さらに会議では、全大陸を網羅する女性とスポーツに関する国際戦略と発展についての同意がなされた。これは、スポーツの発展に携わる政府組織や非政府組織によって支持および指示されるべきものと考えられた。

（3）代表的な例としては、オーストラリアにおけるSports Leadership Grants and Scholarship for Women（女性スポーツリーダーシップ助成金及び奨学金）があげられる。コーチや役員、運営スタッフなどに女性が就けるよう研修機会を与えるために、個人に対しては五〇〇〇豪ドル（約五〇万円）、組織に対しては一万豪ドル（約一〇〇万円）を限度に設定、給付を行っている。また、カナダにはWoman in Coaching Program（女性コーチングプログラム）があり、カナダコーチング協会主導のもと、女性のコーチング環境向上に向けて尽力する個人および組織に対してサポートを行うプログラムが展開されている。このプログラムは一九八七年から始まり、二〇〇六年までに五〇〇名以上の女性コーチに三〇〇万カナダドル（約二億九〇〇〇万円）が支給されている。さらに、イギリスにはWoman and Leadership Development Program（女性のリーダーシップ開発プログラム）、UK Strategy Framework for Women and Sport（女性スポーツへの戦略的枠組み）が、アメリカにはNCAA/NACWAA Leadership Education（NCAA/NACWAA リーダーシップ教育）などがある（NACWAA: National Association of College Woman Athlete Administrators）。

参考文献

Arokinson, Linda（1983）*Women in The Martial Arts*, DODD. MEAD&COMPANY.

Brousse, Michel（2002）*Le Judo, son histoire, ses success*, Minerva.

Brousse, Michel（2005）*Les racines du judo français. Histoire d'une culture sportive*, Presses Universitaires de Bordeaux. Universitaires de Bordeaux.

飯田貴子・井谷恵子（二〇〇四）『スポーツ・ジェンダー学への招待』明石書店。

川村禎三・貝瀬輝夫・二星温子（一九七八）「女子柔道の実態」『講道館柔道科学研究会紀要』第Ⅴ輯、講道館、四五―五四頁。

井谷恵子・田原淳子・來田享子編著（二〇〇一）『目で見る女性スポーツ白書』大修館書店。

女性アスリート戦略的強化支援方策レポート作成ワーキングチーム（二〇一三）「女性アスリート戦略的強化支援方策レポート」順天堂大学、マルチサポート事業、二二一―二三〇、二三四―二四〇頁。

菊幸一・仲澤眞・清水諭・松村和則（二〇〇六）『現代スポーツのパースペクティブ』大修館書店。

菊幸一（二〇一一）「スポーツ社会学における歴史社会学の可能性」『スポーツ社会学研究』一九―一。

岸野勇三ほか編（一九九九）『近代体育・スポーツ史年表』三訂版、大修館書店。

松本芳三（一九七〇）『図説解説　柔道百年の歴史』講談社。

松下三郎（一九七八）「戦後の女子柔道」『日本大学文理学人文科学研究所研究紀要』。

丸山三造（一九三九）『大日本柔道史』講道館。

宮下充正監修／山田ゆかり編（二〇〇四）『女性アスリート・コーチングブック』大月書店。

溝口紀子（二〇〇九）「欧州における女子柔道の歴史」『柔道六月号』講道館文人会。

溝口紀子（二〇一三）『性と柔』河出ブックス、河出書房新社。

文部科学省（二〇一二）「全国体力・運動能力、運動習慣等調査」全国体力テスト。

村田直樹（一九九三）「開会した女子柔道」佐々木武人・柏崎克彦・藤堂良明編『現代柔道論』大修館書店。

乗富政子（一九七二）『女子柔道教本』潤泉荘。

野瀬清喜（二〇〇八）『柔道学のみかた――若き武道家・指導者たちのために』文化工房。

老松信一（一九六六）『柔道百年』時事通信社。

小倉孝保（二〇一二）『柔の恩人』小学館。

坂上康博（二〇〇一）『スポーツと政治』山川出版社。

Svinth. J. R. (2001) *The Evolution of Women's Judo, 1900-1945*, Journal of Alternative Perspectives.

山口香（二〇〇九）「女子柔道の歴史と課題」日本武道館『武道』五一〇、八四―九一頁。

山口香（二〇一二）『女子柔道の歴史と課題』日本武道館。

柳澤久・山口香（一九九二）『女子柔道』大修館書店。

第11章　現代スポーツを考えるために
――嘉納治五郎の成果と課題から――

村田　直樹・菊　　幸一

一　術から道へ――「原理」の発見を求めて

（1）「原理」を求める背景と過程

現代スポーツの混乱状況を嘉納治五郎は、どのように見つめ、評価するのであろうか。講道館柔道の創始に始まり、近代日本のスポーツ界を組織化した嘉納の足跡は、自らが生きた近代日本の草創期にあって、まさに社会自体が混乱し誰しもがその状況に右往左往していた時代のなかで残されたものであった。彼がそのような近代日本の混乱状況にあって、なお確固とした足跡を残せた背景には、ブレない信念や思想を支える原理を求める姿勢があったに違いない。

講道館柔道を創始して以降、嘉納はつねに原理をもって言論を展開した。その原理とは、「精力最善活用」または「精力善用」である。ここではまず、そのような原理を求めた背景について捉えておきたい。なぜなら、この精力善用こそが嘉納の体育観、教育観などの根底をなす論拠として、不動の位置を占めているものと思われるからである。

では、この原理の発見に至る背景と過程とはいかなるものであったのだろうか。

嘉納（一八八二）は、一〇代半ばの寄宿舎生活時代、身体虚弱のためしばしばいじめられたという苦い体験があり、子ども心に他者の下風に立たされることを嫌ったと言われている。そのため、柔術入門を志すものの、父親の反対にあい果たせなかった。しかし、東京大学に入学する頃には許され、晴れて入門を果たす。以後、天神真楊流[1]、起倒流[2]の二流を学んだが、この柔術修行時代に発生した五つの理由により、ついに術から道へという原理の発見に至ったと考えられる。

（２）四つの疑問と一つの賞賛からなる五つの理由

この五つの理由とは、次のような四つの疑問と一つの賞賛からなっていると考えられる。

疑問①：教えない指導法
疑問②：科学性の貧困
疑問③：古文書の判断に苦しむ
疑問④：柔の理の限界
賞賛①：身心の著しい発達

次に、少し解説を加えながら内容を検討してみよう。

〈疑問①：教えない指導法〉

天神真楊流の師福田八之助は、嘉納の問いに答えず、「弟子のお前たちがそんな事を聞いたって分かるものか、ただ数さえ掛ければ良いのだ、掛かって来い」と言って激しく何度も投げつけた。嘉納は、文明開化の近代を進めていく時世にあって、このような指導法ではどうだろうか、説明を入れた方がわかりやすいのではあるまいかと思った。

〈疑問②：科学性の貧困〉

起倒流の師である飯久保恒年の技能を観察しているときに感じるものがあり、その感じたところを中心に密かに研究を続け、或る日、師を投げるという成果をあげた。これが認められ、一八八三（明治一六）年、日本伝起倒流柔道の免許状を授けられる（「柔道」という名称が起倒流の免許状にみえる。講道館資料館所蔵）。嘉納は師の技能の観察から、施技の際、相手の身体の重心を不安定にすること、その結果、姿勢反射的に一瞬身体が硬直すること等を見抜き、「崩し」を発見するのである。科学的知見を持たない修行者はここまで見えず、なかなか免許状に手が届かなかった。

〈疑問③：古文書の判断に苦しむ〉

天神真楊流と起倒流の二流を学んだ嘉納は、それぞれの技法に顕著な相違のあることを知った。そして柔術を修得するために、もっと広く知りたいと思ったが、それならば入門しなければならない。しかし、すでに繁忙の身となっていた嘉納にそれはできなかった。そこで、古文書を買いあさった。古文書に書かれてある技法、心法などいずれも各流の主張は一々もっともであったが、折々、どちらが正しいのかの判断に苦しんだ。このような体験から、攻撃防御のいかなる局面でも通用する普遍的命題（文章）はないかと考究した。

〈疑問④：柔の理の限界〉

柔術の時代、柔能制剛（柔よく剛を制す）、相手の力に逆らわずして勝つという柔の理が、小が大に勝つ技術原理であった。嘉納はこの原理を高く評価した。しかし、攻防すべての局面を説明するには限界のあることを見つけ、攻撃防御のいかなる局面にも通用する普遍的命題（文章）はないかと探究した。

〈賞賛①：身心の著しい発達〉

幼少期より虚弱（嘉納 一九八三）であった肉体が筋骨隆々となり、癇癪《かんしゃく》もちの性分が我慢のきくようになったことを内観した嘉納は、柔術は、危険な技を検討して技術体系を改編し新しい思想を盛り込めば、殺傷の術から人間形成の道へと原理的に止揚できると洞察した。

（3）「精力善用」と「自他共栄」

右記のような疑問群を解いていく過程で、柔術の指導や学習には科学的説明を加え、柔の理も包摂するような「心身の力を最も有効に使用する道」という命題（文章）に到達し、ここに術から道への原理が発見され、その止揚が果たされることになった。

その後、研究が進み、やがて「心身の力」を「精力」とし、「最も有効に使用する」を「最善活用」として、この二つを合わせて「精力最善活用」とし、さらにこれを縮めて「精力善用」として柔道の定義としたのであった。また「精力善用」を為せば相手を害することなく共栄に至るという考えの下に「自他共栄」を唱えた。

この道を修行する柔道の正式名称は、日本伝講道館柔道とされた。その修行目的は「体育・勝負・修心」とされ、これを換言して「己の完成」「世の補益」とも表現したのである。

かくして嘉納は、伝統武術にもとづく体育法を創始し、「精力善用」「自他共栄」の修心法を首唱し、もって世のため、人のために尽くす人間完成の道を世に問うたのである。

二　嘉納治五郎の体育観と競技運動（スポーツ）や体操の捉え方

（1）「精力善用」からみた体育観

「精力善用」と「自他共栄」という原理の発見は、嘉納の体育観の基礎を形成することはいうに及ばず、その観点からみた学校におけるスポーツや体操の状況に対する批判的な見解にもつながるものであった。とくに、「精力善用」という原理からみた体育を考える場合、次のような嘉納の「精力善用」に対する考え方に注目しておく必要があるだろう。

明治一五年に私が柔道という言葉を用い始めたのは、後に勝つ為に始めに譲るというような意味ではなく、目的は何であっても、それを遂げようと思えば、その目的遂行の為に最も効力あるように精神と身体の力を働かさなければならぬということ、即ち心身の力を最も有効に使用する道という意味であったのである。それを言葉を変えて言えば、精力最善活用、それを一層短く言えば精力善用となる。

（嘉納　一九三七：二）

この原理を武術に応用すればいろいろな形になるとし、「柔道の乱取となり、竹刀を持って練習する撃剣、即ち世に剣道とも称せられている修行にもなる。要するに全て武術の修行は、この原理を攻撃防御に応用したもの」になるのだと説明する。

そのうえで、嘉納はこの考え方を体育に応用して、次のように論じる。

かくこの原理が武術に応用されるならば、それが体育に応用されるは当然である。武術の目的は人によって異なるものとは考えられぬが、体育は必ずしもそうではない。そこで先ずその目的を明らかにしておかなければならぬ。

私は、体育とは身体を筋肉的に強くし、生理的に健康にし、又実生活上役に立つように練習し、そしてそういうことをする間に自然と精神の修養が出来るように仕組んだものであるとすべきであると思う。

精神修養は大切なことではあるが、体育の本体ではないから、体育の本体は強・健・用の三者にあるべきであり、それが体育の目的でなければならぬ。

目的がかく定まった以上は、体育の方法は自ら明らかになって来る。即ちその目的を果たす為に、精力を最善に活用すれば良いのである。これだけが明らかになったから、これからこの原則に基づいて、今日世界各国に行われている体育を批判してみよう。

（嘉納　一九三七：二―三）

ここでは、「精力善用」が武術の原理に応用されるばかりでなく、体育の原理にも応用されることが明確に述べられている。また、あくまで体育は身体の筋肉を強健にし（「強」）、生理的に健康にすることによって（「健」）、実生活に役立つように用いられること（「用」）が目的であり、精神修養のためではないと述べる。したがって、体育は、その目的である「強・健・用」をもっとも合理的に達成するために、精力をいかにもっとも有効に活用するのかが問われると考えられているのである。精力善用の原理は、体育の目的のためにもっとも有効な方法であると位置づけられている。

（2）競技運動（スポーツ）と体操の違いからみた体育

嘉納が考える体育の目的から競技運動を考えると、確かに今日、われわれが勝敗の結果を求めて競い合う「スポーツ」という意味では、これに参加する学生にとって競争的であるがゆえに興味がわきやすく、関心ももたれやすい。しかし、競技運動は体育を目的としてつくられたものではないから、先に述べた筋肉を均斉に発達させる体育の目的には適さないどころか、競争のために無理にこれを働かせようとするので、ときには身体に害を及ぼすことにもなりかねない。したがって、体育の目的に適うように種目の選択や練習の方法に対する深い考慮が必要となってくる。嘉納は、このような、いわば教育的配慮のもとで競技運動を取り扱えば、これを奨励すべき一種の体育と認めてもよいと考えた。そのような立場から「二〇幾年の間、競技運動の普及に尽力し、また五輪大会を日本に持って来ることに骨を折ったのは、全くこの長所を認めたからである」（嘉納 一九三七：三）と述べている。

これに対して、体操については、競技運動の捉え方とはまったく逆に、その運動への興味・関心がわかないところに問題があると指摘している。つまり、体操は、生理学や解剖学を基礎として考案したものであるから、競技運動のように身体の不均斉な発達を促したり、内臓を害したりするといったような弊害はないだろう。しかし、体操の欠陥は、一つひとつの運動に意味がなく（勝敗といった）副次的な利益がないので、逆に競技運動に参加しようとするような興味・関心が伴わないことだ。だから、学校を卒業した生徒が進んで体操をやっている例は、はなはだ少ないと言わざるをえない。続けて行わないようでは、これもまた教えた効果は非常に乏しいのである。

ここで嘉納は、体育的観点からスポーツの効用が発揮される出発点として、競争への興味・関心が存在していることを認めていることが理解できよう。ただし、その欲求はついつい暴走し、かえって身体に害を及ぼす可能性があるので、このような事態にならないような教育的配慮がなされているとき、体育となると述べている。言わば、競技運動＝スポーツの体育化、の重要性を説いているのである。

これとは逆に、体操については、たとえそれが体育の目的に適うような運動であったとしても、競技運動にみられるような興味・関心がわかない運動であれば、結局学校を卒業した後でも運動を継続することにはならないと批判している。これは、生涯にわたって運動を継続することの重要性を説いたものであり、今日の（生涯スポーツではなく）生涯体育の思想につながる考え方といえるであろう。

（3）嘉納が目指した「理想の体育」とは

それでは、嘉納はこのような競技運動と体操の欠点を克服する、いわば「理想の体育」をどのように考えていたのであろうか。

それには、体操の長所を取り入れ、その欠陥を補うようにすればよいと考え、次のような二つの案を提案した（嘉納 一九三七：四）。

① 攻撃防御の練習を取り入れた体操

攻撃防御の方法は武術の形でも教えられているが、従来の教え方では、体育ということが考慮されていないから、身体の円満均斉の発達を期することができない。右手を使えば左手も使う、体を前に曲げれば後ろにも反るというふうに、身体各部をなるべく均斉に働かせながら、同時に武術を覚えるという趣向である。これを武術式とも攻防式とも命名するのである。

② 舞踊式とでも言える表現を中心とした体育

四肢、頸、胴の運動によって、いろいろな思想、感情、天地間のものの運動を表現する趣向なので、忠君愛国の精神、道徳的な感情、高尚なる趣味などを養う目的をもってそれらの意味を表現する舞踊を考案することができる。そういうものが広く行われることになれば、人生に有効なる目的を果たしながら、体育ができることになるのである。そして、精力最善活用の原理は、このような舞踊式とでもいえる体育にも応用されるであろうと主張する。

以上をまとめてみると、嘉納は、体育の目的を「強・健・用」にあるとしながら、その具体的な視点として次の二点をあげたと考えられよう。

視点①：身体の円満均斉な発達を図ること。すなわち、身体に害を及ぼさないようにする視点である。

視点②：興味をもたせること。すなわち、長続きしなければ教えた効果が少ないとする視点である。

また、右記の二点の視点を具体化する方法として、次のような二案を提示したことになる。

案①：身体各部をなるべく均斉に働かせなら、同時に武術を覚える体育。いわば、攻防式の体育（本書第5章の図5-1「攻防式国民体育」の解説を参照のこと）。

案②：四肢、頸、胴の運動によって思想、感情、天地間のものの運動を表現する体育。いわば、舞踊式の体育（本書第5章図5-1「表現式国民体育」の解説を参照のこと）。

これら体育の視点と方法は、いずれも「精力善用」の原理から説き起こされたものである。しかしながら、本書第5章で論じられているように、この体育概念には日本が近代後進国家として近代化を急がなければならなかった時代的制約と同時に、近代国民国家として成立するためのナショナリズム的影響があったことも考えておかなければならない。また、案として示された具体的方法も、その理想と現実には大きなギャップがみられ、ほとんど具体的な運動内容として実現されることがなかったことも踏まえておく必要があるだろう。

したがって、現代日本のスポーツ状況に対する、嘉納の体育論を援用することの限界として「競技運動を文化として捉え、競技運動そのものの追求やその喜びを享受すべきという、いわゆる『スポーツそれ自体の教育』という発想はなかった」という友添（本書第5章）による指摘は重要である。嘉納治五郎の成果は、近代国民国家日本の生成という文脈において、しかも対欧米先進諸国に対して急速にその達成を迫られた時間的な課題のなかで語られなければならないからである。

三　近代日本の生成と嘉納治五郎の成果

（1）嘉納の慨嘆

嘉納の生きた時代背景には、言うまでもなく明治維新以降に急速に近代化された日本が目指した富国強兵・殖産興業という政治的・経済的課題があった。一八八九（明治二二）年に大日本帝国憲法を発布し、政治と軍備、教育と商業等々の充実を図る時代は、まさに官民あげて坂の上の雲に向かって進む興国の一途であったといっても過言ではない。

しかし、これは鳥瞰的スケッチであり、虫の目で見てみれば、嘉納は慨嘆している。なぜなら、明治維新当初における欧米文化の輸入については、概ね是認できるとしても、旧来の美風良俗までことごとく放棄するのは遺憾であること、とくに若い世代の柔弱、たとえば目が悪くないのに眼鏡をかけていたり、病気でもないのに襟巻きを着けて得々としていたりしている学生の姿などの状況が目に余ると思われたからであった。いわく、

明治維新後間もない時で、旧物破壊、旧習打破の気配が漲っており、泰西の文化を輸入模倣しようとする傾向の盛んな折であった。予は我が国当時の状況から考えて、この気配傾向を大体において是なりと認めたのである

が、しかし玉石を混交して日本旧来の美風良俗をもことごとく併せて棄てることに就いては、もとより遺憾に思った。特に学生の柔弱、例えば近眼でもないのに眼鏡を用い、病気でもないのに襟巻を着けて得々としているという様な気風に対しては、慨嘆せずにはいられなかった。これらの弊風とたたかうために全力を尽くした。

（嘉納先生伝記編纂会 一九六四：一二〇）

と。そしてまた、次のような指摘が続く。

なお戒心しなければならないことがここにある。この頃（明治二八年）人が世に処し、事に従う有り様を見ると、その目的とする所は、自己の利益を得るためか、そうでなければ名誉権威を求めることにあって、誠心実意国を思い、道を行う者は甚だ稀である。そのような弊風はひいては学生に及んで、学問をするのは富を得、名を求めるためだと考えるようになり、やがては日常の行為まで目前の小利に眩惑されて永遠の大計を忘れるに至るのだ。

（嘉納先生伝記編纂会 一九六四：一二〇）

これは当時の社会風潮の一面を論難している発言であり、当時の人びとの人生が自己の利益を得るためか、名誉権威を求めることを目的としたものとなっていて、誠心誠意国のために尽くすとか、人のために生きるとかいうあり方が稀になっていることに対する慨嘆である。

近代国家を建設するにあたって、国民一人ひとりの「国民」としての自覚と理想像は、嘉納のなかでは一貫していたと思われる。しかし、その自覚と理想に対する現実とのギャップは、いかんともしがたい現実的課題として嘉納の教育的課題に引き取られることになる。ここで嘉納は、いやがうえにも教育の重要性を効果的、効率的に発揮する原理として「精力善用」を浸透させる成果を求めざるをえなかったとも考えられる。

（2）「国士」の気概——近代から現代へ

柔術修行で柔の理を学び、その限界を知って研究を深めた嘉納は、柔の理を精力善用の道へと止揚したことは前述した通りである。その目的は人材の育成にあり、育成された人材を嘉納は「国士」と称した。その意味するところは、具体的には己を完成し、世を補益する人である。この教育を柔道の修行で果たそうとしたのである。

また、それは他方で、急速に近代国民国家としての歩みを進めていかなければならなかった「日本」という国家を支える人材の育成を図ろうとする、ある種のナショナリズムにも依拠していた。しかし、それはいたずらに国家間対立をあおる偏狭なナショナリズムではなく、当時の国際平和主義にもとづくインター・ナショナリズムに依拠するものであった。

そのような立場から教育者の道を歩んだ嘉納は、体育・スポーツの振興に精力を注ぎ、高等師範学校における体育科の設置に尽力し、これを実現させた。また、ＩＯＣ委員に就任すると同時に大日本体育協会を創設し、オリンピック・ムーブメントに後半生を捧げたのもそのような考え方の現れといえよう。したがって、彼は、まさに現代の我が国における「体育・スポーツの父」と呼ばれるのにふさわしい業績を残した人物といえるのだ。

しかし、嘉納の活動は、国民体育の振興、競技スポーツの振興、体育教育という枠内にとどまるものではなく、見つめる先は常に、当時の時代的要請に応える人材の育成と社会全般の存続発展にあった。教育における智育の偏重と道徳の退廃（嘉納 一九九九・一九三二ａ）を憂え、国際社会に対する国民の啓蒙、民意の向上（嘉納 一九三二ｂ・一九三二ｃ）に努めたからである。またその際の「国士」の行動原理が、「精力善用」「自他共栄」であることは論をまたないであろう。

翻って、日本という近代国家を建設する渦中にあった嘉納治五郎に学んで、現代に生きるわれわれが考えなければならない点とは何だろうか。体育・スポーツの視座から考えれば、それはどの時代においても普遍的に通用すると思われる、身体運動を通じて世のため人のために尽くす心の涵養を、いかに現代社会に生きるわれわれにとってグローバルな観点から為し得るかという使命（ミッション）を示唆している点ではなかろうか。

この視点にもとづいた前記に設定される身体運動の課題と実践ならば、嘉納の思想に連関しているものとなり、この視点にもとづかず、その自覚もないような身体運動の課題と実践ならば、たとえそれを体育・スポーツと称しても、嘉納の提唱する意味内容とは異なったものになるにちがいない。

四　現代日本の社会状況と嘉納治五郎の成果への再解釈

（1）現代日本の社会状況への視座

本章では、これまで本書で論じられてきた嘉納の柔道観、体育観、教育観をさらにわかりやすく総括するとともに、それらの思想にもとづいた現代スポーツへの示唆を得ようとしてきた。もちろん、嘉納の思想や理想は、彼が生きた時代的制約を受けるなかで誕生した成果であり、現代社会に生きるわれわれはその文脈を十分に理解しておかなければならない。そのうえでわれわれが気づかされるのは、嘉納の体育やスポーツに関する言説から何かを学び取ろうとするわれわれ自身が、すなわち現代社会に生きるわれわれ世代が、つねに次世代に責任をもって何を継承し残すのかが問われているということである。

つまり、嘉納が提唱する「自他共栄」とは、同時代的な自空間（たとえば国家や地域など）と他空間との関係を指しているばかりでなく、歴史的な世代継承としての時間的関係性においても考えられなければならないということを指摘しているのではないか。本書の全体的な課題も、嘉納治五郎の成果と課題をどのように現在から次世代に継承していくのかを問うものであり、その意味ではわれわれ研究者自身の解釈や認識の仕方（フレーム）がさらに問われなければならないだろう。

また、これからの社会において重要なことは、個々人が自らの思想を自覚し形成していくことである。その意味では、身体やスポーツ、あるいは体育を通じてどのような思想が自覚され、それはどのような可能性と限界をもったのかを断定的にではなく、歴史相対的な観点から自由に論じていく必要があるように思われる。そして、嘉納の時代における「国民国家主義（ナショナリズム）」と「国際主義（インター・ナショナリズム）」との関係からみた彼の成果と限界、およびその課題を冷静に分析しつつ、今日的なグローバリズムの時代にその文脈がどのように応用されたり、批判されたりするのかを明らかにする必要があるだろう。それこそが、嘉納の生きた時代を「鳥の目」で俯瞰することが可能な、後世に生きるわれわれの特権であり、また次世代へその経験や見方をどのようにバトンタッチすべきかを考えることが可能なわれわれの責務でもあるように思われるのだ。

（2）教育論的視点から文化論的視点へ

本章では、教育論的観点から「嘉納が見つめる先は常に人材の育成と社会の存続発展であった」ことに着目した。そして、嘉納に学んで現代に生きるわれわれが「体育・スポーツの視座」からこれを論じるとすれば「身体運動を通じて世のため人のために尽くす心の涵養をいかになし得るか」という点であるとも指摘した。

もとより、この点に異論を差し挟むものではないが、現代社会においてはむしろ大衆と呼ばれる一人ひとりが市民として「身体運動」の文化的な意味や価値をどのように享受するのか、そのあり方が問われていると考えられる。そのためには、嘉納の体育・教育思想をも含めた従来の教育論的視点それ自体を相対化し、脱構築していく自由なスポーツ享受のあり方と身体的意味が知的にも感性的にも、あるいはそれらを統合した形のなかで問われなければならないように思われる。ここでは、「今日的」課題の捉え方が教育論的に論じられると同時に、あるいはそれ以上に文化論的に論じられる必要性が求められていると考えられるのだ。

このような観点からみると、嘉納治五郎の教育としての体育論が、具体的には「精力善用国民体育」に収斂していく際に、実用本位の攻防式国民体育と興味本位の表現式国民体育という二つの内容によって構成されていたことは非常に興味深い。なぜなら、前者の攻防は競争（アゴーン）を主とし、後者の表現は舞踊式とも称せられているように模倣・変身（ミミクリー）を主とするプレイ（遊戯）の要素（エレメント）に通じるものがあるからだ。その根底には、心身の健全な発達を目指す目的をもった体操に対する批判が、その興味・関心の点で学校時代の強制性によってのみ実施され、卒業後に継続されようがないというところにあった。

もちろん、だからといって嘉納の体育論では、学生たちが好んで取り組もうとする競技運動（スポーツ）に対しても、彼らが勝敗にのみこだわって自らをコントロールできないような状況に対して批判的であり、それに対する強烈な不信感もあったように思われる。

したがって、嘉納は近代社会を建設する人材＝国士の育成という、対社会的な目的によって身体運動をコントロールしつつ、その外在的なコントロールを維持・発展させる教育目的を保持したまま、身体運動への興味・関心を国家的なレベルで、体育として実現（国民体育化）しようとしていたのではなかったか。その一つの成功例が柔道の発明とその普及にあるとすれば、それをモデルとした彼の最終目的である国民体育の普及が、その成果として問われなければならなかったはずである。その意味で「精力善用国民体育」の提唱は、まさにその集大成であったとみることもできよう。

しかし、周知のようにこの国民体育運動は、柔道のように後世に伝えられることはなかった。なぜなのか。この点にわれわれは、あくまで当時の競技運動（スポーツ）を教育的視点からのみ評価し、文化論的な構築主義的可能性からこれを生涯にわたる学習の可能性として評価することができなかった嘉納の限界をみて取ることはできないだろうか。もちろん、このような嘉納の成果に対する評価は、嘉納自身の問題ということではなく、彼が生きた時代的制約がなせる業であり、それゆえに彼の苦悩をも垣間見ることができよう。だとすれば、現代に生きるわれわれは、そのような嘉納の苦悩を引き受ける形で、この体育論的限界をどのように文化としてのスポーツ論として展開することができるのかが、今日鋭く問われているのだということを自覚する必要があるように思われる。

（3）嘉納治五郎の成果に対する再解釈としての「スポーツ宣言日本」の位置

二〇一一（平成二三）年七月に日本体育協会と日本オリンピック委員会は、創立一〇〇周年記念事業の一環として「スポーツ宣言日本～二十一世紀におけるスポーツの使命～」を制定した。その「はじめに」には、日本体育協会と日本オリンピック委員会の前身である大日本体育協会を創立した嘉納治五郎との関連で、次のようなことが述べられている（本書の巻末資料③を参照）。

大日本体育協会の創立に際して、創設者嘉納治五郎は、国民体育の振興とオリンピック競技大会参加のための体制整備をその趣意書に表した。本宣言は、この趣意書の志を受け継ぎ、新たな百年に向けた二十一世紀スポーツを展望する視点から、それを現代化したものである。

ここでいう嘉納の趣意書の現代化とは、これまで述べてきた嘉納の教育的視点からの成果を文化論的に再解釈しながら、時代的制約を伴うインター・ナショナリズムから二二世紀に向けたグローバリズムにおける体育を超えた、スポーツからの文化論的意味や価値を再定義しようとする試みである。それは、まさに嘉納が目指した国士養成の教育的価値をもった体育の振興から、グローバル人材の育成を目指す文化的価値をもったスポーツのプロモーション（推進）への再解釈として表現されるものと考えられる。

このような観点から、「スポーツ宣言日本」では二一世紀における新しいスポーツの使命を、スポーツと関わりの深い三つのグローバルな課題に集約して、次のように宣言している（本書の巻末資料③を参照）。

一、スポーツは、運動の喜びを分かち合い、感動を共有し、人々のつながりを深める。人と人との絆を培うこのスポーツの力は、共に地域に生きる喜びを広げ、地域生活を豊かで味わい深いものにする。

二十一世紀のスポーツは、人種や思想、信条等の異なる多様な人々が集い暮らす地域において、遍く人々がこうしたスポーツを差別なく享受し得るよう努めることによって、公正で福祉豊かな地域生活の創造に寄与する。

二、スポーツは、身体活動の喜びに根ざし、個々人の身体的諸能力を自在に活用する楽しみを広げ深める。この素朴な身体的経験は、人間に内在する共感の能力を育み、環境や他者を理解し、響き合う豊かな可能性を有している。

二十一世紀のスポーツは、高度に情報化する現代社会において、このような身体的諸能力の洗練を通じて、自然と文明の融和を導き、環境と共生の時代を生きるライフスタイルの創造に寄与する。

三、スポーツは、その基本的な価値を、自己の尊厳を相手の尊重に委ねるフェアプレーに負う。この相互尊敬を基調とするスポーツは、自己を他者に向けて偽りなく開き、他者を素直に受容する真の親善と友好の基盤を培う。

二十一世紀のスポーツは、多様な価値が存在する複雑な世界にあって、積極的な平和主義の立場から、スポーツにおけるフェアプレーの精神を広め深めることを通じて、平和と友好に満ちた世界を築くことに寄与する。

しかしながら、この宣言にあるような二一世紀におけるスポーツの使命は現在、十分に果たされているとは言い難いし、そのような解釈がわが国において一般化している状況にあるわけでもない。それは、ある意味で嘉納が国民体育の振興を目指して課題としてきた一人ひとりの国民がスポーツを文化的に享受できていないこと、また嘉納が危惧した競技運動の勝敗に対するこだわりによって生じる暴走が、高度化された今日の競技スポーツ界において、いまだに宿題のまま残されており社会的な問題にすらなっていることなど、さまざまな現代スポーツの構造的課題として立ち現れていることからも理解できよう。

むしろ、このような現代スポーツの諸課題の背景には、嘉納治五郎が彼の意図せざる課題として残していった、社会の「なか」における「体育」と「スポーツ」の位置づけや解釈に対する体育界やスポーツ界における誤解や視野の狭さといったようなものが考えられるのかもしれない。

次節では、わが国における現代スポーツの課題を生涯スポーツという観点から考えることによって、嘉納が残した体育的課題を現代スポーツ論によっていかに乗り越えることができるのかを考えてみることにしよう。

五　嘉納治五郎が残した課題と日本の現代スポーツ
――日本の生涯スポーツ推進における「失われた三〇年の課題」を克服するために

（1）なぜ失われた三〇年なのか

嘉納治五郎が唱えた体育概念の今日的課題を「生涯スポーツ」の推進という観点から論じ、その残された体育概念の課題がいまだに課題のまま残されている現状について、「生涯スポーツ」という言葉の誕生からみた「失われた三〇年の課題」として考えてみることにしよう。

日本で「生涯スポーツ」という言葉が最初に使われたのは、一九七七年に刊行された『生涯スポーツ』（平野薫・粂野豊編著、プレスギムナチカ社）においてであり、学術用語としてはまだ三五年ほどの歴史しかない。これが今日、これほどまでに知られるようになったのは、一九九〇年に当時の文部省が全国の自治体や体育・スポーツ関連諸団体を集めて開催した「生涯スポーツ・コンベンション」という年次協議会からであり、いわゆる官製用語として用いられたからであったといわれる（佐伯 二〇〇六）。すなわち「生涯スポーツ」は、その意味内容が十分に吟味されないまま、行政が主導する政策用語としてもっぱら流行したことになる。それだけ、スポーツは日本人の生活に根ざした文化として捉えられておらず、実際のところ「体育」の一環として教育される意味や価値を実現する手段として、学校という場に独占されて位置づけられてきたのである。

しかし一九八〇年前後には、少なくともその学術的な課題が先見的に提示されていたことからもわかるように、

図11－1　年間における運動・スポーツの実施状況の推移（1965～2012年）

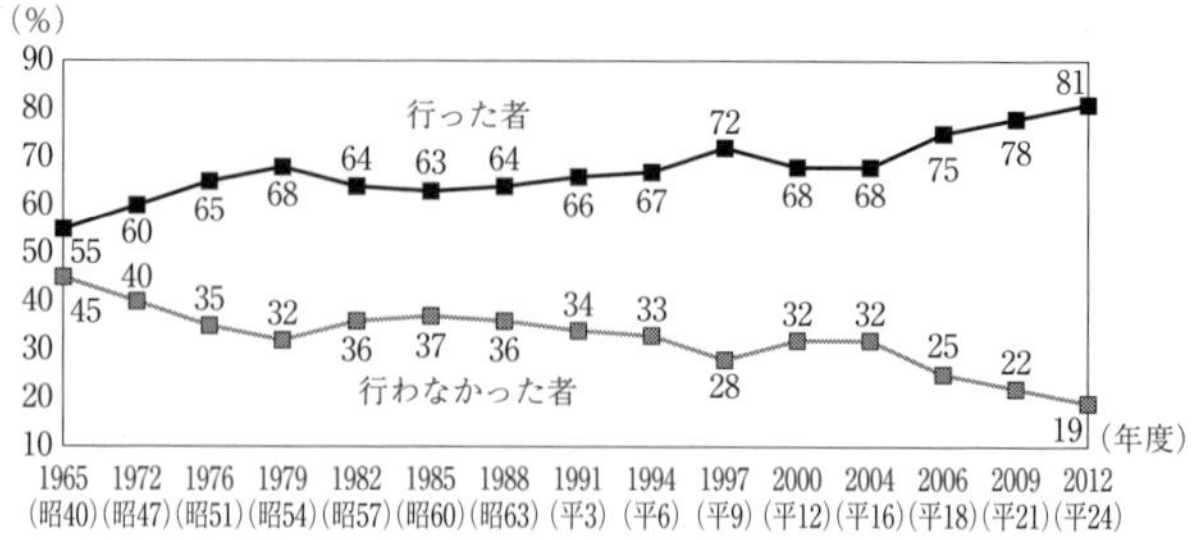

出所：内閣府「体力・スポーツに関する世論調査」および文部科学省同調査より。

生涯スポーツへの需要の高まりとその質的充実への期待はすでに社会現象として現れていた。図11－1は、年間における運動・スポーツの実施状況を表しているが、一年間に最低一回以上のスポーツ実施とはいえ、一九七九年以降から六〇～七〇パーセント程度を安定的に推移し、二〇〇六年以降はさらに八〇パーセントに届こうとする新たな状況（段階）に入っていることがわかる。

ところがこの間、量的には高まったかに見える日本のスポーツ人口が、生涯スポーツ社会と呼ぶにふさわしい生活の質（ＱＯＬ）への充実にどれほどかかわってきたのかといえば、はなはだ心もとない。一〇年以上も続く年間三万人以上の自殺者、高齢者の孤独死、家庭崩壊、いじめなどの社会問題とリンクして、人間的生の充実を求めるはずの生涯スポーツの理念がどのようにかかわるのかが見えてこないからである。また、当のスポーツ関係者（研究者でさえ）も、いたずらに競技スポーツと対比させて生涯スポーツを論じるばかりで、その連続性や共通性を探究し、ライフステージに応じた幅広い文化的享受としてのスポーツ（「する」ばかりでなく「みる」「ささえる」などの広がり）を日本社会のなかでモデル化する努力が不足している。

スポーツをしない理由が、ここ三〇年間相も変わらず「カネ・ヒマ・バショ」に集約されてしまうのは、生涯スポーツ政策の失われた三〇年を象徴しているのではないか。それは、スポーツをすることが「面倒くさい」と思う気持ちを乗り越えられなかった三〇年であったことを示唆しているからだ（菊 二〇一三a）。

（2）「生涯スポーツ」への日本的誤解

日本の生涯スポーツをめぐる失われた三〇年への第一の課題は、「生涯スポーツ」が官製用語であったために政策的な思惑によってその意味や理念が正確に理解されていないところにある。一九七〇年代初頭にわが国へ紹介され、一世を風靡した感のあるユネスコ成人教育部長ポール・ラングラン（Paul Lengrand）の「生涯教育論」は、技術革新がめざましい社会に必要な人材育成がもはや学校期だけでは完結できないから、人びとはその「必要のために」生涯にわたって教育を受け続けなければならないことを説いたものであった（ラングラン 一九七一）。

この主張は、あくまで変化する社会への「適応」を重視する教育の論理であり、社会的効用を目指す「手段」としてスポーツを捉える体育論、すなわち健康体力論につながる。だから、この主張によれば、日本の生涯スポーツ論は「生涯体育論」として論じられなければならないはずであった。また、このような「生涯体育論」への理解のしやすさは、たぶんにこれまでみてきたようなスポーツを体育化する嘉納の体育概念によっても影響を受けているように思われる。

だから、日本は歴史上、体育とスポーツの概念を明確に峻別することができない「体育・スポーツ」社会である。ところが、行政用語としての「教育」や「体育」は一九八〇年代にあって、すでに脱産業化社会に向かう日本の社会一般には受け入れ難い言葉のイメージがあったためか、これも同じく行政用語として「学習」や「スポーツ」という用語に「簡単に」入れ替えられてしまった。ここに「生涯学習社会」と「生涯スポーツ」という、その意味内容や実態とはかけ離れた官製用語が誕生し、その後の生涯スポーツ論とそれにもとづく実践に大きな誤解を生じさせることになったと考えられるのである。

（3）「生涯学習論」にもとづく生涯スポーツ論とは

では、そもそも生涯学習論にもとづく生涯スポーツ論とは、どのように論じられなければならなかったのか。

アメリカの『グレート・ブックス』の編纂で知られるロバート・M・ハッチンス（Robert M. Hutchins）によれば、人間の「生涯」とは個々人がその成熟を求める人間的「可能性」の開発の過程であり、社会はそのような「学習」をすべての人に可能とするように構成されなければならないという（Hutchins 1900）。すなわち生涯学習論とは、人間的成熟を探究する個々人の欲求を出発点とするライフスタイル論であり、各ライフステージにおける自発的で自由な課題の設定とそれへの挑戦を可能にする社会のしくみが整えられること＝「学習社会論」を基盤とした思想なのである。

このような思想にもとづく生涯スポーツ論は、これまで数少ない競技エリートや裕福なレジャー階級による文化としてのスポーツの独占を思想的に可能にしてきたアマチュアリズムに対して、大衆スポーツを市民的自立の思想にまで高める新たな思想的根拠を必要としている。しかし現在のところ、そのモデルとなり得るプロフェッショナリズムの思想は未成熟であり、現実にはスポーツを経済的に手段化するコマーシャリズムが横行し、市民によるプレイ文化としてのスポーツ享受の価値を単なる消費文化に貶《おとし》めている。

また、生涯スポーツを支える組織体制も貧弱であり、青少年期のスポーツを支える学校や企業にその資本が集中していることから、メインである競技スポーツと比較してマイナーな地位にならざるをえず、施設や指導者、プログラムなどをつねに学校や企業、あるいは自治体のスポーツ政策に依存する関係が常態化することになる。

さらに、日本における生涯スポーツの二一世紀的な課題の一つは、ライフスタイル環境としての都市、自然、地域に対応する多様なスポーツライフスタイルを構築する可能性を自己開発していくことであろう。それらを実現するテクノロジカルスポーツ、エコロジカルスポーツ、そしてコミュニティスポーツのあり方が本格的に論じられなければならないのだ（佐伯 二〇〇六）。

これらの現代的課題は、まさにこれまで論じてきたような嘉納による近代体育への危機意識とどこか通底するところがあることに気づかされる。しかし、日本の生涯スポーツ論は、総じて実質的には嘉納治五郎が課題とした体育論の延長線上にあるような、健康体力論にもとづく体育的・効用的な視点から、そのモデルを青少年期の発育発達モデルに依存しており、今日的にはエイジング（加齢）を恐れ、アンチ・エイジング（若返ること）を称賛する道具、手段になっている。そこには、人間社会の歴史上、やってもやらなくてもどちらでもよい自由な文化であるスポーツが、なぜ今日まで生き残り、生涯にわたって大切な文化にまでなり得ているのかについての根本的な考察が不足していると思われる（菊 二〇一三c）。少なくともそこには、青少年期における完成追求を目指す産業社会型モデルを支持する伝統的な教育としてのスポーツ論から、脱産業社会における成熟社会型モデルを支持する文化としてのスポーツ論が本格的に展開される必要があるからだ。

（4）生涯スポーツ社会実現への二一世紀ビジョン

すでに二一世紀も一〇年余を過ぎ、二〇二〇年には東京オリンピック・パラリンピック大会の開催も決定した。しかし、生涯スポーツ社会実現への具体化は、いまだに教育や経済、政治といった外部からの手段的論理によって、この三〇年間市民による本格的な自立的展開が阻まれてきている現状にある。日本の生涯スポーツは、二一世紀を生きる日本人のかけがえのない文化として根づいているとは言い難い。その要因は、これまで述べてきたように、スポーツが近代後進国家日本における近代化の歩みを支える手段としてのみ、今日まで位置づけられてきたことに起因しているのではないだろうか。その陰で、スポーツは、一方で嘉納がかつて危惧したように市民感覚を離れた反社会的な問題を引き起こすような高度化に暴走し、他方で市民生活における日々の一般的な生活課題に応える文化的享受を実現するような、望ましい大衆化の姿までには至っていない。これに対して嘉納の体育論は、今こそその目指す「精力善用」「自他共栄」の原理を、市民一人ひとりが自発的なスポーツの楽しみを文化的に享受する営みのなかで再解釈し、学習するような現代スポーツ論として展開される可能性に拓かれているように思われる。

その可能性を拓くためには、二一世紀におけるグローバル社会が、これまでの産業型定住生活圏から離れて、文明・他者・自然と自由に交流する遊牧型（ノマド型）生活として特徴づけられる社会でもあることを認識しておく必要があろう。このような多様な身体的交流を豊かな身体的幸福（physical happiness）に向けた文化的享受として実現していくためには、スポーツにかかわろうとする自発的なプレイ文化を何よりも尊重する思想が、今こそ日本のスポーツに求められているのではないか。そして、そこには改めてプレイ文化を通じた「精力善用」「自他共栄」を自発的に求め、学習する意味や価値が問われるように思われる。

その意味で、ともに二〇一一年に示された文部科学省（国家）の「スポーツ基本法」と日本体育協会・日本オリンピック委員会（民間）の「スポーツ宣言日本」による、それぞれのスポーツの捉え方は対照的である。いずれも、スポーツは「世界（人類）共通の文化」であるとしながら、前者は「～のために」行われるのがスポーツであると謳っているのに対して、後者は「自発的な運動の楽しみを基調とする」のがスポーツであると明確に宣言しているからだ（菊 二〇一一）。

日本における生涯スポーツ社会実現に向けた二一世紀ビジョンは、グローバル文化としての自発的なスポーツ需要を基調として、景気の好不況に左右されない確立された文化としての生涯スポーツ需要によって描かれる。そのためには、日本の二一世紀社会の課題解決に向けて、スポーツの可能性をより望ましい方向に導き、メッセージ化していく民間スポーツ組織による現代スポーツ論へのアプローチやメディアの公共的な役割がいっそう重要になってくるように思われる。そのため嘉納治五郎は、自ら一〇〇年前に創立した民間スポーツ組織としての日本体育協会や日本オリンピック委員会に対して、自らの思想を現代化し、あくまで民の立場からの現代スポーツ論としてこれを確固とした信念と原理にもとづいて展開するようわれわれに託しているように思えてならない。

注

（1）江戸後期の柔術の一流派。流祖は磯又右衛門正足（号は柳関斎）で、伊勢国（現在の三重県）松阪の紀州藩士岡山家にて一八〇四（文化元）年に生まれる（ただし、生年については疑問点もある）。二代は正足の二男磯又一郎正光、三代は又一郎の養子右衛門正智。正智の高弟に福田八之助、石川大八、黒須敬太郎、井上敬太郎、嘉納治五郎等がいる（今村一九八二：四三七）。

（2）江戸中期に起こった柔術の一流派。流祖は茨木専斎俊房。ただし、福野七郎右衛門説、寺田勘右衛門満英（幼名正重）との説もある。茨木俊房は、一六四二（寛永一九）年『起倒流目録』を著す。柳生宗矩（一五七一—一六四六）、沢庵禅師（一五七三—一六四五）とも交流し、武芸研究・錬磨に励む。幕末に至り、竹中鉄之助一清、飯久保恒年鍬吉、嘉納治五郎に引き継がれる（今村一九八二：四三七）。

参考文献

Hutchins, R. M. (1900) *The Learning Society*, Greenwood P. G.

今村嘉雄（一九八二）『日本武道体系　第六巻柔術・合気術』同朋社出版。

嘉納治五郎（一九三二a）「今回の日支紛争を一転機として国民の覚醒を促す」『作興』講道館文化会、一一（二）、一—四頁。

嘉納治五郎（一九三二b）「米国における日系米国人に何を説いたのか」『作興』講道館文化会、一一（一〇）、一—三頁。

嘉納治五郎（一九三二c）「何ゆえに道徳教育協会の会長を引き受けたか」『作興』講道館文化会、一一（一一）、一—三頁。

嘉納治五郎（一九三七）「柔道の根本義について」『柔道』講道館文化会、八（一一）、二—四頁。

嘉納治五郎（一九八三）『回顧六十年　嘉納治五郎著作集第三巻』五月書房。

嘉納治五郎（一九九九）「我が国の徳育の現状を解剖して有志の研究を促す」道徳教育協会編・発行『道徳教育第一巻（復刻版）』一—三頁。

嘉納治五郎［口述筆記］（一九二七）「柔道家としての嘉納治五郎　その一」『作興』講道館文化会、六（一）、五七—六四頁。

嘉納先生伝記編纂会（一九六四）『嘉納治五郎』講道館。

菊幸一（二〇一一）「スポーツ基本法の社会学的考察」『体育の科学』杏林書院、六一（一二）、九三一—九三五頁。

菊幸一（二〇一三a）「日本の生涯スポーツ——失われた三〇年への課題」『人間会議』事業構想大学院大学出版部、二九、九一—九五頁。

菊幸一（二〇一三b）「スポーツ文化の視点と生活者の『からだ』」『CEL（Culture, Energy, and Life)』大阪ガスエネルギー・文化研究所、一〇三、二三―二九頁。

菊幸一（二〇一三c）「スポーツは、なぜ文化に『なる』のか――文化としてのスポーツ・再考」『みんなのスポーツ』日本体育社、三九五、一二―一四頁。

ラングラン、P／波多野完治訳（一九七一）『生涯教育入門』全日本社会教育連合会。

村田直樹（二〇一二）「嘉納治五郎の思想と現代社会への連関について――体育・教育の視点から」菊幸一編『平成二三年度日本体育協会スポーツ医・科学研究報告Ⅲ　日本体育協会創成期における体育・スポーツと今日的課題――嘉納治五郎の成果と今日的課題　第二報』日本体育協会、八一―八七頁。

村田直樹（二〇一三）「嘉納治五郎の成果は生かされたのか――その今日的課題を問う」菊幸一編『平成二四年度日本体育協会スポーツ医・科学研究報告Ⅱ　日本体育協会創成期における体育・スポーツと今日的課題――嘉納治五郎の成果と今日的課題　第三報』日本体育協会、六五―七一頁。

佐伯年詩雄（二〇〇六）「スポーツプロモーションのビジョン」佐伯年詩雄監修『スポーツプロモーション論』明和出版、一―一五頁。

友添秀則（二〇一二）「嘉納治五郎の『体育』概念に関する覚え書き――大日本体育協会の名称との関係性を視野に入れて」菊幸一編『平成二三年度日本体育協会スポーツ医・科学研究報告Ⅲ　日本体育協会創成期における体育・スポーツと今日的課題――嘉納治五郎の成果と今日的課題　第二報』日本体育協会、三九―五〇頁。

終章　嘉納治五郎に学ぶ日本のスポーツのこれから

菊　幸一

一　過去の東京オリンピック招致に学ぶ

（1）民間スポーツ組織の自立性

第１章（田原論文）では、戦前の一九三六年に念願の東京オリンピック招致を成功させた日本において、当時の大日本体育協会への期待や圧力がどのようなものであり、とくに軍国主義化する国家との関係において自らの立場をどのように主張したのかを明らかにしている。

オリンピック招致が実現するまで、嘉納を中心とする大日本体育協会の考え方は、スポーツを通した国際交流がたとえ政治的課題が山積する状況にあっても、スポーツ競技者間の友情と信頼には揺るぎがなく、フェアプレイと相互尊敬というスポーツの基盤に基づく民間スポーツの国際交流への成果に期待するものであった。ところが、招致が決定した後には、〈政府組織（上位に陸軍省、下位に文部省）――民間組織・地方公共団体（大日本体育協会と東京市の並列）――国民〉との間で、上意下達型の権力が行使される。このような国家的な圧力のもとで大体協関係者は、あくまで自由主義的なスポーツのあり方を主張する一方で、現実の政治世界との妥協から国家の意向に沿う形での新たな大衆スポーツの普及を模索した。

しかし、嘉納の主張は一貫して競技スポーツと大衆スポーツの連続性にあり、その可能性をオリンピック招致によって実現することによって（国家が要請する医学的見地からの体力振興ではなく）彼のいう国民体育の振興を図ろうとしたのである。また、このようなオリンピック招致の意義は、当時の大日本体育協会が競技スポーツと大衆スポーツ（国民体育）を統合する自立した組織的特徴を持っていたからこそ主張されたものと考えられる。

したがって、嘉納にとってのオリンピック招致とは、このような民間スポーツ組織の自立性を背景にしながら、今日の「スポーツ宣言日本」における「人と人との絆を培うスポーツの力」と関連して当時のすべての国民がスポーツの傍観者から当事者へ移行するよう促し、また「身体的諸能力を自在に活用する楽しみ」を保障するために国家権力に抗してスポーツ界の意思をどのように伝えていくのかという試金石でもあったといえよう。さらに、それはまさに「フェアプレー、相互尊敬を基調とするスポーツ」（スポーツ宣言日本）のモデルとなるような、彼が主張する人間形成の基本を国際的な規模で促進する好機と考えられたのである。

（2）社会のなかのオリンピックへのまなざしの重要性

第2章（清水論文）では、「なぜオリンピックを東京に招致しようとするのか」という問いから、過去のオリンピックと都市東京をめぐる〈一九四〇―一九六四〉の社会的思惑と国家的課題を考えようとする。

そこには、時代を貫く〈オリンピック―都市東京―国家日本〉をめぐる共通の社会的課題が垣間見えるというのだ。たとえば、一九四〇年開催は紀元二六〇〇年がもつ政治的意味から国家的イベントとして位置づけられること、したがって招致や開催にあたって、日本側のそのような政治的動き（いわば、ナショナリズム）に対しては、IOCがNGOとしての立場から不快感を募らせていたことなどが指摘されている。このような状況のなかで嘉納をはじめとする体育協会関係者は、彼らが理想とする「優良なる日本国民」の形成やオリンピックを当初から「国家」的事業として位置づけることを目指す発言をしている。このことが、彼らの意図せざる結果として、あるいはその意図とはむしろ対立的な意味で、国内政治の軍事的動向や国際紛争の渦に巻き込まれていく結果を将来的に招くことになったと考えるのは行き過ぎであろうか。ただその限界がどこにあったのかを考えることは、オリンピック開催を通じて、あるいはそれに基づく競技力向上を通じて国民スポーツ振興をリードする日本体育協会の今後のあり方をビジョン化するうえで重要な課題になってくるのではないだろうか。

その後の戦後日本「復興」のシンボルとして開催された一九六四年東京開催が、首都東京の一極集中を促すハイテク・インフラ網整備を確立したことはよく知られているところであろう。ここには時代を超えて、日本人にとってのオリンピックが、スポーツとの関係で捉えられる純粋なスポーツ思想を国民とともに鍛え、育成し、分かち合ってきた過程をふまえて、その結果として招致され、開催されてきたわけではなく、つねにスポーツ界の外側からのエネルギーに半ば翻弄される形で導かれてきたことが読み取れるであろう。その結果が、二〇二〇年東京招致運動への関心を左右していたのかもしれない。その意味では、一九四〇年開催予定であった幻の東京オリンピックをめぐる嘉納や大日本体育協会関係者のイニシアティブは、現在のそれよりはかなり強く発揮されていたと評価されるであろう（第1章も参照）。

しかし、それでもなお、彼らが理想とした国民体育振興への主体的エネルギーは、結果的には十分に発揮することができなかった。第2章では、その内在的、外在的要因がどこにあるのかを明らかにすることが、今日もなお歴史的課題として残っているということを示唆しているのである。第2章末尾で指摘されているように「私たちがスポーツを自分のものとして生きようとするとき、からだとこころのトータルなバランスを保つための生活の術を考え、地域社会と環境のなかで共生し、平和を実感させてくれる文化財としてのスポーツを体感する営みを持続的に生み出していくライフデザインを都市デザインとともに考えていくことが重要」なのである。

そのような課題を克服する内発的なスポーツ界のエネルギーを確固とした現代のスポーツ思想に結実させていくためには、さらに嘉納治五郎の「体育」概念や「柔道」概念を明らかにしつつ、その可能性と限界を冷静に議論する必要があるだろう。

二　嘉納の「体育」思想とその実践に学ぶ

(1) 嘉納の「国民体育」に込められた意味と競技スポーツ

第3章（真田論文）では、嘉納が振興しようとした国民体育の特徴が、⑴なるべく毎日、少なくとも隔日に行うもの、⑵第一に器用、不器用にかかわらず誰にでもできる運動、⑶費用がかからない、⑷男女・年齢にかかわりなくできる、ということから、その内容を歩くことや走ること、あるいは泳ぐことなどによって構成しようとしていたことが指摘されている。それゆえ、このような彼の国民体育に対する理解と目指すべき方向は、今日の生涯スポーツの姿を先取りしていると評価される。そして、国民体育の振興には、競争を取り入れて行った方が興味をもつので普及しやすいと考えられたがゆえに、オリンピック大会に参加することで国民体育の普及を図ることができると解釈されるという。

確かに、このような見解は、嘉納が今日に通じる競技スポーツにおける競技力向上とその普及・振興とを矛盾なく支える基本的な考え方を示したという点で貴重である。この点において、嘉納の時代におけるこの両者の関係に対する、いわば楽観的な捉え方は、規律訓練的な体操中心の体育観とその普及を目指した当時の時代状況から考えれば、むしろ卓見とさえいえるものであろう。

しかしながら、依然として競争の結果として頂点を目指すことと国民体育の普及とが具体的にどのような関係や矛盾を伴うものであり、それは調和のとれた健全な国民体育の普及と競技スポーツの発展をもたらすものであるのかは、第3章の指摘から明らかにされているとはいえない。むしろ、その後の嘉納による柔道の普及や発展に対する考え方、とくに女子柔道に対する考え方には、あまりにも競技化された柔道に対する彼なりの批判と、競技柔道とは関係なく理想とする柔道の普及を目指す一つの方向性が示されているようにも思われる（第7章と第8章を参照）。

そうであれば、なぜ日本体育協会創成期において、国民体育の普及とオリンピック参加との関係が「楽観的に」結び付けられたのか、その後の嘉納の考え方の変遷とともにこの課題の今日性を考えてみる必要があるのではないか。一つの捉え方としては、スポーツの高度化と大衆化に対する教育的な観点からの評価と社会的（あるいは政治的、経済的）な観点からの評価との違いをさらに歴史社会的文脈から明らかにし、嘉納の「苦悩」ともいうべき姿を明らかにしていくことが必要なのかもしれない。

（2）嘉納が示すスポーツによる「復興」から学ぶ

第4章（真田論文）では、二〇一一年三月一一日に東日本大震災という未曾有の災害を経験したわが国の復興状況を踏まえながら、そのような状況のなかで、なおスポーツは何を為し得るのかを一九二三（大正一二）年に発生した関東大震災とその後の嘉納治五郎、および大日本体育協会の復興の取組みから考察しようとする。

結論から言えば、嘉納はこの震災にもかかわらず、むしろこれを契機として、スポーツの発展によって疲弊した社会を復興することができるとの信念のもとに、全日本選手権大会を開催し、オリンピック競技会（パリ大会）に代表選手を派遣するとともに、大震災後の東京市にスポーツ公園を建設することによって一般庶民のスポーツ普及に尽力したという。また、関東大震災から六年半後の一九三〇年に開催された東京帝都復興祭では、帝都復興体育大会が開催され、そのイメージは文化的な行事や生徒児童・大学生、あるいは一般社会人も参加したスポーツの祭典という意味合いに近く、いわば戦後の国民体育大会的な様相を呈していたとも述べる。

まさに「災いを転じて福とせよ」という嘉納の考え方が、具体的に実践されたスポーツ・ムーブメントであったといえよう。そして、いわゆる競技運動（競技スポーツ）を担う選手は、国民体育の振興においてもそのモデルとならなければならないと考え、次のように述べる。

すなわち、「全国から選出された所の優秀なる者願はくは学校の成績の悪い者が仮に幾ら早く駆けても之は採らない、学校の成績も優れ、競技にも優れた者を表彰すると云ふ事にすれば、国民の体育と云ふものは此一つの中心点に引きつけられて益々発達し其選手は全国に於て最も優秀な体力を有って居る者は誰それであると云ふように非常な名誉である」と。「此れ一つの中心点」に引きつけられる競技力向上と国民体育振興を実現する（発達させる）のは、文武両道というよりは文の上に武を備えた一道に秀でた（中心点をもった）選手、すなわちアスリートしかなく、その育成こそが名誉を伴う社会的尊敬の対象として支持されるということなのであろう。

第4章では、震災翌年に開催されたオリンピック・パリ大会への選手派遣の英断が、その後の織田幹雄に代表される陸上競技の活躍や水泳の金メダルラッシュを生んだ基盤であると評価しているが、その根底には、嘉納の言説にみられるように、大日本体育協会がどのようなアスリートを育成することによって国民体育とのつながり（中心点）をもとうとしたのか、の確固たる体育思想が存在していたのである。

（3）嘉納の「体育」概念の可能性とその限界を考える

第5章（友添論文）では、嘉納の「体育」概念が、スペンサーの三育教育における体育（身体的訓練）概念に影響されつつ「近代という時代のなかでいわゆる国民国家（Nation State）の成立には国民の身体の形成が何にもまして重要である」との考え方から構成されていたのではないかと指摘する。その結果、日本という国民国家形成には対外的に劣らない身体の強健さが必要であり、これを実現するのが「体育」であるとの認識に立つ。したがって、対国家との関係から体育を捉えることによって「国民」体育をどのように普及・振興するのか、そのための精力善用、すなわち効率的・効果的な身体の用い方や方法、内容の工夫が行われるべきであると考えた。

このような身体のバランスのとれた育成を目指す体育の内容と方法は、しかしながら、国民の側にとってまったく無意味な、面白味のない運動である「体操」や、逆に興味を生起させる長所はあるもののそれだけ運動が偏って身体の均整な発達に適さない「競技運動」によっては成立しない。嘉納にとって理想的な体育とは、「心身最有効使用道」であり、それは広義の「柔道」を意味するものであった。それを具体化したのが、「精力善用国民体育」である。この体育の目的は日本という近代国家を形成する国民の、その一員としての人格形成であり、それを実用本位の体育（攻防式国民体育）と興味本位の体育（表現式国民体育）とに分け、いずれも精神修養と一体化しながらその目的を達成すると考えられた。

このような体育の目的は、嘉納が当初考えていたようにコインの表の機能として各自の身体形成とそれぞれの人生の目的への適合を実現していくことにつながるであろうが、同時にそれはコインの裏の機能として、「国体擁護、力の充実、融和協調という当時の深刻化する時局が求める三大精神を涵養し」た教育的営みであったこともまた事実であろう。

したがって、嘉納は大日本体育協会を「競技連合」として改組・名称変更する案がもちあがったとき、これに断固反対したという。それは、彼の「体育」概念のなかに体育を通しての人格的完成を得た強い個人こそが「無用の争いに力を消耗することを避けて、人々相互に融和協調する」国家や世界を創るとの教育的営為の意味が込められていたからであった。

しかし、その教育的営為が嘉納のプラグマティックな生き方と相まって、その理念とは別に、意図せざる国家の政治的利用を容易にする結果をもたらしたことも考えておかなければならない。その点、第5章では「戦争へと走り出した時局を前に、あの嘉納でさえもが明治、大正のどの時代よりもナショナリスティックに変わりつつあることを…（中略）…感じざるを得ない」と述べられている。

嘉納の「体育」概念の今日的課題とは、「競技運動を文化として捉え、競技運動そのものの追求やその喜びを享受すべきという、いわゆる『スポーツそれ自体の教育』という発想はなかったと考えられる」ところにあるのかもしれない。そこには、彼の「体育」概念を超えて、グローバル社会における体育やスポーツのあり方を改めて「スポーツ」の概念から考えるヒントが含まれているようにも思われる。

三　嘉納の「柔道」思想とその実践に学ぶ

(1) 嘉納が求めた柔道における「武術性」の今日的意味

第6章（永木論文）では、嘉納が当初から唱えてきた柔道の価値、すなわち「体育・武術（勝負）・修心」の三つの目標のうち、彼の勝負観における武術性に注目する。なぜなら、これまでの通説では「嘉納が柔道をスポーツ化した」と考えられてきたが、あくまで「柔道を普及させるために一部を競技化した（にすぎない）」のであり、彼の柔道における真のねらいは彼の実用主義に由来するその格闘技としての実用性、すなわち武術性にあると考えるからである。これは、日本における「民族文化（ethnic culture）としての柔道」が追求されたことを意味するという。

これに対して、競技運動化＝スポーツ化していく柔道の勝負はインターナショナルな受容と相まって、その真剣な武術性の追求とリアルな暴力の制御から離れていく。結果として、スポーツ化した柔道はゲームにおける勝負の結果のみを求め、彼が考える体育としての身体の強化や調和的発達を阻害し、修身としての智・徳・社会生活への応用力の養成につながらない堕落したものに変質していく結果を招いた。

これまでの常識的な見方からすれば、武術から武道へ、そして柔術から柔道への歩みは、暴力的な武術から非暴力化した柔道への単線的な近代化と捉えられてきた。しかし、嘉納によれば、柔道の勝負においてゲームという安全なフレームのなかで競われるものは、あくまでその一部であって、現実の、実際の生活における暴力をいかに安全に、効率的・効果的に制御するのかがその本質なのであり、そのことに価値が置かれていたという。これは一見、武術性＝暴力性の追求に逆戻りする考え方にも受けとめられるが、むしろそのような真剣な暴力性を「想定する」

ことによって、そのリアリティへの自覚が、そのリスクを回避するさまざまな合理的工夫としての「柔道」を成立させているのだという「柔道」観につながっていくと考えられよう。

その意味では、今日、学校体育における武道の必修化によって問題視されるようになった柔道事故の発生率の高さは、そのスポーツ化を追求してきたこれまでの柔道がその武術的性格を忘れ、スポーツ化（＝安全な競技運動）の名のもとにその本来の暴力性に対して逆に鈍感になってきた結果として捉えることができるのかもしれない。

また、第6章では、柔道のインター・ナショナル化は、すでに完成された柔道という日本のナショナルなスポーツの普及・伝播というよりは、むしろその本質として性格づけられる武術性をもった柔術として受容され、各国で柔道化していったものと捉えられている。しかし、当時の大衆やこれまでの人びとにとって、このような武術性はますます希薄化していくことになった。そのこと自体がどのような社会の見方によって促進されたのか、またそれは今後の社会にとってどのような文化として再生可能なのか。今般の形の重視傾向と相まって、その「文化的再生（cultural remembering）」の意味と価値をさらに追及していく必要があるということであろう。

（2）嘉納が理想とした「女子柔道」という捉え方

第7章（山口論文）および第8章（山口・溝口論文）では、「精力善用国民体育」の形が講道館女子部に積極に取り入れられ、嘉納が女子柔道に対して試合を禁止したり、海外では試合を一部許容したりした意味が論じられている。

今日における女子の競技柔道の隆盛からみて、女性に対してことさら男性と同様の試合を禁じたこと自体を指して、今日のジェンダー論から女性に対するこのような扱いを「性差別」として批判することは比較的容易なことであろう。実際のところ、欧米に比べて女性の国内試合の解禁が遅れた日本女子柔道の競技力は、当初その立ち遅れを余儀なくされたこともまた事実であった。その立ち遅れを世界水準に回復するフロンティア的役割を果たしたのが、本書執筆者の一人である山口香氏であることはいまだ記憶に新しいところでもある。

しかし、第8章では、嘉納の意図としてスポーツ化し、インターナショナル化した柔道が次第に彼の体育的・教育的理想から離れていくことから、むしろ積極的に彼の理想の柔道を追求する場が女子を対象とした柔道であり、精力善用国民体育の形の導入であったと考えられている。第5章（友添論文）との関連で言えば、その導入は国民体育振興の中核をなす「体育」概念を実践化したものであり、第6章（永木論文）との関連で言えば、嘉納がもっともその「柔道」概念において重視した武術性の汎用化をねらったその攻防の追求としての「形」を表したものということもできよう。

他方で、地方や海外での女性の試合を許容する嘉納の態度は、一見したところ一貫性を欠いているようにもみえるが、第6章で論じられたように柔道の武術性の延長線上においてこれを理解することは可能であろうし、また第8章で指摘するように「精力善用」に込められた各目的に応じた「善」なるものの価値追求のため、さまざまな方法が許容されたと考えれば納得のいくところであろう。

いずれにしても、今日の女子柔道の隆盛を生涯スポーツの観点からみれば、競技スポーツとしての柔道の実践がそれに結びつかず、むしろ形や乱取の範囲で柔道に取り組んできた高齢の女性柔道家にその継続的実践者が多いことは、けだし嘉納の先見性といえるのではなかろうか。ここでは、女子の歴史的な柔道実践を通じた身体性の意味や価値が、今後さらに問われる必要があると思われる。

四　日本のスポーツのこれからを考える——「スポーツ宣言日本」との関連から

（1）「自他共栄」主義の今日的可能性と課題

第9章（永木論文）は、嘉納の思想や実践の広がりの根本に「自他共栄」の精神とその実践があり、それが今日、どのような実践的課題を含んでいるのかを論じようとした。

嘉納が自他共栄主義を世に公表するのは、一九二二（大正一一）年の講道館文化会の設立時であるので、「精力善用」「自他共栄」の順序通り、まず個人的なレベルでの「精力善用」の結果、社会的なレベルでの「自他共栄」がもたらされるとする理解が一般的である。しかし、嘉納が「自他共栄という善行のために精力を最有効に用いる」ことが理想であると述べているように、「自他共栄」とは精力善用が含みもつ「善行」そのものが目的化されたものなのであり、そのようないわば「相互敬愛」を出発点とする「自他共栄」主義の成り立ちを考えることが今日、重要であろう。

この論点は、第11章で示された「スポーツ宣言日本」における三つのグローバル課題に通底する地域や環境、そして国家同士の世界における関係性を貫く共通の認識論的出発点を示している。すなわち、嘉納のいう「自他共栄」主義とは、スポーツを通した相互理解、身体と文明との融和、戦う者同士の相互尊敬から出発して、それに向けて自らのスポーツ行為の「善行」を合理的、効率的に最有効活用する方法論として位置づけられるということなのである。

第9章では、このような「自他共栄」主義に対する実践と理解を目指した「KOBE自他共栄CUP——学生柔道大会」の事例と、フランス国アヴェロン県と兵庫県・兵庫県柔道連盟との柔道交流の事例が取りあげられ、その実践的理解の今日的可能性が論じられている。そして、前者の実践では、経験の言語化の重要性が指摘され、後者の実践では国外との柔道交流における民間スポーツ組織の役割の重要性が示唆されている。日本体育協会が現在普及を図ろうとしている「フェアプレイ」概念の実践的理解（「フェアプレイで日本を元気に」キャンペーン）は、柔道に限らずすべてのスポーツに通じる今日的課題であり、そのための実践モデルを示す使命と役割が、だからこそスポーツ統括団体としての日本体育協会に求められているのだと考えるべきであろう。

(2) 女性スポーツの競技化が示唆するスポーツ界の課題

第10章(山口・溝口論文)では、女子柔道の競技的発展の経緯を辿りながら、スポーツ競技団体において後発でマイナーな存在でしかなかった女子種目が、その後発性とマイナー性ゆえに、今日の競技スポーツが抱える構造的な課題の一端を如実に、しかも端的に表す存在になっていることを鋭く指摘している。

とくに、二〇一二年一二月に発覚した全日本柔道連盟女子強化選手一五名連名による「ナショナルチームにおける暴力及びパワーハラスメント」と題するJOCへの告発は、世間に衝撃を与え、今も与え続けていることは周知の通りである。このような動きを側面から支えた報告者の一人である著者の山口は、この問題を女子柔道特有のそれとして扱うことによって具体的な問題の解決が図られる必要があると同時に、この問題の構造性が広くスポーツ競技団体における女性スポーツが置かれた公正や平等な扱いの欠如という普遍的な課題に帰結すると述べる。

一方、第7章や第8章で述べられた嘉納が目指した女子柔道の理想とは、女性のための女性指導者の養成であり、いたずらに競技化することによって自らの理想から離れていく(男子)柔道のあり方に対する彼の理想の再追求である可能性が示唆された。山口と溝口は、嘉納の時代からそのことが未だに解決されていない現状を問うとともに、この問題の解決が女性のみならずスポーツ界全体に恩恵をもたらすことを確信している。

このことと関連して、「スポーツ宣言日本」では、女性スポーツ問題に限らずスポーツのもつ力が人種や思想、信条等の異なる多様な人びとを差別なく結びつけることによって、公正で福祉豊かな(地域)社会の創造に寄与することを謳っている。スポーツ組織関係者には、高度に競技化された女性トップアスリートが抱える問題を組織的に解決していくことが、公平で平等な社会形成を先導していくという自覚が今こそ必要なのであり、このことは、時代的制約がありながらも嘉納が女子柔道に託した思い(理想)と相通じるところがあるということを理解すべきであろう。

したがって、女子柔道に端を発した今回の暴力問題は、女性スポーツ界からスポーツ界全般へ、そして社会全体の課題へと発展していかざるをえない問題提起であったと考えなければならない。だからこそ、これだけ大きく報道された「社会」問題として、この「問題」が扱われたのである。

（3）嘉納治五郎に学ぶこれからのスポーツ・ビジョン

本章では、本書で展開されてきた内容を二〇一一年七月の「スポーツ宣言日本」の内容と照らし合わせながら、嘉納治五郎に学ぶ成果と今日的課題として明らかにしてきた。その結果、嘉納の理念や言説とそれらに基づく実践が、以下の点でこれからの日本のスポーツの新たな方向性やビジョンを示唆する民間スポーツ組織としての日本体育協会の今日的課題として提示できるように思われる。

①「精力善用」「自他共栄」の精神は、自他共栄主義を通した「スポーツ宣言日本」の三つのグローバル課題に通底しており、したがってこれらの課題の解決は嘉納の精神をより発展させる二一世紀のスポーツ組織のあり方を求めていること。

②その際、嘉納がこだわった「体育」概念は、「スポーツ宣言日本」に示された文化としてのスポーツ概念に引き継がれており、従来のスポーツ種目概念を超越した「社会のなかのスポーツ」概念の統一的な内包（connotation）に対する理解と使用が求められていること。その結果として、新たな組織名称の方向性がみえてくること。

③女子柔道の指導者暴力問題の解決を含め、現在のスポーツ界における社会的平等や公正を一貫して実現していくため、日本体育協会にはＪＯＣとともに指導的かつモデル的な組織編成の統一性とその実効性が求められていること。

④国民体育の振興とオリンピック参加を相乗的に結びつけて日本体育協会創成期の使命を考えていた嘉納の原点に立ち返れば、今日、スポーツの大衆化と高度化を有機的に結びつけるスポーツ組織の「統括性」が日本体

育協会とJOC双方に、強く求められていること。

以上を総括して言えることは、「スポーツ宣言日本」が二〇世紀初頭の日本体育協会創成期における嘉納の趣意を二一世紀のスポーツにつなげた意義と課題をもっていることから、このビジョンに向けた具体的な方法論が構築される必要があるということである。

すでに、「スポーツ宣言日本」の趣旨を踏まえた「二十一世紀の国体像～国体ムーブメントの推進～」(二〇一三年三月)が策定され、「二十一世紀の国民スポーツ推進方策～スポーツ推進二〇一三～」(二〇一三年六月)が公表されているが、このような諸方策が日本体育協会創成期における二〇世紀的な成果と課題を示した嘉納の理念と実践にまで遡って評価され、二十一世紀の「スポーツ宣言日本」のビジョンとその背景をつなぎながら、その方法論に関する十分な検討が行われなければならないということであろう。

そのためには、現在の日本体育協会とJOCがともに協力し合いながら、あるいは今後の組織的な再統合の可能性をも視野に入れながら「日本のスポーツの現状と課題」について総力をあげて調査・分析し、その現状分析からむしろポスト二〇二〇オリンピックのビジョン達成に向けた適切な方法論を自ら提示していかなければならないと考える。

あとがき

ようやくの刊行、というと少し大げさな言い方になってしまうであろうか。

本書は、序章でも述べたように日本体育協会スポーツ医・科学専門委員会によってテーマ化された「日本体育協会創成期における体育・スポーツと今日的課題」をめぐる三年間の研究成果をもとにしたものである。この研究成果と本書とを結びつけ、改めて編集するに際しては、テーマの再編にかかわる少なからぬ困難を伴ったが、それでもなお本書の刊行にはいくつかの意味があったと感じている。

その一つは、日本体育協会スポーツ医・科学専門委員会が取りあげてきたこれまでの自然科学的なテーマに対して、（これまで社会科学的な調査を伴う研究はあったものの）初めて文献をベースとする歴史・社会学的なテーマを本格的に取りあげたことである。これは、日体協・JOC百年という組織としての歴史的な節目を迎えていたことももちろん影響しているが、何よりも民間スポーツ組織が抱える現代的課題に対して、「温故知新」の諺《ことわざ》にあるように、これまでの過去を真摯に、客観的に振り返ることによって、これからの（二一世紀の）日体協の在り方を組織的に見つめ直そうという日体協自身の姿勢の現れを意味しているように思われる。

二つ目は、文献講読を方法とする人文社会科学の共同研究における難しさへ挑戦したことである。これは、当初から予想されたことではあるが、特に日体協創設者「嘉納治五郎」という人物を軸に、彼の思想や実践を中心にしながらも、これらと他の諸人物、諸組織、そして社会的動向との関係を明確で、統一的な一つの視点で論じることは非常に難しいからだ。まして、その成果を今日的なスポーツのあり様や現代スポーツのこれからの課題に結びつけて考えるに際しては、共同研究の一員である各執筆者にそれぞれの思いや価値観が存在していることは言うまでもない。本書は、しかしながら、だからこそ研究における多様な解釈を積みあげていくなかで、ある程度の仮説的な解釈を方向づけるような議論が展開されているのではないかと思う。少し手前味噌な言い方になるかもしれないが、三年間の研究期間に議論された積みかさねが、これらを参考に執筆した研究者「間」に、嘉納のいう「自他共栄」的な研究成果を世に問うという意味を生み出したと思われるからである。次の課題は、本書の刊行が広くスポーツ関係者やスポーツを学ぶ学生、あるいはスポーツに少なからぬ関心を持っている一般読者に、どれほどの「自他共栄」的インパクトを与えることができるのかであろう。

　最後に、本書の研究と刊行に費やされた二〇一〇―一四年の約五年間は、スポーツ界にとってのまさに激動の期間と重なる。国の動きでは、スポーツ立国戦略（二〇一〇）、スポーツ基本法（二〇一一）、スポーツ基本計画（二〇一二）の策定・施行があり、日体協・ＪＯＣはスポーツ基本法施行と同じ二〇一一年に「スポーツ宣言日本〜二十一世紀におけるスポーツの使命〜」を採択した。この間、日本のスポーツ界は暴力問題や不正受給問題など、社会を揺るがす大問題に直面し、その根本的解決を迫られていると同時に、二〇一三年には二〇二〇年の東京オリンピック・パラリンピック開催が決定するなど、悲喜こもごもの時間を過ごしてきた。このようなときだからこそ、どっしりとした軸がぶれない現代スポーツ思想の構築とそのビジョン化への試みが必要であり、まさに現代スポーツにおける「不易流行」の「不易」の部分について嘉納治五郎を通して学ぼうとしたのが、本書なのである。

　また本書は、全柔連をめぐる一連の不祥事に際し、連盟内に発足した「暴力根絶プロジェクト」（引き続き、柔道ＭＩＮＤプロジェクト特別委員会）で共に議論してきた全柔連副会長山下泰裕氏に推薦の言葉を賜った。編者は、奇しくも山下氏と同期で、中学校時代に講道館で開催された第三回全国中学校柔道大会（一九七二）出場の際、その後の「世界の山下」の礎《いしずえ》となったであろう、左組み自然体での堂々とした、凛とした姿勢が忘れられない。どのような試合においても、どっしりとした体幹（不易）を保ち、これをベースにしてあらゆる変化・変容に対応する柔軟さ（流行）は、今まさに日本のスポーツ界に求められる姿勢そのものであろう。

かつて、編者の大学院時代の恩師の一人であった粂野豊氏（筑波大学名誉教授）は「スポーツを体育化することはやさしい。しかし、体育を文化化することはむつかしい」と言われていた。体育化されたスポーツの功罪を冷静に分析し、これを社会の中のスポーツとしていかに望ましい文化として構築していくのかは、次世代のスポーツの発展に向けて残された根本的な課題であろう。本書が未だに残されたこのような課題に対して、少しでも迫ることができたかどうかの判断は、忌憚のない読者からのご叱正やご批判に待つしかない。

末筆ではあるが、本書刊行に際してはスポーツ科学研究室の伊藤静夫室長をはじめ、日本体育協会スポーツ医・科学専門委員会の委員の皆さんからの多大なご理解とご支援を賜った。また、ミネルヴァ書房の河野菜穂さんには、遅れがちな編集に我慢強くお付き合いをいただいた。本書刊行に当たってご尽力いただいた多くの関係者の皆さんを含め、記して感謝の意を表するものである。

二〇一四年八月

編著者　菊　幸一

資料① 嘉納治五郎の関連年表

年	年齢	嘉納治五郎関連事項	体育・スポーツおよび社会
1860 万延元年	0	兵庫県御影村（現神戸市灘区御影）に生まれる【12月10日】	桜田門外ノ変【3月24日】
1870 明治3年	9	父と上京し，漢学，書，英語を学ぶ	
1875 明治8年	14	官立外国語学校卒業後，官立開成学校入学	「日本近代スポーツの父」と言われるF・W・ストレンジが来日【3月】
1877 明治10年	16	開成学校改称東京大学文学部に編入 柔術を学び始める	西南の役【1月30日～9月24日】
1881 明治14年	20	東京大学文学部哲学政治学理財学科卒業，道義学及び審美学の選科入学【1882年卒業】	
1882 明治15年	21	学習院の講師に就任し政治学・理財学を講ず【1月～】，教師に任ず【8月～】 下谷北稲荷町の永昌寺に居を移し私塾（2月に嘉納塾，5月に講道館）を開く	日本の人口（3670万118名）
1883 明治16年	22	起倒流皆伝【10月】 香取神道流や鹿島新当流の師範を招いて講道館の有段者を対象に「古武道研究会」を開く	
1885 明治18年	24	学習院幹事兼教授となる【4月～】	
1886 明治19年			東京大学は東京帝国大学，予備門は第一高等中学となり，東京帝国大学に運動会が設立される【7月】
1889 明治22年	28	大日本教育会常集会において「柔道一班並ニ其教育上ノ価値」と題し講演を行う【5月11日】 1カ年の予定で欧州派遣，宮内省御用掛兼務を命ぜられる【8月5日】	大日本帝国憲法発布【2月11日】
1890 明治23年			教育勅語下る【10月30日】
1891 明治24年	30	学習院教授，宮内省御用掛を免ぜられ，文部省参事官に任ぜられる【4月30日】 竹添信一郎博士の娘，須磨子と結婚【8月7日】 第五高等中学校長兼文部省参事官に任ぜられる【8月13日】	
1893 明治26年	32	第1期高等師範学校（現・筑波大学）校長ならびに附属中学校（現・筑波大学附属中学校・高等学校）校長に就任【～1897年】	講道館で女子柔道の指導が始まる

年	年齢	嘉納治五郎関連事項	体育・スポーツおよび社会
1894 明治27年	33	高等師範学校にて大運動会を開催し，全学生，教職員が参加，修学年限を３年から４年に引き上げる	日清戦争始まる【８月１日】
1895 明治28年	34	高師寄宿舎の軍隊的組織を廃止	京都に大日本武徳会が創立される（初代会長は京都府知事の渡辺千秋）【４月17日】
1896 明治29年	35	学生スポーツ奨励のため「運動会」を設置 清国留学生の教育を私塾にて引き受け始める	第１回オリンピック競技大会（アテネ）開催【４月６日～15日】
1897 明治30年	36	第２期高等師範学校長就任【～1898年】	
1898 明治31年	37	文部省普通学務局長に就任し，全国各府県一校以上の高等女学校の設置を進める 「造士会」創立【８月】	
1900 明治33年	39	『日本游泳述』を造士会叢書として出版	第２回オリンピック競技大会（パリ）が，万国博覧会の付属として開催。ゴルフ，テニスなどの種目ではじめて22名の女性が参加【５月14日～10月28日】
1901 明治34年	40	第３期高等師範学校長就任【～1920年】 「運動会」を解消して「校友会」を設置し，体育系・文科系の課外活動を奨励	
1903 明治36年			井口（藤田）あぐりがアメリカより帰国し，女高師教授となりスウェーデン体操を紹介【２月】
1904 明治37年	43	女子柔道の指導研究のために安田謹子を指導	中学程度以上の諸学校に体育正課として剣道・柔道を加える趣旨の「体育に関する建議案」が第21回通常議会衆議院にて提出される【２月16日】 第３回オリンピック競技大会（セントルイス）開催【７月１日～11月23日】
1905 明治38年	44	大日本武徳会から柔道範士号を授与	ポーツマス講和条約締結【９月５日】
1906 明治39年	45	大日本武徳会柔術形制定委員会の委員長に就任し柔術流派の形を統一，「大日本武徳会柔術形」を制定	中学程度の諸学校に体育正課として剣術形の体操または柔術形の体操のいずれかを教習せしむべしという趣旨の「体育に関する建議案」が第22回通常議会衆議院にて提出される【３月８日】 一高・高師主催第１回関東連合遊泳会開催。大正元年をのぞき大正８年まで継続。主として神伝龍，水府流の泳法競技および模範泳法を行い競泳は主とせず【８月６日】

年	年齢	嘉納治五郎関連事項	体育・スポーツおよび社会
1908 明治41年			第4回オリンピック競技大会（ロンドン）開催 参加は，各国のオリンピック委員会を通して行われるようになる【4月27日～10月31日】
1909 明治42年	48	日本人（アジア人）初の国際オリンピック委員会（IOC）委員に就任	
1910 明治43年	50	『青年修養訓』を出版【12月30日】	大逆事件【5月】 日韓併合【8月29日】
1911 明治44年	50	大日本体育協会初代会長に就任【～1921年】	柔道が学校の正科となる オリンピック競技大会参加の母体となる大日本体育協会創立【7月10日】
1912 大正元年	51	第5回オリンピック競技大会（ストックホルム）に選手団団長として参加 「住込み女子書生」として安田謹子，堀歌子，乗富政子を受け入れ本田存に指導させる	第5回オリンピック競技大会（ストックホルム）開催【5月5日～7月27日】 日本からは三島弥彦（東大）と金栗四三（東京高師）の男子2選手が初参加【5月5日～7月27日】
1913 大正2年	52	ハワイにて日本人が営んでいた柔術道場を訪問【2月～3月】 帝国教育会倶楽部で講演	大日本体育協会，規約を改正し，国内オリンピック委員会としての性格を規定【9月26日】
1914 大正3年			第一次世界大戦始まる【7月28日】
1915 大正4年	54	東京高等師範学校に修学年限4年の体育科を設置	
1916 大正5年			第6回オリンピック競技大会（ベルリン）は第一次世界大戦のため中止
1917 大正6年			大日本体育協会は極東体育協会に正式加盟【5月15日】
1919 大正8年			大日本体育協会，極東体育協会脱退を通告【3月17日】 第4回極東選手権競技大会にはさきに脱退通告をした大日本体育協会に代わり，日本青年運動倶楽部が主催国と交渉，選手16名を派遣（マニラ）【5月12日～17日】
1920 大正9年	59	東京高等師範学校退任 第7回オリンピック・アントワープ大会臨席 ロンドンのイオリアン・ホールにおいて柔道に関する講演【11月20日】	報知新聞社主催，第1回東都大学専門学校東京～箱根間往復130マイル駅伝競走開催。早大，慶應，明大，高師の4校が参加【2月14日】 第7回オリンピック競技大会（アントワープ）に15選手派遣【4月20日～9月12日】

年	年齢	嘉納治五郎関連事項	体育・スポーツおよび社会
1921 大正10年	60	大日本体育協会の会長を辞任し名誉会長に就任【3月8日】	講道館員数名対アメリカのプロレスラーらの試合開催（サンデル事件）【3月5日～6日】 岸清一が大日本体育協会第2代会長に就任【3月8日】 藤村トヨの東京女子体操音楽学校は日暮里より吉祥寺に移る【12月】
1922 大正11年	61	講道館文化会創立【1月1日】 貴族院議員に勅選【2月2日】 「精力善用・自他共栄」の立言	二階堂トクヨ，二階堂体操塾を代々木山谷に開く【4月15日】 第1回国際女子オリンピック大会（パリ）開催【8月12日～13日】
1923 大正12年			関東大震災【9月1日】 大日本体育協会名で「第8回国際オリンピック大会参加の宣言」を発表【10月1日】
1924 大正13年	63	東京高等師範学校名誉教授を受ける【3月1日】	独立した冬季大会をシャモニー・モンブランで試験的に開催（翌年，第1回オリンピック冬季競技大会に承認される）【1月25日～2月5日】 第8回オリンピック競技大会（パリ）開催【5月4日～7月27日】 IOC 総会（パリ）で岸清一が IOC 委員に推薦される【6月25日】 内務省主催，第1回明治神宮競技大会開催【10月30日～11月3日】
1925 大正14年			治安維持法制定【4月22日】 大日本体育協会が組織を改造して総合体育団体に生まれかわる（当初のメンバーは陸上競技，水泳，蹴球，スキー，庭球，漕艇，ホッケーの7団体）【4月25日】 明治神宮体育会成立，内務省に代わって明治神宮大会の主催団体となる 明治神宮外苑野球場完成，奉納式挙行【10月23日】
1926 昭和元年			「日本女子スポーツ連盟」設置
1927 昭和2年			大日本体育協会が財団法人認可【8月8日】
1928 昭和3年	67	第5回オリンピック競技大会（アムステルダム）・万国議員商事会議（パリ）・列国議会連盟会議（ベルリン）に出席【5月24日～9月27日】 『攻防式国民体育』を刊行	第2回オリンピック冬季競技大会（サン・モリッツ）開催【2月11日～19日】 第9回オリンピック競技大会（アムステルダム）開催【7月28日～8月12日】 ラジオ体操開始【11月1日】

年	年齢	嘉納治五郎関連事項	体育・スポーツおよび社会
1929 昭和4年			東京高等師範学校廃校，東京文理科大学創立【4月1日】
1930 昭和5年	69	『精力善用国民体育』を刊行	帝都復興体育大会の開催【3月24日〜28日】 第1回全日本柔道選士権大会（明治神宮外苑相撲場）【11月15日〜16日】
1931 昭和6年			全日本中等学校柔道選士権大会開催 満州事変【9月】
1932 昭和7年	71	IOC総会で永田東京市長の招待文朗読，演説	第3回オリンピック冬季競技大会（レークプラシッド）開催【2月4日〜15日】 五・一五事件【5月15日】 IOC総会で1940年第12回オリンピック競技大会の開催地に東京が立候補を表明【7月29日】 第10回オリンピック競技大会（ロサンゼルス）開催【7月30日〜8月14日】
1933 昭和8年	72	ロンドンにおいて柔道の実演と講演【8月28日〜31日】	国際連盟脱退【3月27日】 第30次IOC総会（ウィーン）で，杉村陽太郎がIOC委員に推薦され，日本のIOC委員は嘉納治五郎，岸清一，杉村の3名となる【6月7日】 日本運動競技連合結成【9月4日】 岸清一大日本体育協会会長死去（享年66）【10月29日】
1934 昭和9年			小石川水道橋にできあがった講道館新道場における鏡開式で，初の女子有段者3名（乗富政子2段，森岡康子初段，芥川綾子初段）の昇段式が行われる【1月】 大日本体育協会，臨時評議会において副島道正を岸清一の後任としてIOC委員に選出することを承認【4月14日】 アテネのIOC総会でIOC委員に岸清一委員に代わり副島道正が推薦される【5月16日〜19日】 講道館創立50年祝典【11月23日】
1935 昭和10年			1940年の第12回オリンピック競技大会東京招致のためイタリアの譲歩を依頼すべく，副島道正IOC委員と杉村陽太郎大使がムッソリーニ首相を訪問し会談（ローマ）【2月11日】 日本運動競技連合，大日本体育協会へ合流【5月20日】

年	年齢	嘉納治五郎関連事項	体育・スポーツおよび社会
1936 昭和11年	75	綿貫範子，鷹崎篤子，宮川ヒサ，岡田農子，安田謹子，三好ウタノに女子柔道有段者待遇の地位を与える【2月22日】 第11回オリンピック競技大会（ベルリン）臨席 日本の招致委員会を代表して「日本が遠いという理由で五輪が来なければ，日本が欧州の五輪に出る必要はない」と演説	第4回オリンピック冬季競技大会（ガルミッシュ・パルテンキルヘン）開催【2月6日～16日】 二・二六事件【2月26日】 第36次 IOC 総会（ベルリン）で，徳川家達が杉村陽太郎に代わり IOC 委員就任【7月30日】 IOC 総会で第12回オリンピック競技大会（1940）の東京開催決定【7月31日】 第11回オリンピック競技大会（ベルリン）開催【8月1日～16日】 講道館において全日本柔道選士権大会開催【11月】 大島又彦が大日本体育協会第3代会長に就任【12月18日】
1937 昭和12年			IOC 総会（ワルシャワ・6月7日～11日）で1940年の第5回オリンピック冬季競技大会の札幌開催決定（日本からは副島道正が出席）【6月9日】 盧溝橋事件勃発（～支那事変・日中戦争）【7月7日】 近代オリンピックの創始者クーベルタン死去（享年74）【9月2日】 8月辞任の大島又彦会長の後をうけて下村宏が大日本体育協会第4代会長に就任。同時に，東京オリンピック組織委員会副会長にも就任【11月29日】
1938 昭和13年	77	IOC 総会（カイロ）にて，第12回大会を東京，冬季大会を札幌にて開催することを確認 帰途，太平洋上（氷川丸船中）にて肺炎のため永眠【5月4日】	厚生省が新設され，体力局を開設。初代局長は児玉政介。従来文部省の所管となっていた運動競技のうち，学校体育以外は厚生省に移管。東京オリンピック大会の事務も文部省から厚生省に移る【1月11日】 国家総動員法が施行【5月5日】 東京オリンピック組織委員会は，第12回オリンピック東京大会の返上を決定。同時に，第5回オリンピック冬季札幌大会も返上【7月16日】 大日本体育協会主催国民精神作興体育大会（東京）【11月3日～6日】

1944 昭和19年	第５回オリンピック冬季競技大会（コルチナ・ダンペッツォ）中止 第13回オリンピック競技大会（ロンドン）も中止 厚生省が日常心身鍛錬指導方針を通達【５月27日】 大日本体育会は各種競技大会の優勝杯を軍事資材として献納することを決定【11月19日】
1945 昭和20年	大日本体育会は，加盟団体組織に改組 東京大空襲【３月10日】 広島に原爆投下【８月６日】 長崎に原爆投下【８月９日】 日本，無条件降伏【８月15日】 旧日本水上競技連盟が，日本水泳連盟として再建され新たに発足【10月31日】 大日本体育会の部会として吸収されていた24競技団体のうち，20団体は年内に新組織で再出発 大日本体育会は，ふたたび加盟団体組織に改組される
1946 昭和21年	財団法人大日本体育会は，組織を民間団体に改めるため寄附行為を改正 平沼亮三が大日本体育会第５代会長に就任【１月23日】 日本国憲法公布【11月３日】 大日本体育会理事会において，日本オリンピック委員会設立を決定【12月４日】
1947 昭和22年	東京～箱根間関東学生駅伝競走復活【１月４日～５日】 教育基本法，学校教育法が公布され，六三三四制男女共学へ【３月31日】 大日本体育会理事会で，アマチュア規程を定める【４月２日】 東龍太郎が大日本体育会第６代会長に就任【10月22日】
1948 昭和23年	第５回オリンピック冬季競技大会（サン・モリッツ），７月の第14回オリンピック競技大会（ロンドン）に招待されず【１月30日】 第１回全日本柔道選手権大会が開催（講道館）【５月２日】 大日本体育会は日本体育協会と改称，従来の加盟団体組織に変更【10月25日】

嘉納治五郎没後

年	体育・スポーツおよび社会
1939 昭和14年	明治神宮体育大会は明治神宮国民体育大会と改称し，政府主管に移る。国防競技を取り入れ，ボクシングと職業相撲の除外を正式決定【５月16日】 ロンドンのIOC総会で徳川，嘉納両IOC委員に代わって高石真五郎，永井松三が推薦される【６月６日】 体力章検定公布，10月には15歳～25歳男子に実施【８月１日】
1940 昭和15年	第５回オリンピック冬季競技大会（札幌）中止 国民体力法公布，９月から実施【４月８日】 東京返上後のヘルシンキ，正式に第12回オリンピック競技大会の放棄を発表【４月23日】 日独伊三国同盟調印【９月27日】 紀元2600年奉祝明治神宮国民体育大会。満州国選手参加【10月27日～11月３日】
1941 昭和16年	元IOC委員岸清一の遺族の寄付により，岸記念体育会館落成。大日本体育協会および競技団体の事務所となる（東京・神田駿河台）【３月22日】 第12回明治神宮国民体育大会が７月以降，唯一の全国的大会として開催【10月31日～11月３日】 厚生省が女子体力章検定を制定【11月】 日本軍，真珠湾攻撃【12月８日】 文部省が中心となり大日本学徒体育振興会発会式【12月24日】
1942 昭和17年	武道総合団体大日本武徳会結成式【３月21日】 大日本体育協会を大日本体育会に改組，政府の外郭団体となる。加盟競技団体は，それぞれ一部会として吸収【４月８日】 第13回明治神宮大会は国民錬成大会と改称【10月29日】
1943 昭和18年	靖国神社～箱根神社間往復関東大学駅伝開催【１月５日～６日】 学徒体育大会一切禁止【９月24日】

年	体育・スポーツおよび社会
1949 昭和24年	日本柔道連盟設立【5月6日】
1950 昭和25年	コペンハーゲンのIOC総会で，日本はIOCメンバーであることが再確認され，病気療養中の永井松三委員に代わり，東龍太郎日本体育協会会長がIOC委員に選ばれる【5月13日～16日】
1951 昭和26年	ウィーンIOC総会で日本のオリンピック競技大会参加（1952年のオスロならびにヘルシンキ）が承認される【5月8日】 対日講和条約と日米安全保障条約調印【9月8日】
1952 昭和27年	第6回オリンピック冬季競技大会（オスロ）開催【2月14日～25日】 第15回オリンピック競技大会（ヘルシンキ）に69の国と地域が参加【7月19日～8月3日】 国際柔道連盟に日本が加盟【12月10日】 初の障害者スポーツ世界大会が開催される。現在はパラリンピック第1回大会として認定（ストーク・マンデビル）
1955 昭和30年	ブランデージIOC会長来日。第18回オリンピック競技大会（1964年）東京招致を懇請【4月21日～5月7日】 東京都議会，第18回オリンピック競技大会東京招致案を満場一致で可決【10月10日】
1956 昭和31年	第7回オリンピック冬季競技大会（コルチナ・ダンペッツオ）開催【1月26日～2月5日】 第1回世界柔道選手権大会（東京）開催（21カ国が参加）【5月3日】 第16回オリンピック競技大会（メルボルン）がはじめて南半球で開催される【11月22日～12月8日】 国連総会で日本加盟を承認【12月18日】
1957 昭和32年	スポーツ振興審議会（首相の諮問機関）の設置が決まる【2月14日】
1958 昭和33年	国立競技場落成式【3月30日】 第55次IOC総会を東京で開催【5月14日～16日】
1959 昭和34年	平沼亮三日本体育協会名誉会長死去（享年79）【2月13日】 皇太子ご成婚パレード【4月10日】 第56次ミュンヘンIOC総会で1964年の第18回オリンピック大会開催地を東京と決定【5月26日】 津島寿一が日本体育協会第7代会長に就任【8月3日】 東京オリンピック大会組織委員会創立総会開催，会長に津島寿一が就任【9月30日】
1960 昭和35年	東京オリンピック選手強化対策本部発足【1月18日】 第8回オリンピック冬季競技大会（スコーバレー）開催【2月18日～28日】 第57回IOC総会（ローマ）で柔道が正式競技種目に加えられる【8月22日】 第17回オリンピック競技大会（ローマ）開催【8月25日～9月11日】 テレビ，カラー本放送開始【9月10日】 東京オリンピック資金財団設立【12月28日】
1961 昭和36年	東京都の推計人口1000万人突破，世界初の1000万人都市誕生【2月1日】 スポーツ振興法公布【6月16日】 政府閣議でオリンピック競技大会（東京）の選手村および屋内競技場をワシントンハイツ（現・代々木公園ほか）に設けることなどを決定【10月20日】
1962 昭和37年	モスクワIOC総会で，東京オリンピックは1964年10月10日～24日の15日間と決定【6月4日】 日本体育協会創立50周年記念式典において日本スポーツ少年団を創設【6月23日】 石井光次郎が日本体育協会第8代会長に就任【11月28日】
1963 昭和38年	35カ国から600名の世界一流選手が参加し東京国際スポーツ大会開催【10月11日】 ケネディ米大統領暗殺【11月22日】

年	体育・スポーツおよび社会
1964 昭和39年	第９回オリンピック冬季競技大会（インスブルック）が開催される【１月29日～２月９日】 第18回オリンピック競技大会（東京）の標語，名古屋の中学生による「世界はひとつ・東京オリンピック」に決まる【４月１日】 岸記念体育会館が渋谷区神南に落成【７月10日】 東京モノレール浜松町～羽田空港間開業【９月17日】 東海道新幹線が開業【10月１日】 アジアで初となる第18回オリンピック競技大会が，1940年予定の第12回大会を返上した東京で開催（金メダル16個は史上最高）【10月10日～24日】 柔道とバレーボールが正式競技に加わる IOC 創立70周年記念祭開催（東京）【10月10日】
1966 昭和41年	第65次ローマ IOC 総会で札幌市が1972年のオリンピック冬季競技大会開催地に決定【４月26日】 中国で文化大革命が始まる【５月16日】 祝日となった第１回「体育の日」【10月10日】
1967 昭和42年	第66次テヘラン IOC 総会で竹田恒徳が IOC 委員に就任【５月５日～８日】 ヨーロッパ共同体（EC）発足【７月１日】 東南アジア諸国連合（ASEAN）結成【８月８日】
1968 昭和43年	第10回オリンピック冬季競技大会（グルノーブル）開催【２月６日】 第19回オリンピック競技大会（メキシコシティー）開催【10月12日】
1969 昭和44年	東名高速道路，全線開通【５月26日】 IOC 総会（ワルシャワ）で東龍太郎委員に代わり清川正二が選任される【６月７日】 米アポロ11号が月面に着陸【７月20日】
1970 昭和45年	日本万国博覧会が大阪・千里丘陵で開幕（77カ国が参加，6421万人が入場）【３月14日～９月13日】 日本体育協会理事会は，オリンピック憲章を参考にアマチュア規定を改訂【10月21日】
1972 昭和47年	第11回オリンピック冬季競技大会（札幌）開催【２月３日～13日】 沖縄返還，沖縄県発足【５月15日】 第20回オリンピック競技大会（ミュンヘン）開催【８月26日～９月11日】 IOC 会長にブランデージに代わりキラニン卿が就任【９月12日】 日中国交正常化【９月29日】
1974 昭和49年	IOC がオリンピック憲章から「アマチュア」の文字を削除【10月21日】
1975 昭和50年	河野謙三が日本体育協会第９代会長に就任【４月１日】 ベトナム戦争終結【４月30日】
1976 昭和51年	第12回オリンピック冬季競技大会（インスブルック）開催【２月４日～15日】 第21回オリンピック競技大会（モントリオール）開催【７月17日～８月１日】
1978 昭和53年	嘉納治五郎杯国際柔道選手権大会（現・嘉納治五郎杯東京国際柔道大会）の開催（13回のうち「嘉納治五郎杯国際柔道選手権大会」が12回） 新東京国際空港（現成田国際空港）開港【５月21日】 第１回全日本女子柔道選手権大会を開催（37名が参加・講道館）【７月28日】 日中平和友好条約調印【８月12日】 日本体育協会はモスクワオリンピックの選手強化自己資金調達のため，アマチュア選手のコマーシャル出演等のキャンペーンを承認【11月29日】
1979 昭和54年	清川正二がアジア地域初の IOC 副会長に選出【４月６日】 IOC 理事会の決議に続いて行われた委員全員の郵便投票で，1958年の脱退から21年ぶりに中国の復帰が決まる 台湾は「チャイニーズ・タイペイオリンピック委員会」として IOC に残る（名古屋）【10月23日～25日】

年	体育・スポーツおよび社会
1980 昭和55年	第13回オリンピック冬季競技大会（レークプラシッド）開催【２月13日～24日】 ソ連のアフガニスタン侵攻により，アメリカが第22回オリンピック競技大会（モスクワ）のボイコットを提唱 ナショナルエントリー締め切りのこの日，JOC は臨時総会で，不参加を決定【５月24日】 IOC 会長にサマランチが就任【７月16日】 第22回オリンピック競技大会（モスクワ）開催【７月19日～８月３日】 第１回世界女子柔道選手権大会（ニューヨーク）開催【11月29日～30日】
1981 昭和56年	日本体育協会アマチュア委員会が，企業名をつけたいわゆる「冠大会」を容認【９月２日】
1982 昭和57年	小野清子，日本初の女性 JOC 委員となる【３月24日】 第85次ローマ IOC 総会で猪谷千春が IOC 委員に就任決定【５月28日】
1983 昭和58年	河野謙三日本体育協会会長死去（享年82歳）【10月16日】 福永健司が日本体育協会第10代会長に就任【12月７日】
1984 昭和59年	日本スポーツ少年団，全国の登録団員数が100万名を突破 第14回オリンピック冬季競技大会（サラエボ）開催【２月８日～19日】 ソビエトなど東側諸国が不参加となった第23回オリンピック競技大会（ロサンゼルス）開催【７月28日～８月12日】
1986 昭和61年	日本体育協会，プロ化への世界的な流れに沿った，アマチュア規定に代わる新しい「スポーツ憲章」を制定 アマチュアの文字が消え，広告出演，賞金獲得などが可能になる【５月７日】
1987 昭和62年	世界人口50億人突破【７月11日】
1988 昭和63年	第15回オリンピック冬季競技大会（カルガリー）開催【２月13日～28日】 JOC 総会で1998年冬季オリンピックの国内招致都市を「長野」と決定【６月１日】
1989 昭和64年 平成元年	昭和天皇崩御（新元号は平成）【１月７日】 日本オリンピック委員会の財団法人設立許可（文部大臣） 初代会長に堤義明就任【８月７日】 第24回オリンピック競技大会（ソウル）開催【９月17日～10月２日】 長野冬季オリンピック大会招致委員会設立【10月12日】 「ベルリンの壁」崩壊【11月11日】 米ソ首脳会談，冷戦終結を声明【12月３日】 日本体育協会第11代会長に青木半治が就任【12月20日】
1990 平成２年	第18回オリンピック冬季競技大会（1998年）の開催都市として長野市が立候補届提出（IOC 本部）【２月12日】 堤義明，JOC 会長を辞任 古橋廣之進が日本オリンピック委員会第２代会長に就任【５月９日】 イラク軍がクウェートに侵攻【８月２日】 第96次 IOC 総会開催 岡野俊一郎が IOC 委員就任（IOC 理事会等関連諸会議は13日から）【９月16日～20日】 IOC がプロ選手のオリンピック参加を正式に認める【９月19日】 東西ドイツが統一【10月３日】
1991 平成３年	湾岸戦争勃発【１月17日】 JOC が財団法人日本体育協会の加盟団体から脱退【３月31日】 JOC が特定公益増進法人として認可される【４月１日】
1992 平成４年	第16回オリンピック冬季競技大会（アルベールビル）開催【２月８日～23日】 第25回オリンピック競技大会（バルセロナ）開催，女子柔道がオリンピックの正式種目となる【７月25日～８月９日】

2001 平成13年	日本体育協会が「21世紀の国民スポーツ振興方策」を公表【1月】 中央省庁が再編され1府12省庁体制へ【1月6日】 スポーツ振興くじ（toto）販売開始【3月3日】 アメリカで同時多発テロ発生，世界貿易センタービル崩壊【9月11日】 日本アンチ・ドーピング機構（JADA）設立，日本体育協会，日本オリンピック委員会は設立に協力【9月16日】 国立スポーツ科学センター（JISS）開設【10月1日】 日本オリンピック委員会第4代会長に竹田恆和が就任【10月24日】 皇太子妃雅子さまが女児ご出産【12月1日】
2002 平成14年	第19回オリンピック冬季競技大会（ソルトレークシティー）開催【2月8日～14日】 サッカーの第17回ワールドカップ大会が日本・韓国の共催で開催【5月31日～6月30日】 日朝首脳会談【9月17日】
2003 平成15年	米英軍，イラクと開戦し首都をミサイル攻撃【3月19日】 日本オリンピアンズ協会創設【9月5日】
2004 平成16年	自衛隊イラク派遣開始【1月19日】 欧州連合（EU）に中・東欧など10カ国が加盟し25カ国体制が始動【5月1日】 第28回オリンピック競技大会（アテネ）開催【8月13日～29日】
2005 平成17年	日本体育協会は寄附行為を改訂し「アマチュア」の語句を削除 従来の英文名称からAmateurを削除し，「Japan Sports Association」と表記を変更【3月22日】 森喜朗が日本体育協会第14代会長に就任【4月1日】

年	体育・スポーツおよび社会
1993 平成5年	日本初のサッカープロリーグ「Jリーグ」が開幕【5月15日】 日本体育協会第12代会長に初の女性，高原須美子が就任【8月6日】
1994 平成6年	第17回オリンピック冬季競技大会（リレハンメル）開催【2月12日～27日】 この大会から，夏の大会の2年後開催となるよう，サイクルが改められる 第12回オリンピックコングレス IOC創立100周年記念（パリ）【8月29日～9月3日】 知的障害者のスポーツを支援する全国組織「スペシャルオリンピックス日本」設立【11月27日】
1995 平成7年	阪神・淡路大震災が発生【1月17日】 地下鉄サリン事件【3月20日】 日本体育協会第13代会長に安西孝之が就任【9月13日】
1996 平成8年	FIFAは，2002年サッカーワールドカップ大会を日本と韓国の共同開催と決定【5月31日】 第26回オリンピック競技大会（アトランタ）開催【7月19日～8月4日】
1997 平成9年	大阪市，横浜市が第29回オリンピック競技大会（2008年）の国内立候補届提出【4月30日】 のちに，国内候補地は大阪に決定
1998 平成10年	第18回オリンピック冬季競技大会（長野）開催【2月7日～22日】 スポーツ振興くじ創設のため「スポーツ振興投票の実施等に関する法律」等3つの法律が公布される【5月20日】
1999 平成11年	日本オリンピック委員会第3代会長に八木祐四郎が就任【4月1日】 世界の人口が60億人を突破【10月12日】
2000 平成12年	国が「スポーツ振興基本計画」策定【9月13日】 第27回オリンピック競技大会（シドニー）開催【9月15日～10月1日】

年	体育・スポーツおよび社会
2006 平成18年	第20回オリンピック冬季競技大会（トリノ）開催【２月10日～26日】 第31回オリンピック競技大会（2016年）国内立候補都市選定委員会において，国内立候補都市を東京都に選定【８月30日】 国が「スポーツ振興基本計画」を改訂【９月】 東京オリンピック招致委員会設立【11月22日】
2007 平成19年	日本国内初の大都市マラソンとなる東京マラソンが開催される【２月18日】 第31回オリンピック競技大会（2016年）の立候補届提出【６月７日】 IOC 総会でユースオリンピックの開催が決定【７月５日】 ナショナルトレーニングセンター竣工【12月26日】
2008 平成20年	日本体育協会が「21世紀の国民スポーツ振興方策」を改定し，「スポーツ振興2008」として公表【３月５日】 第29回オリンピック競技大会（北京）開催【８月８日～24日】 米国のサブプライム問題に端を発した金融危機が発生【９月15日】
2009 平成21年	嘉納治五郎記念国際スポーツ研究・交流センター設立（日本体育協会・日本オリンピック委員会創立100周年記念共同事業）【５月27日】 尖閣諸島で中国漁船が海上保安庁巡視艇２隻と衝突【９月７日】 第121次 IOC 総会（コペンハーゲン）にて2016年のオリンピック競技大会の開催都市がリオデジャネイロに決定【10月２日】
2010 平成22年	第21回オリンピック冬季競技大会（バンクーバー）開催【２月12日～28日】 東京都が2020年オリンピック・パラリンピック競技大会招致に立候補表明【７月16日】 第１回夏季ユースオリンピック（シンガポール）開催【８月14日～26日】 文部科学省「スポーツ立国戦略」公表【８月26日】
2011 平成23年	東北地方太平洋沖地震発生，日本国内の観測史上最大の M9.0を記録【３月11日】 日本体育協会は公益財団法人へ移行【４月１日】 日本体育協会の第15代会長に張富士夫が就任【４月１日】 スポーツ振興法が50年ぶりに全面改正され，「スポーツ基本法」が成立【６月17日】 「スポーツ宣言日本～21世紀におけるスポーツの使命～」採択【７月15日】 FIFA 女子 W 杯（ドイツ）でなでしこジャパンが初優勝【７月17日】 国連の推計で世界人口が70億人に達する【10月31日】
2012 平成24年	第１回冬季ユースオリンピック（インスブルック）開催【１月13日～22日】 第30回オリンピック競技大会（ロンドン）開催【７月27日～８月12日】 日本選手団は史上最多となる38個のメダルを獲得
2013 平成25年	日本体育協会が「21世紀の国民スポーツ振興方策」を改定し，「21世紀の国民スポーツ推進方策―スポーツ推進2013―」として公表【６月26日】 第125次 IOC 総会（ブエノスアイレス）にて2020年のオリンピック・パラリンピック競技大会の開催都市が東京に決定【９月７日】

資料②　嘉納治五郎の主な役職

〈教育〉

学習院講師【1882年１月～７月】

学習院教師【1882年８月～1884年６月】

駒場農学校理財学教授【1884年３月～在任期間不明】

学習院教授補【1884年７月～1885年３月】

学習院教授【1885年４月～1891年７月】

学習院幹事【1885年４月～1886年５月】

学習院教頭【1886年６月～1889年８月19日】

第五高等中学校長【1891年８月13日～1893年１月25日】

第一高等中学校長【1893年６月19日～９月20日】

高等師範学校長【1893年９月20日～1897年８月20日】

高等師範学校長【1897年11月19日～1898年６月20日】

高等師範学校長【1901年５月９日～1920年１月16日】

東京高等師範学校名誉教授【1924年３月１日～逝去まで】

〈国〉

宮内省御用掛【1884年７月～1891年３月】

文部省参事官【1891年４月30日～在任期間不明】

文部省普通学務局長【1898年１月18日～11月24日】

高等教育会議員【1905年３月14日～在任期間不明】

貴族院議員【1922年２月２日～在任期間不明】

〈スポーツ〉

国際オリンピック委員会（IOC）委員【1909年５月27日～逝去まで】

大日本体育協会会長（初代）【1911年７月10日～1921年３月８日】

大日本体育協会名誉会長【1921年３月８日～逝去まで】

スポーツ宣言日本

二十一世紀におけるスポーツの使命

はじめに

本宣言は、日本のスポーツ百周年を記念して、先達の尽力をたたえ、その遺産を継承し、更なる百年の発展を願う日本スポーツ界の志を表明するものである。

日本体育協会、日本オリンピック委員会の母体である大日本体育協会は一九一一年に創立され、日本のスポーツは、初めて全国的なまとまりをもつに至った。また、翌年、同協会はアジアで初めての代表選手団をオリンピック競技大会に派遣し、日本のスポーツは国際的にもその地位を確立したのである。

大日本体育協会の創立に際して、創設者嘉納治五郎は、国民体育の振興とオリンピック競技大会参加のための体制整備をその趣意書に表した。本宣言は、この趣意書の志を受け継ぎ、新たな百年に向けた二十一世紀スポーツを展望する視点から、それを現代化したものである。

なお、本宣言は、記念事業のスローガンである「誇れる未来にあらたな一歩」を導くために、「日本のスポーツ百年　これまでとこれから」をテーマに、福島、京都、広島の三会場で行われたシンポジウムの成果を基に、加盟団体とパブリックコメントに寄せられたスポーツ愛好者等の意見を二十一世紀におけるスポーツの使命に集約し、東京総括シンポジウムにおいて協議、採択したものである。

宣言

スポーツは、自発的な運動の楽しみを基調とする人類共通の文化である。スポーツのこの文化的特性が十分に尊重されるとき、個人的にも社会的にもその豊かな意義と価値を望むことができる。とりわけ、現代社会におけるスポーツは、暮らしの中の楽しみとして、青少年の教育として、人々の交流を促し健康を維持増進するものとして、更には生きがいとして、多くの人々に親しまれている。スポーツは、幸福を追求し健康で文化的な生活を営む上で不可欠なものとなったのである。

既にユネスコは、一九七八年の「体育とスポーツに関する国際憲章」において、スポーツが全ての人々の基本的な権利であることを謳っている。しかし、今もなお、様々な理由によりスポーツを享受できない人々が存在する。したがって、遍く人々がスポーツを享受し得るように努めることは、スポーツに携わる者の基本的な使命である。

また、現代社会におけるスポーツは、それ自身が驚異的な発展を遂げたばかりでなく、極めて大きな社会的影響力をもつに至った。今やスポーツは、政治的、経済的、さらに文化的にも、人々の生き方や暮らし方に重要な影響を与えている。したがって、このスポーツの力を、主体的かつ健全に活用することは、スポーツに携わる人々の新しい責務となっている。

この自覚に立って二十一世紀のスポーツを展望するとき、これまでスポーツが果たしてきた役割に加えて、スポーツの発展を人類社会が直面するグローバルな課題の解決に貢献するよう導くことは、まさに日本のスポーツが誇れる未来へ向かう第一歩となる。

このことに鑑み、二十一世紀における新しいスポーツの使命を、スポーツと関わりの深い三つのグローバルな課題に集約し、以下のように宣言する。

一．スポーツは、運動の喜びを分かち合い、感動を共有し、人々のつながりを深める。人と人との絆を培うこのスポーツの力は、共に地域に生きる喜びを広げ、地域生活を豊かで味わい深いものにする。

二十一世紀のスポーツは、人種や思想、信条等の異なる多様な人々が集い暮らす地域において、遍く人々がこうしたスポーツを差別なく享受し得るよう努めることによって、公正で福祉豊かな地域生活の創造に寄与する。

二．　スポーツは、身体活動の喜びに根ざし、個々人の身体的諸能力を自在に活用する楽しみを広げ深める。この素朴な身体的経験は、人間に内在する共感の能力を育み、環境や他者を理解し、響き合う豊かな可能性を有している。

二十一世紀のスポーツは、高度に情報化する現代社会において、このような身体的諸能力の洗練を通じて、自然と文明の融和を導き、環境と共生の時代を生きるライフスタイルの創造に寄与する。

三．　スポーツは、その基本的な価値を、自己の尊厳を相手の尊重に委ねるフェアプレーに負う。この相互尊敬を基調とするスポーツは、自己を他者に向けて偽りなく開き、他者を率直に受容する真の親善と友好の基盤を培う。

二十一世紀のスポーツは、多様な価値が存在する複雑な世界にあって、積極的な平和主義の立場から、スポーツにおけるフェアプレーの精神を広め深めることを通じて、平和と友好に満ちた世界を築くことに寄与する。

現代社会におけるスポーツは、オリンピック競技大会等の各種の国際競技会において示されるように、人類が一つであることを確認し得る絶好の機会である。したがって、スポーツが、多様な機会に、グローバル課題の解決の重要性を表明することは極めて重要である。

しかし、スポーツに携わる者は、そのような機会を提供するだけではなく、スポーツの有する本質的な意義を自覚し、それを尊重し、表現すること、つまりスポーツの二十一世紀的価値を具体化し、実践することによって、これらの使命を達成すべきである。その価値とは、素朴な運動の喜びを公正に分かち合い感動を共有することであり、身体的諸能力を洗練することであり、自らの尊厳を相手の尊重に委ねる相互尊敬である。遍く人々がこのスポーツの二十一世紀的価値を享受するとき、本宣言に言うスポーツの使命は達成されよう。

スポーツに携わる人々は、これからの複雑で多難な時代において、このような崇高な価値と大いなる可能性を有するスポーツの継承者であることを誇りとし、その誇りの下にスポーツの二十一世紀的価値の伝道者となることが求められる。

おわりに

本宣言は、日本のスポーツ百年の歴史の上に立つ。この百年の歴史は決して順風満帆であったわけではない。本宣言は、苦難の道においてスポーツを守り育てるために尽力した全てのスポーツ人に心より敬意を表し、その篤き思いを継承するものである。したがって、日本体育協会、日本オリンピック委員会は、総力を挙げてこれらの使命の達成に取り組まなければならない。

そのためには、本宣言及びその趣旨を加盟団体はもとより、広く人々に周知するとともに、長期的な視野と国際的な広がりを展望し、使命の達成に向けた実行計画等を早期に策定し、実施に努めなければならない。

また同時に、国際オリンピック委員会をはじめとする国際的なスポーツ団体はもとより、国内外のスポーツ関係者とスポーツ組織、さらに国連諸機関、世界中の志あるＮＧＯ等と、希望あるスポーツと地球の未来のために連携協力し、本宣言におけるスポーツの使命の達成に努めることが求められる。

こうした営みが順調で強固なものとして発展するためには、政府及び地方公共団体等の公的諸機関が、これまでの支援に加えて、本宣言の重要性を理解し、積極的に協力、支援することが望まれる。

最後に、日本のスポーツ百年を記念するこの年に、我が国は東日本大震災という未曽有の災害を被った。亡くなられた多くの方々に深く哀悼の意を表するとともに、本宣言におけるスポーツの使命の達成を通じて、復興を支援し、日本と地球を希望にあふれた未来へと導くことを誓う。

平成二十三年七月十五日

日本体育協会・日本オリンピック委員会

創立百周年記念事業実行委員会

会長　森喜朗

資料④　嘉納治五郎初代会長による「日本体育協会の創立とストックホルムオリンピック大会予選会開催に関する趣意書」の写し（全文）

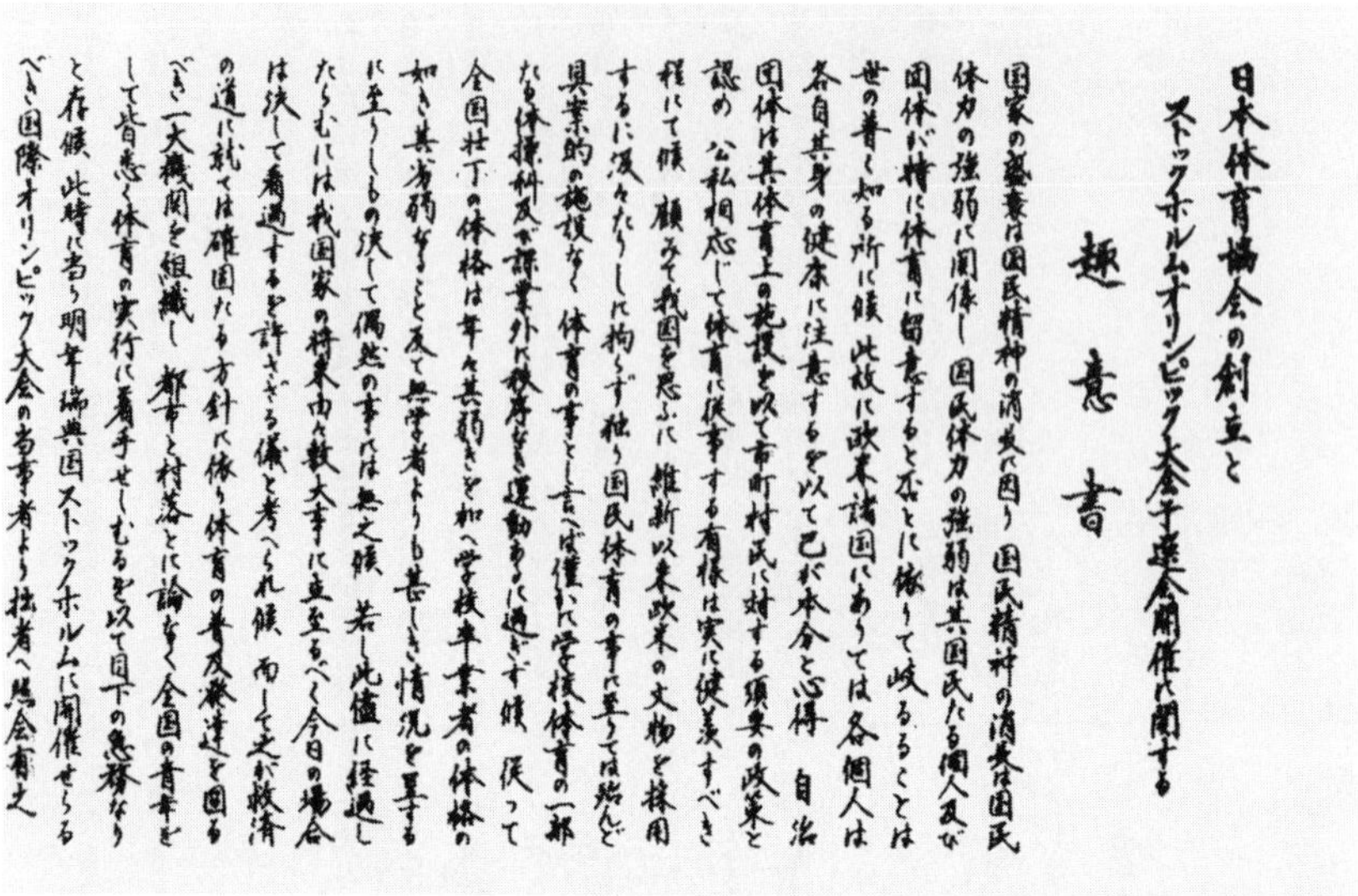

日本体育協会の創立と
ストックホルムオリンピック大会予選会開催に関する

趣意書

国家の盛衰は国民精神の消長に因り　国民精神の消長は国民体力の強弱に関係し　国民体力の強弱は其国民たる個人及び団体が特に体育に留意すると否とに依りて岐るることは世の普く知る所に候　此故に欧米諸国にありては各個人は各自其身の健康に注意するを以て己が本分と心得　自治団体は其体育上の施設を以て市町村民に対する須要の政策と認め　公私相応じて体育に従事する有様は実に健羨すべき程にて候　顧みて我国を思ふに　維新以来欧米の文物を採用するに汲々たりしに拘らず独り国民体育の事に至りては殆んど具案的の施設なく　体育の事と云へば僅かに学校体育の一部なる体操科及び課業外に於ける運動あるに過ぎず候　従って全国壮丁の体格は年々其弱きを加へ学校卒業者の体格の如き其劣弱なること反て無学者よりも甚しき情況を呈するに至りしもの決して偶然の事には無之候　若し此儘に経過したらむには我国家の将来由々敷大事に立至るべく今日の場合は決して看過するを許さざる儀と考へられ候　而して之が救済の道に就ては確固たる方針に依り体育の普及発達を図るべき一大機関を組織し　都市と村落とに論なく全国の青年をして皆悉く体育の実行に着手せしむるを以て目下の急務なりと存候　此時に当り明年瑞典国ストックホルムに開催せらるべき国際オリンピック大会の当事者より拙者へ照会有之

我国民の該大会に参加せんことを熱心に希望し来り候　抑々右国際オリンピック大会は御承知の通り古代希臘のオリンピック祭が希臘民族の精神を統一したりし如く　世界各国民の思想感情を融和し以て世界の文明と平和とを助くる目的として興りたるものに有之候　欧米諸国悉く之れ賛同し夫々国際委員ありて其事に当り常に政府の補助あり主権者の保護あり大会を開くに当りては其国大統領若くは皇太子之れが名誉主催者たるを以て例となし候　其開会は古代希臘の例に倣ひ四年毎に一回とし　千八百九十六年第一回を希臘国雅典に開きしを始めとし　第二回は千九百年仏国巴里　第三回は千九百四年米国セントルイス　第四回は英国倫敦に開き而して其第五回は明年瑞典国ストックホルムにて開催する次第にて候　右の照会に対し拙者は体育に関係ある都下の重立ちたる人々と会同し協議を遂げ候結果　我国体育の現状と世界の大勢とに鑑み　玆に大日本体育協会を組織し　内は以て我国民体育の発達を図り外は以て国際オリンピック大会に参加するの計画を立てんことを決議仕り　先づ其第一着手として別記要項により国際オリンピック大会選手予選会を開く事に相成候　就ては広く全国有志の賛同を得上述の目的を達し候様致度希望の至りに堪へず候

以上

明治四十四年十月七日

国際オリンピック大会予選会長

嘉納治五郎

（創立：1911（明治44）年７月10日）

索　引

あ　行

会田彦一　172
浅野均一　67
芦谷スエ子　193
東龍太郎　66, 67, 69, 70
アスレチックス　41, 108
アスレティシズム　143
アマチュアリズム　296
アンチ・エイジング　297
医学　36, 44
　——的見地　45
井口あくり　191
池田敬子　268
異種格闘技戦　160, 171, 173, 174, 177, 179
市川崑　73
一元論　135
猪熊功　260
岩原拓　24, 43
インフラ　22, 49, 71, 303
植芝盛平　162
受身　183, 194, 199
牛塚虎太郎　31, 53, 59, 61, 63
エイジング　297
衛生省　35, 36, 39, 58
エコロジカルスポーツ　296
エドストレーム，ヨハネス・ジークフリード　67
NOC　3, 6, 15, 24, 34, 43
NGO（Non-Governmental Organization）　7, 302
太田捨蔵　99
大場久子　193
オール・ジャパン　24
小笠原道夫　38, 44
岡部平太　172-175, 198
織田幹雄　112, 306
小野清子　268
己の完成　280
折下吉延　113, 114, 117, 118, 123
オリンピズム　3, 13, 41, 42
オリンピック
　——・ムーブメント　3, 85, 104, 287
　——運動　74
　——憲章　62
　——の価値　3
女姿三四郎　262

か　行

外延（デノテーション，denotation）　128
海外普及　161
課外活動　2
学習社会論　296
形　103, 131, 162, 165, 179, 181, 184, 209, 210, 213, 216, 221, 244, 246, 247, 250, 257, 309, 310

片木篤　65
学校スポーツ　105
学校体育　3, 5, 85, 92, 105, 203, 216, 219, 309
カドー，イブ　247
金栗四三　95-98
可児徳　117, 216
カネ・ヒマ・バショ　294
カノウイズム　145
嘉納趣意書　4, 5
カノコギ，ラスティ　257, 259, 260
亀倉雄策　73
川村禎三　230
官製用語　293
関東大震災　26, 43, 74, 107, 113, 118, 119, 121, 123-125, 243, 305
企業スポーツ　263
紀元2600年　52, 59, 74, 302
岸清一　34, 53, 56-59, 145
騎士道　13, 235
北山弥次郎　167, 169-172, 181
起倒流　159, 167, 278, 279
機能的体力　35
強・健・用　138, 139, 281, 282, 284
教育勅語　236, 237
教育（論）的視点　289-291
競技運動　14, 15, 20, 127, 136, 138, 139, 143-146, 280, 282, 285, 290, 292, 305, 307
競技化　9, 156, 162, 207, 221, 255-258, 265, 270, 304, 312
競技柔道　309
競技スポーツ　5, 6, 42, 44, 45, 104, 125, 181, 182, 184, 192, 202, 203, 208, 217, 234, 235, 287, 292, 294, 296, 302, 304, 310, 312
競技偏重　203
競技力向上　123, 124
競技連合　145, 307
行政用語　295
競争（アゴーン）　290
興味本位の体育　141, 142, 307
挙国一致　20, 24, 31, 61, 62, 74
近代オリンピック　13, 92, 197, 234
クーベルタン，ピエール・ド　13, 14, 17, 40, 41, 54, 60, 197, 208, 234-236, 249
草山重長　25, 43
國旗主義　24, 25
グローバリズム　289, 291
グローバル
　——・イベント　1
　——（な）課題　7, 311
　——企業　49
　——社会　298, 308
　——人材　291
　——スタンダード　84
　——な視点　8
　——文化　298
黒川紀章　71
軍用地　65
景園地　65
形体的な体力　35
撃剣会　214
建国2600年　31, 54
小泉親彦　27, 28, 35-38, 40, 43, 44
皇紀2600年　51
公共性　7
高専柔道大会　166
構造改革　4
郷隆　21-24, 28, 34, 39-44, 56-58
構築主義的可能性　290
講道館　7
　——柔道　3, 6, 83, 99, 102, 103, 118, 127, 130, 131, 140, 142, 176, 191,

199, 200, 207, 217–219, 277, 280
——女子部　208, 210, 212, 221, 257, 309
——文化会　118, 233, 236, 311
高度化　6, 268, 305, 313
高度経済成長　70
攻防式国民体育　142, 180, 289, 307
攻防式の体育　284
攻防式又は武術式国民体育　142
校友会（活動）　2, 85
功利主義（utilitarianism）　231
五か条の誓文　209
国威発揚　28
国際交流　3, 14, 15, 42, 234, 241, 243, 301
国際柔道連盟（IJF）　83, 258, 262, 270
国際親善　14, 15, 42, 221
国際的融和協調　234
国情　62
国体擁護　144, 307
国土　287, 290, 291
国内オリンピック委員会　6, 15
国内統括団体　3
国民国家　135, 306
国民スポーツ　6
国民体育（國民體育）　2–5, 16, 20, 24, 25, 33, 50, 52, 83, 86–95, 99, 104, 135, 137, 138, 143, 145, 197, 199, 200, 221, 222, 287, 290–292, 302–306, 313
——運動　290
——大会　123, 305
国民体力　4
国立スポーツ科学センター（JISS）　270
小崎甲子　212
護身術　159
古代オリンピック　13, 14, 91
國旗主義　24, 25
後藤新平　111, 113, 118, 123, 125
コマーシャリズム　296
コミュニティスポーツ　296
五輪憲章　259

さ　行

齋藤實　53
阪谷芳郎　52, 125
佐藤敏人　18
三育思想　133
産業型定住生活圏　298
三権分立　34, 43
サンテル　155, 156, 171, 172, 174–177
三略　233
JOC（日本オリンピック委員会）　4, 6, 7, 266, 312
ジェンダーバイアス　192, 202
ジェンダー論　268, 309
私塾　7
自他共栄　3, 9, 118–121, 123, 124, 128, 143, 145, 185, 220, 227–231, 233–239, 242–247, 249, 250, 280, 287, 288, 297, 310, 311, 313
——賞　237
実用主義　163
実用本位の体育　141, 307
指導者養成システム　256
柴愛子　209
師範教育（教員養成）　84
渋沢栄一　118
下田歌子　193
下村海南　17, 27, 43
社会資本（の整備）　50
社会的信頼　8, 16, 50, 75, 92, 291
柔術　84, 99, 103, 131, 132, 135, 139, 140, 143, 156–163, 167, 169, 171, 193, 196, 198, 208, 212, 214, 216, 222, 230, 232, 233, 235, 278–280, 287, 308, 309

——会　214
——のスタンダード化　160
ブラジリアン——　160
修心法　132
柔道　83
——修心法　131
——講義　250
——勝負法　131
——体育法　130, 131
——対異種格闘技　155
障害者——　249, 250
柔の形　199, 200, 212, 217
柔の思想　198, 233
柔の理　197, 230-233, 278-280, 287
柔よく剛を制す　197, 198, 230-233
柔能制剛（柔よく剛を制す）　279
首都建設法　68
首都東京　68-70, 72, 75, 303
春揚館　167
上意下達型　301
生涯学習社会　295
生涯学習論　295
生涯教育論　295
生涯スポーツ　85, 87, 104, 125, 221, 283, 293, 298, 304, 310
——・コンベンション　293
——需要　298
——政策　294
——論　295, 296
生涯体育　283
——論　295
招致運動　29
尚武館　167, 170, 171, 181
勝負法　132, 158
小よく大を制す／柔よく剛を制す　160
勝利至上主義　164, 204, 207, 244-247, 250
女子護身法　217
女子柔道　9, 191
女子体育　97, 191-194, 196, 208, 210, 216, 217, 221
女子体操　216
女性差別撤廃条約　260
女性スポーツ　255
白山源三郎　34, 43
真剣勝負　164, 165, 183, 220, 221
真剣味　183, 184
心身一如　135
身心一如　136
心身最有効使用道　140, 307
身体教育　128
水泳王国ニッポン　107
水泳実習　85
杉村陽太郎　29, 43, 54-56
鈴木俊一　75
スペンサー，ハーバート　132-134, 306
スポーツ
——100年　2
——NGO　7
——化　155, 156, 162, 174, 182, 184, 308-310
——基本計画　273
——基本法　272, 273, 298
——教育学　235
——公園　107, 113, 116, 117, 305
——柔道　155, 166, 181, 182
——振興　6, 8
——人口　294
——政策　273
——宣言日本　4, 7, 291, 298, 302, 310-314
——としての柔道　174
——の大衆化　123, 124
——プロモーション　7, 8

生活課題　297
生活の質（QOL）　294
制御術　233
性差別　309
政治権力　49
精神の力　35
『青年修養訓』　86, 129, 133, 135
政府主導　28
誓文帳　209
精力善用　3, 118, 120, 123, 124, 128, 137, 143, 145, 179, 220, 221, 228, 230, 231, 234, 236, 277, 280-282, 284, 286, 297, 306, 310, 311, 313
——・自他共栄　197, 227, 228
——国民体育　128-130, 136, 139, 141-144, 162, 177-181, 197, 199, 200, 212, 217, 289, 307, 309, 310
セカンドキャリア　273
善行　228, 234, 311
総合型地域スポーツクラブ　105
相互敬愛（respect mutuel）　235, 311
相互尊敬　42, 301, 302
造士会　98-101
——水術　101-103
創立100周年　8
副島道正　29, 43, 54, 55, 59, 61
組織的体質　8
組織的な再統合　314

た　行

体育・勝負・修心　131, 200, 217, 280
体育，武術（勝負），徳育　158
体育・武術・修心　177, 178, 180, 308
体育知育徳育　132
体育法（錬体法），勝負法，修心法　157, 217
体育運動審議会　58
体育科　85, 105, 127, 287
体育振興　5
体育論的限界　290
大衆化　6, 107, 305, 313
大衆（的）スポーツ　6, 38, 44, 45, 296, 301, 302
体重制　174
体操科　5, 92
体操批判　136, 137
大東流合気柔術　162
大日本体育協会（大体協）　2, 4, 6, 15, 28, 32, 35, 43, 56, 58, 75, 91, 93, 107, 127, 145, 287, 291, 302, 305, 306
大日本武徳会　58, 129, 163, 169, 237, 257
体罰　204
体力低下　44
高石真五郎　66
高島文雄　28, 44, 56
高橋是清　118
高橋精吾　176
竹下勇　162
武田二郎　162
立勝負　165, 166
立技　164
田中義一　118
田畑政治　67
丹下健三　71
治安維持法　213
知育・徳育・体育　91, 133
力の充実　144, 307
知的障害　249
長距離走　85
津島壽一　69
坪井玄道　216
帝都
——東京　26, 43
——復興体育大会　122, 123, 305

テクノロジカルスポーツ　296
テレビ放映権料　49
天神真楊流　159, 193, 196, 215, 278, 279
統括性　313
『東京オリンピック』（映画）　73
東京高等師範学校　84, 85, 91, 103, 105, 127, 172
東京市オリンピック委員会　52
東京女子師範学校　216
当身技　162, 164, 165, 179, 184
ドーピング　8, 207
徳川家達　31, 56, 61, 63
都市デザイン　50, 66, 75, 303
ドッジ・ライン　68
富木謙治　162
富田常次郎　108, 160, 173, 193, 209

な　行

内包（コノテーション，connotation） 128
永井松三　66
永井道明　15, 19, 146
永田秀次郎　51, 54
永田礼次郎　176
ナショナリズム　71, 72, 75, 145, 284, 287, 289, 302
　インター・──　185, 237, 287, 289, 291
ナショナル・アイデンティティ　184
ナショナルスタンダード　84
二階堂トクヨ　191
二極化　202
二元論　135
ニコル，C. W.　229
21世紀の国体像　314
21世紀の国民スポーツ推進方策　314
日中戦争　19
新渡戸稲造　236, 237
日本体育協会　2-4, 6-9, 92, 104, 305, 311, 313, 314
日本的オリンピック　61
『日本遊泳術』　99, 102
寝技　164, 166
野口源三郎　95-98, 117
野瀬清喜　261
乗富政子　197, 200, 201, 209, 210, 212, 257

は　行

排日移民法　167
排日感情　178
箱根駅伝　90, 95-97
ハッチンス，M. ロバート　296
ハラスメント　272
　パワー──　266, 312
　セクシャル──　192, 269
パワハラ　268
　──問題　265
范源濂　85
阪神淡路大震災　238
東日本大震災　125, 240, 242, 256, 305
ビジョン構築　22, 42
人見絹枝　112, 255
ビュイッソン，F.　235, 236
表現式国民体育　142, 180, 289
平生釟三郎　29, 59-61
平沼亮三　59, 61
FAT（Female Athlete Triad）　192, 269, 270
FIFA ワールドカップ　49
フェアプレイ　17, 19, 42, 45, 228, 301, 311
フェアプレー　292, 302
深井嘉久治　167

福岡国際大会　261, 262
福田敬子　196, 197
福田八之助　196, 215, 278
武術柔道　155, 156, 158, 166, 182
武術性　9, 155-159, 161, 163, 164, 166, 170, 182-184, 308-310
婦人柔道　214-216, 221
普通体操　137
復興　26, 43, 51, 68, 70, 74, 75, 107, 109-111, 113, 116, 119, 120, 122-125, 243, 303, 305
武道の必修化　184
武徳会　221
富名腰（船越）義珍　162
武遊　103
舞踊式の体育　284
ブライトン宣言　272
ブランデージ，アベリー　67
古川隆久　51
プレイ（遊戯）　290, 296, 298
プロフェッショナリズム　296
文化的再生（cultural remembering）　309
文化論的視点　289
文明開化　278
兵式体操　137, 191
ヘーシンク，A.　229
ヘレニズム思想　3
防空地　65
防空法　65
防空緑地　65
防災／安全教育　183
棒術　163
暴力　8, 204, 272, 308, 309, 312, 313
——問題　204
保健衛生　35
——策　35, 36
保健省　35, 36, 38, 44
ポスト2020　8
——オリンピック　314
本田存　100, 103, 209

ま　行

前田光世　160, 173, 179
町村敬志　71
マッカーサー，ダグラス　67
松田源治　29
幻の東京オリンピック　2, 13, 303
道上伯　230
宮川ヒサ　208, 213
民間外交　18
民間スポーツ組織　2, 6-8, 10, 298, 301, 302, 311, 313
民間スポーツ統括団体　8, 9
民間組織　15
民族文化（ethnic culture）　157, 308
ムソリーニ　53-55
明治神宮　64, 71, 90, 114-116, 119, 125
——外苑　116, 117, 119, 122, 123
——体育大会　91
メガ・イベント　49, 50
メガ・プロジェクト　49
恵本裕子　263
毛沢東　85
望月稔　162
模倣・変身（ミミクリー）　290

や　行

八百長　8
安井誠一郎　67-69
安田勤子　193, 197, 213
柳澤久　260, 263
山口香　260, 262, 309, 312
山崎正和　245

山下義昭　160, 173, 210–212
遊泳実習　100
遊泳大会　103
ユースオリンピック　207
遊牧型（ノマド型）　298
融和協調　144, 235, 236, 307
融和的技術観　232, 233
楊昌済　85
世の補益　280

ら・わ　行

ライフスタイル　292, 296
ライフステージ　273, 294, 296
ライフデザイン　75
ラトゥール（ラツール）＝バイエ，アンリ・ド　14, 54–56, 59, 62, 63
ラングラン，ポール　295
乱取　103, 131, 162, 165, 199, 201, 209, 210, 212, 213, 218, 219, 221, 246, 257, 281, 310
——・試合　181, 184
——・試合・形　163, 165
リーダーシップ不在　44
リスク・マネジメント　196
琉球唐手　162
良妻賢母　193
緑地　65
ルーズベルト，セオドア　160, 173, 210, 211
レガシー（遺産）　22, 33, 74, 105
レジャー階級　296
ロールモデル　268, 273
ロゲ，ジャック　1
渡辺一郎　130

村田直樹（むらた・なおき）第11章の第１節～第３節

東京教育大学体育学部体育学研究科修士課程修了。

香川大学助教授を経て，公益財団法人講道館図書資料部長。日本武道学会理事長。講道館八段。

主　著　『柔道の国際化―その歴史と課題』（日本武道館，2011年），『学研版スポーツルール（中学生副読本）』（学研教育みらい，2010年），『21世紀スポーツ大事典』（大修館書店，2010年），『Jigoro Kano and the Kodokan』（監／講道館，2009年），『日本の武道』（日本武道館，2008年），『日本の教育に武道を』（明治図書，2005年），『Mind over Muscle』（講談社インターナショナル，2005年），『嘉納治五郎師範に学ぶ』（日本武道館，2001年），『柔道の視点』（道和書院，2000年），『和英対照柔道用語小辞典』（講道館，1999年），『武道を知る』（不昧堂出版，1999年），『柔道大事典』（アテネ書房，1999年），『和英対照　柔道―その心と基本』（本の友社，1996年），月刊『近代柔道』これで君も柔道博士　1995～連載中（ベースボール・マガジン社），『現代柔道論』（大修館書店，1993年），『スポーツと身体運動の科学的探究』（美巧社，1988年）。

森丘保典（もりおか・やすのり）資料①

筑波大学大学院体育研究科コーチ学専攻修了。

公益財団法人日本体育協会スポーツ科学研究室室長代理。

主　著　『健幸華齢（Successful Aging）のためのエクササイズ』（共著，サンライフ企画，2013年），『アクティブ・チャイルド60min』（共著，サンライフ企画，2010年），『身体運動のバイオメカニクス研究法』（共訳，大修館書店，2008年），『乳酸をどう活かすか』（共著，杏林書院，2008年），『競技力向上のトレーニング戦略――ピリオダイゼーションの理論と実際』（共訳，大修館書店，2006年），『USTA コーチングマニュアル』（共訳，陸上競技社，2004年）ほか。

資料①作成協力者
竹村瑞穂（早稲田大学スポーツ科学学術院助教）
岡田悠佑（早稲田大学大学院スポーツ科学研究科博士後期課程）
小野雄大（早稲田大学大学院スポーツ科学研究科博士後期課程）

索引作成協力者
功刀梢（筑波大学大学院人間総合科学研究科体育科学専攻博士後期課程）

友添秀則（ともぞえ・ひでのり）第５章

筑波大学大学院修士課程体育研究科修了。博士（人間科学）。

早稲田大学スポーツ科学学術院教授。同スポーツ科学学術院長（スポーツ科学部長併任）。

主　著『学校運動部の現在とこれから（現代スポーツ評論28）』（編著，創文企画，2013年），『スポーツ立国論のゆくえ（現代スポーツ評論26）』（編著，創文企画，2012年），『楽しい体育理論の授業をつくろう』（編著，大修館書店，2011年），『新版　体育科教育学入門』（編著，大修館書店，2010年），『スポーツ思想を学ぶ（現代スポーツ評論23）』（編著，創文企画，2010年），『体育の人間形成論』（大修館書店，2009年），『新中学校教育課程講座　保健体育』（編著，ぎょうせい，2008年），『スポーツのいまを考える』（編著，創文企画，2008年），『スポーツ倫理を問う』（編著，大修館書店，2000年），『スポーツ倫理学入門』（編訳，不昧堂出版，1994年）。


永木耕介（ながき・こうすけ）第６章・第９章

筑波大学大学院体育研究科修士課程修了。博士（体育科学）。

法政大学スポーツ健康学部教授。

主　著「中学校柔道授業の検討――柔道の技術習得とコミュニケーションに着目して」『武道学研究』45(3)（共著，日本武道学会，2013年），「ヨーロッパにおける柔道普及と『柔道世界連盟』構想」『気概と行動の教育者　嘉納治五郎』（共著，筑波大学出版会，2011年），『学校を活性化する伝統・文化の教育』（共著，学事出版，2009年），『嘉納柔道思想の継承と変容』（単著，風間書房，2008年）。

山口　香（やまぐち・かおり）第７章・第８章の第１節，第５節・第10章の第１節，第４節～第５節

筑波大学体育研究科修士課程修了。

筑波大学体育系准教授。

主　著「女子オリンピック選手のやる気とやりがい」『日本保健医療行動科学会雑誌 Vol. 28, No2 21-25』（日本保健医療行動科学会，2014年），「スポーツと暴力～スポーツの考え方と暴力の背景」『みんなのスポーツ６月号12-14』（日本体育社，2014年），『女子柔道の歴史と課題』（日本武道館，2012年），『日本柔道の論点』（イースト新書，2013年）。


溝口紀子（みぞぐち・のりこ）第８章の第２節～第４節・第10章の第２節～第３節

東京大学大学院総合文化研究科国際社会科学専攻相関社会科学分野博士後期課程満期退学。

静岡文化芸術大学文化政策学部准教授。

主　著『性と柔』（河出ブックス，河出書房新社，2013年），『国際文化学の第一歩』（共著，すずさわ書店，2013年），「スポーツ指導空間の構造と暴力の親和性とそのメカニズム」『日本体育学会第64回大会体育社会学専門領域シンポジウム報告書』（日本体育学会，2013年），「日本柔道の金環日食はいつやってくるのか――柔道の強化と安全の両立」『東海体育学会会報』（東海体育学会，2012年），*Le prix de l'or,* L'EQUIPE MAG,（2011年）。

《執筆者紹介》（＊印は編著者紹介，執筆順）

＊菊　幸一（きく・こういち）序章・第11章の第４節〜第５節・終章

奥付編著者紹介参照。

田原淳子（たはら・じゅんこ）第１章

中京大学大学院体育学研究科博士後期課程修了。博士（体育学）。

国士舘大学体育学部教授。

主　著『スポーツ教養入門』（共著，岩波書店，2010年），『体育・スポーツ史概論（改訂２版）』（共著，市村出版，2010年），『ポケット版　オリンピック事典』（共著，楽，2008年），『スポーツの政治学』（共著，杏林書院，1999年），Sapporo 1972. In: Encyclopedia of the Modern Olympic Movement. Edited by John E/Findling and Kimberly D. Pelle, (Greenwood Press: Wesport, CT/London, USA, 2004). Background to the 1940 Fifth Olympic Winter Games in Sapporo: Issues concerning the Amateur Status of Skiers. In: From Chamonix to Turin. Edited by Norbert Mueller, Manfred Messing, Holger Preuss, (Agon Sportverlag, Kassel, Germany, 2006). Japanese Challenges for Environmental Protection in the Olympic Movement. In: Sport Science and Studies in Asia: Reflections, Issues and Emergent Solutions. Edited by Michael Chia & Jasson Chiang, (World Scientific, 2010).

清水　諭（しみず・さとし）第２章

筑波大学大学院博士課程体育科学研究科修了。教育学博士。

筑波大学体育系教授。

主　著『21世紀のスポーツ社会学』（共著，創文企画，2013年），『サッカーの詩学と政治学』（共著，人文書院，2005年），『オリンピック・スタディーズ：複数の経験・複数の政治』（編著，せりか書房，2004年），『体育教育を学ぶ人のために』（共著，世界思想社，2001年），『甲子園野球のアルケオロジー：スポーツの「物語」・メディア・身体文化』（新評論，1998年）。

真田　久（さなだ・ひさし）第３章・第４章

筑波大学大学院体育研究科体育方法学専攻修了。博士（人間科学）。

筑波大学体育系教授。

主　著『体育・スポーツ史にみる戦前と戦後』（編著，道和書院，2013年），『講道館百三十年沿革史』（編著，講道館，2012年），『19世紀のオリンピア競技祭』（単著，明和出版，2012年），『日本体育協会・日本オリンピック委員会100年史』（共著，日本体育協会・日本オリンピック委員会，2012年），『気概と行動の教育者　嘉納治五郎』（編著，筑波大学出版会，2011年）。

《編著者紹介》

菊　幸一（きく・こういち）

1957年　富山県生まれ。
1987年　筑波大学大学院博士課程体育科学研究科単位取得退学。教育学博士。
現　在　筑波大学体育系教授。同大学院スポーツ健康システム・マネジメント専攻長。
主　著　『21世紀のスポーツ社会学』（共著，創文企画，2013年）。
『よくわかるスポーツ文化論』（共編著，ミネルヴァ書房，2012年）。
『スポーツ政策論』（共編著，成文堂，2011年）。
『「からだ」の社会学』（共編著，世界思想社，2008年）。
『スポーツプロモーション論』（共編著，明和出版，2006年）。
『現代スポーツのパースペクティブ』（共編著，大修館書店，2006年）。
『「近代プロ・スポーツ」の歴史社会学』（不昧堂出版，1993年）。

現代スポーツは嘉納治五郎から何を学ぶのか
――オリンピック・体育・柔道の新たなビジョン――

2014年9月20日　初版第1刷発行　〈検印省略〉

定価はカバーに
表示しています

監　修　公益財団法人 日本体育協会
編著者　菊　幸一
発行者　杉田啓三
印刷者　江戸宏介

発行所　株式会社　ミネルヴァ書房
607-8494 京都市山科区日ノ岡堤谷町1
電話代表（075）581-5191
振替口座 01020-0-8076

共同印刷工業・藤沢製本

ISBN978-4-623-07128-9
Printed in Japan